智慧旅游理论与实践

张凌云　乔向杰　黄晓波　著

U0362436

南开大学出版社

天　津

图书在版编目(CIP)数据

智慧旅游理论与实践 / 张凌云，乔向杰，黄晓波著.
—天津：南开大学出版社，2017.12(2021.2重印)
ISBN 978-7-310-05502-9

Ⅰ.①智… Ⅱ.①张… ②乔… ③黄… Ⅲ.①旅游业
发展—信息化—研究 Ⅳ.①F590.3-39

中国版本图书馆 CIP 数据核字(2017)第 287997 号

智慧旅游理论与实践
ZHIHUI LÜYOU LILUN YU SHIJIAN

南开大学出版社出版发行
出版人：陈　敬

地址：天津市南开区卫津路 94 号　　邮政编码：300071
营销部电话：(022)23508339　营销部传真：(022)23508542
http://www.nkup.com.cn

天津市蓟县宏图印务有限公司印刷　全国各地新华书店经销
2017 年 12 月第 1 版　　2021 年 2 月第 4 次印刷
210×148 毫米　32 开本　11.125 印张　276 千字
定价：35.00 元

如遇图书印装质量问题，请与本社营销部联系调换，电话：(022)23507125

序　言

葛全胜

七月的北京，流金铄石。翻阅张凌云先生新作——《智慧旅游理论与实践》，顿觉舒爽。

凌云先生是我国著名的旅游学者，在旅游经济、旅游地理和旅游管理等方面均有建树。他致力于旅游学基础理论研究，同时以通驭专，视角广阔，涉猎旅游产学研多个领域。过去十余年间，他陆续出版了《旅游景区管理》《滑雪旅游开发与经营》《生态旅游》《旅游业市场营销》《旅游业法律与案例》《旅游地理学》等30多本专著和译著，发表了60多篇学术论文，为我国旅游学科建设及产业发展做出了重要贡献。

凌云先生的新作以旅游信息化为基点，在回顾数字地球、智慧城市理念导向下智慧旅游发轫的基础上，立足于文化、心理与技术的结合，阐述了智慧旅游的概念与理论框架；继之讨论了智慧旅游的建设内容、发展目标与顶层设计思路，并对智慧景区、智慧酒店、智慧旅游目的地、智慧旅行社等四个方面的例证进行了剖析；最后，系统地介绍了与促进智慧旅游发展相关的各项信息化技术手段。

该书逻辑清晰，文字畅顺质朴，既有宏观理论分析，又有经典案例佐证，且知行结合、与时俱进。其中提出的主体（Subject）、科技（Science & Tech）、服务（Service）三维智慧旅游框架体系，以及（旅游业的）大整合、（经营管理模式的）大变革和大数据（分析）的智慧旅游发展路径，尤有见地。

我与凌云先生相识于学生时代，三十年来交谊日深，可谓风期款密，情均缡纾。其新作即将付梓，特写下以上文字庆贺之，并愿播其述作之美，向旅游科学研究、管理和经营者及相关行业的读者推荐此书。

2015 年 8 月 5 日

（序言作者为中国科学院地理科学与资源研究所所长）

目　录

第一章 智慧旅游的缘起与研究

第一节 概念的缘起

一、国际学界和业界

1980 年美国著名未来学家阿尔温·托夫勒（Alvin Toffler）出版了《第三次浪潮》（*The Third Wave*），预言了以信息技术为基础的社会文明的来临。托夫勒将农业文明和工业文明分别比作第一次浪潮和第二次浪潮。他在书中的许多预言在今天已经成为现实，比如非群体化传播工具的出现、人们赖以行动与处世的信息结构的改变、文化多样性的增加、智能人居环境的出现、生产者与消费者合而为一、工作与休闲的界限模糊化等。1995 年美国麻省理工学院教授尼古拉·尼葛洛庞帝（Nicholas Negroponte）出版了《数字化生存》（*Being Digital*），预测了人类数字化生存方式，指出其本质就是将日常生活中所体验的世界数字化。在数字化世界，比特（Bit）作为信息的最小单位成为信息的 DNA（脱氧核糖核酸），由此改变了我们的生活方式。该书所描述的穿戴式电脑、智能汽车、智能家用电器、智能人居环境等场景有的已经进入了我们的生活。书中也多次使用了智慧（Smart）一词，如基于客户端"智慧"选取《纽约时报》推送的所有比特。1998 年 11 月时任美国副总统阿尔·戈尔（Al Gore）在加利福尼亚科学中心开幕典礼上发表了题为"数字地球：认识 21 世纪我们所居住的星球"（The Digital Earth: Understanding Our Planet in 21st Century）的演讲，首次提出"数字地球"（Digital Earth）一词。2008 年 11 月时任美国国际商用机器公司（IBM）总裁兼首席执行官的彭明盛（Samuel J. Palmisano）在纽约市外交关系委员会发表了题为"智慧地球：下一个主导议程"（A Smarter Planet: The Next Leadership Agenda）的演讲，首次提出"智慧地球"（Smarter Earth）概念，而后 IBM 又给出了"智慧城市"的解决方案和商业计划，作为公司未来发展的主要方向。

　　智慧城市是智慧地球从理念到实际，并将空间落实到城市的举措。IBM 认为，21 世纪的智慧城市能够充分运用信息和通信技术手段感测、分析、整合城市运行核心系统的各项关键信息，从而对于包括民生、环保、公共安全、城市服务、工商业活动在内的各种需求做出智能的响应，为人类创造更美好的城市生活。该定义的实质是用先进的信息技术，实现城市智慧式管理和运行，进而为城市中的人创造更美好的生活，促进城市的和谐、可持续成长。我国专家对智慧城市有自己的解读。国家信息化专家咨询委员会副主任、中国工程院副院长邬贺铨认为，智慧城市就是一个网络城市，物联网是智慧城市的重要标志。两院院士、武汉大学教授李德仁形象的说法是："数字城市+物联网=智慧城市"。新加坡提出 2015 年建成"智慧国"的计划。中国台湾台北市提出建设智慧台北的发展战略。上海、深圳、南京、武汉、成都、杭州、宁波、佛山、昆山等城市相继推出了智慧城市的发展战略。IBM 的"智慧城市"理念把城市本身看成一个生态系统，而城市中的市民、交通、能源、商业、通信、水资源构成了子系统。这些子系统形成一个普遍联系、相互促进、彼此影响的整体。

　　而智慧旅游（Smart Tourism），这一名词的起源可以追溯到 21 世纪初。2000 年 12 月 5 日，戈登·菲利普斯（S. Gordon Phillips）

在加拿大旅游业协会举办的研讨会上做了题为"智慧旅游与加拿大国家公园"的主旨演讲。菲利普斯在演讲中将智慧旅游定义为采取全面的、长期的、可持续的方式来进行规划、开发、营销旅游产品和经营旅游业务，这就要求在旅游所承担的经济、环境、文化、社会等每一个方面进行卓越努力。2009 年 1 月 28 日，在西班牙马德里举行的联合国世界旅游组织（UNWTO）旅游委员会第一次会议上，助理秘书长杰弗里·李普曼（Geoffrey Lipman）号召会员国和旅游业部门努力实现智慧旅游，而他的定义是把智慧旅游拓展到旅游服务链的各个环节，包含清洁、绿色、道德和质量四个层面。显然，这里所定义的智慧旅游实际上只是可持续旅游的代名词。

2012 年美国圣十字学院助理教授莫尔扎（Molz）在她出版的《旅游连接：旅游、科技在移动世界中的融合》一书中，把智慧旅游定义为使用移动数字连接技术建立更智慧、有意义和可持续的游客与城市之间的关联。她认为智慧旅游代表更广泛的公民深度参与旅游的形式，而不仅是一种消费形式。2013 年 9 月，苏格兰基金委员会（Scottish Funding Council）认为，智慧旅游或数字旅游被认为是技术在旅游部门的使用和应用。其主要体现在个性化、灵活需求和绿色旅游、新渠道和新内容等方面。显然，在苏格兰基金委员会的定义中，将智慧旅游与数字旅游视为同一概念。

2014 年迪米屈斯·布哈利斯（Dimitrios Buhalis）给出了智慧旅游目的地（Smart Tourism Destinations）的定义："一个智慧旅游目的地是智慧的，它能够使用智慧城市所提供的技术设施来达到：通过个性化的当地旅游服务和产品感知来强化旅游体验；让目的地管理组织、地方机构和旅游企业基于对目的地生产数据的采集、管理、处理来做出决策。"他认为，智慧旅游与智慧城市概念的主要区别在于，"旅游者不是这个城市或地区的永久居民，一般来说，不会参与当地的管理。另外，他们在不同的情境下，会对产品和服务有着特殊的需求。"

布哈利斯认为，将智慧引入旅游目的地需要通过一个技术平台动态地连接各相关利益方，使得同旅游活动相关的信息能够即时地交互。智慧旅游目的地的特点是：

1. 嵌入到环境中的技术；

2. 在宏观和微观层次上的响应过程；

3. 多点触控的终端设备；

4. 使用核心平台的相关利益方。

最终的目标是利用系统来加强旅游体验并提高资源管理的有效性，从而在旅游可持续发展的基础上最大化旅游目的地的竞争力和游客的满意度。建立智慧旅游目的地的三个主要 ICT（信息通信）技术是：云计算、物联网和终端用户互联网服务系统。表 1-1 给出了智慧旅游目的地的特征。

表 1-1　智慧旅游目的地的特征

相关利益方	特　　性
旅游组织	• 像一个智能集线器一样协调所有相关的信息并让它们很容易被用户实时地获取 • 核心业务过程数字化 • 优化它们的能源使用 • 同地方社区、旅游者和政府合作创造旅游体验 • 组织敏捷、快速决策和响应客户需求 • 精确的定位和个性化服务
政府	• 管控信息并支持数据开放 • 制定数据隐私规则 • 建立公私伙伴关系
地方居民/社区	• 持续地连接 • 丰富的创造力和能量 • 精于技术 • 公民新闻 • 积极参与开发智能遗产/电子文化

相关利益方	特　性
旅游者	• 连接和信息获取 • 积极地批评和发牢骚 • 要求高度个性化的服务 • 既社会化又技术化 • 通过社交媒体参与讨论 • 共同创造的体验 • 贡献内容 • 使用多点触控的用户终端
环境	• 通过物联网连接 • 云计算服务 • 创新生态系统 • 贯穿整个环境的感知网络 • 将数字信息和社会资源融合来增强地理现实 • 互操作的社交平台

资料来源：Buhalis，2014。

此外，国外对信息技术应用于旅游业的研究和实践比国内要早，如欧盟在 2001 年开展的"创建用户友好的个性化移动旅游服务"项目，韩国旅游局的"移动旅游信息服务项目"，日本电信电话株式会社（NTT）DoCoMo 公司的"i-mode"手机服务项目。国外旅游信息化发展主要基于公共服务和游客体验，是社会发展和技术进步的必然产物；国内智慧旅游发展应用则可归纳为多方因素，包括社会发展、技术进步、提升管理、公共服务和抢占竞争优势等。因此，对国内智慧旅游发展进行系统的研究，探索智慧旅游发展趋势，具有理论和实践价值。

从城市角度，智慧旅游可视作智慧城市信息网络和产业发展的一个重要子系统，可通过借助或共享智慧城市的已有成果来实现智慧旅游的某些功能。将智慧旅游在城市视角下纳入智慧城市有助于明确建设主体并集约资源。然而，值得注意的是，由于旅游者与城市居民的特性与需求存在差异，智慧旅游与智慧城市体系下的"旅游"是两个不同的概念；旅游并不仅发生在城市，前者要比后者具有更广泛的内涵。

二、国内学界和业界

智慧旅游这一名词在国内最早是 2006 年出现在各大媒体上。2002 年在英国攻读工商管理硕士（MBA）的中国青年朱兆瑞仅花费 3000 多美元，历时 77 天，周游了 4 大洲的 28 个国家。4 年后经媒体报道，朱兆瑞成为普通中国人以最经济的方式周游世界的典型，颠覆了大众对于环球旅行的认知。这种经济旅游的方式在当时也被媒体称作"智慧旅游"。但这与我们今天所说的智慧旅游的含义迥然不同。与我们现在所理解的智慧旅游意义相近的是2010 年江苏镇江提出的建设智慧旅游项目，在其旅游局官网上开设有"感知镇江、智慧旅游"的频道。

2010 年 3 月"两会"期间，镇江市领导在京拜访了国家旅游局领导，提出加快将镇江打造为旅游强市。国家旅游局领导在听取镇江城市概况和近年来旅游业发展情况后，对镇江的旅游业提出建议，其中提到希望镇江要进一步推进产业转型，包括在建设智慧旅游，推进物联网应用上做文章。这也是基于信息技术的智慧旅游概念在国内首次得到国家旅游局的认可。2011 年 1 月在全国旅游工作会议上，国家旅游局提出了开展"智慧旅游城市"的试点建设。北京、南京、吉林、四川、大连、苏州、黄山、温州、武夷山、镇江等省市成为首批试点地区。

2009 年，国务院《关于加快发展旅游业的意见》明确指出："以信息化为主要途径，提高旅游服务效率。积极开展旅游在线服务、网络营销、网络预订和网上支付，充分利用社会资源构建旅游数据中心、呼叫中心，全面提升旅游企业、景区和重点旅游城市的旅游信息化服务水平。"

智慧旅游与旅游信息化既有区别又有联系。信息化是指充分利用信息技术，开发利用信息资源，促进信息交流和知识共享，提高经济增长质量，推动经济社会发展转型的历史进程。旅游信息化从狭义上讲是旅游信息的数字化，即把旅游信息通过信息技术进行采集、处理、转换，能够用文字、数字、图形、声音、动画等来存储、传输、应用的内容或特征；从广义上讲是指充分利用信息技术，对旅游产业链进行深层次重构，即对旅游产业链的组成要素进行重新分配、组合、加工、传播、销售，以促进传统旅游业向现代旅游业的转化，加快旅游业的发展速度。因此，信息化与旅游信息化既是过程也是结果，对过程的理解侧重于实现信息化的过程，而对结果的理解则侧重于"信息化"的结果。然而，由于信息技术的不断发展，信息化在实践中更侧重于是一个随着信息技术的发展而不断进行的过程。智慧旅游则可理解为旅游信息化的高级阶段，其并不是旅游电子政务、旅游电子商务、数字化景区等用"智慧化"概念的重新包装，而是要能够解决旅游发展中出现的新问题，满足旅游发展中的新需求，实现旅游发展中的新思路以及新理念。

2011 年，时任国家旅游局局长邵琪伟在全国旅游局长研讨班上提出，我国将争取用 10 年左右的时间，使旅游企业经营活动全面信息化，基本把旅游业发展成为高信息含量、知识密集的现代服务业，在我国初步实现基于信息技术的智慧旅游。此后，智慧旅游成为国内旅游业发展的热点，各地进行智慧旅游发展建设的实践探索逐步展开。

《中国旅游业"十二五"发展规划纲要》指出，"要充分发挥信息化对旅游产业的引领作用，通过信息化引发旅游发展战略、经营理念、运营方式和产业格局的全面变革，从产业供给链和过程形态上转变产业发展方式，全面促进旅游产业转型升级"。旅游工作重点包括五个方面的内容，一是推动信息技术的广泛应用，包括发展与新一代互联网特征相适应的多元化旅游营销模式、鼓励信息技术在旅游各环节的应用服务创新、加强新技术与旅游文化的对接融合、推进信息技术在节能环保和旅游资源开发中的应用、建立旅游信息化应用示范体系；二是加强旅游公共信息服务，包括构建目的地旅游信息服务模式、提升旅游行业管理信息化水平、建设旅游目的地信息评价机制；三是积极发展旅游电子商务，包括鼓励旅游企业发展在线业务、鼓励旅游电子商务市场的多样化发展、构建旅游电子商务诚信体系、建立健全旅游电子商务交易规范和技术标准；四是推进信息基础设施和能力建设，包括建立全国统一的旅游基础信息资源标准规范与共享机制、建立以目的地为核心的旅游信息资源开发利用体系、完善旅游信息化基础保障；五是加快旅游信息化管理体制机制转型。由此可见，中国旅游信息化的发展已由前期的旅游政务网、旅游资讯网、旅游商务网、旅游综合数据库、政府旅游门户网站、旅游目的地营销系统和旅游信息化基础设施建设转向信息技术在旅游业的泛在应用、旅游公共服务、旅游电子商务、旅游信息化基础设施和管理体制方面的建设，对旅游信息化发展的广度和深度有了更高的要求，这也契合了智慧旅游发展建设的内涵特征和现实需要。

邵琪伟在 2013 年全国旅游工作会议上，强调"要继续深化智慧旅游试点城市工作，形成国家智慧旅游建设与运营规范，研究推进国家层面智慧旅游公共服务平台建设，加强各级旅游部门信息化建设，继续推进智慧旅游景区、智慧旅游企业建设"，对中国智慧旅游发展提出了更高要求。

2014 年，中国旅游主题为"智慧旅游年"，国内市场的宣传主题和口号分别是"美丽中国之旅——2014 智慧旅游年""美丽中国，智慧旅游""智慧旅游，让生活更精彩""新科技，旅游新体验"；境外市场的宣传主题和口号分别是"Beautiful China, 2014——Year of Smart Travel""Beautiful China, Easier to Visit"。《关于印发 2014 中国旅游主题年宣传主题及宣传口号的通知》要求全国各地旅游局结合旅游业发展方向，以智慧旅游为主题，引导智慧旅游城市、景区等旅游目的地建设，尤其要在智慧服务、智慧管理和智慧营销三方面加强旅游资源和产品的开发和整合，促进以信息化带动旅游业向现代服务业转变，努力提升旅行社、旅游景区（点）、旅游酒店等旅游企业的现代科技管理水平和服务水平，创新发展模式，推动我国旅游业又好又快发展。至此，智慧旅游成为中国旅游发展的热点和主题。同年，《国务院关于促进旅游业改革发展的若干意见》明确要求制定旅游信息化标准，加快智慧景区、智慧旅游企业建设，完善旅游信息服务体系。这标志着中国旅游信息化进入智慧旅游发展建设的新阶段。

2015 年，国家旅游局发布《关于促进智慧旅游发展的指导意见》（参见附录二），对智慧旅游发展的指导思想、基本原则、发展目标、主要任务和保障措施予以明确，对智慧旅游的发展建设进行了系统指导。

第二节　研究现状与趋势展望

一、智慧旅游的研究综述

（一）智慧旅游的概念

尽管我国许多地区已经开始进行智慧旅游的发展建设，学术界也对智慧旅游有较多探讨，但对智慧旅游这一概念仍然没有统一的、标准的、科学的定义，缺乏理论支撑。目前学者对于智慧旅游这一概念总体上不及智慧城市概念阐述得深入与完整，这也体现了智慧旅游研究尚处于初始阶段。表 1-2 介绍了几种较具代表性的智慧旅游概念。

表 1-2　几种较具代表性的智慧旅游概念一览表

作　者	概　念
叶铁伟	智慧旅游是利用云计算、物联网等新技术，通过互联网或移动互联网，借助便携的终端上网设备，感知旅游资源、旅游经济、旅游活动和旅游者等方面的信息并使之及时发布，让人们能够及时了解这些信息，及时安排和调整工作与旅游计划，从而达到对各类旅游信息的智能感知、方便利用的效果，通过便利的手段实现更加优质的服务
黄超、李云鹏	智慧旅游也被称为智能旅游，就是利用云计算、物联网等新技术，通过互联网/移动互联网，借助便携的上网终端，主动感知旅游资源、旅游经济、旅游活动等方面的信息，达到及时发布，及时了解、安排和调整工作与计划，从而实现对各类旅游信息的智能感知和利用
吴学安	智慧旅游利用移动云计算、互联网等新技术，借助便携的终端上网设备，主动感知旅游相关信息，并及时安排和调整旅游计划
马勇	智慧旅游是物联网、云计算、下一代通信网络、高性能信息处理、智能数据挖掘等技术在旅游中的应用
刘军林、范云峰	智慧旅游系统是智慧旅游的技术支撑体，它以在线服务为基础，通过云计算中心海量信息存储和智能运算服务的提供，满足服务端和使用端便捷地掌控处理旅游综合信息的需求
张凌云等	智慧旅游是基于新一代信息技术，为满足游客个性化需求，提供高品质、高满意度的服务；为实现旅游资源及社会资源的共享与有效利用，所进行的系统化、集约化的管理变革
颜敏	智慧旅游是物联网、云计算、下一代通信网络、高性能信息处理、智能数据挖掘等技术在旅游体验、产业发展、行政管理等方面的应用。它是使旅游物理资源和信息资源得到高度系统化整合和深度开发激活，并服务于公众、企业、政府等对象的面向未来的全新的旅游形态

续表

作　者	概　念
国家旅游局	智慧旅游是运用新一代信息网络技术和装备，充分、准确、及时感知和使用各类旅游信息，从而实现旅游服务、旅游管理、旅游营销、旅游体验的智能化，促进旅游业态向综合性和融合型转型提升，是游客市场需求与现代信息技术驱动旅游业创新发展的新动力和新趋势，是全面提升旅游业发展水平、促进旅游业转型升级、提高旅游满意度的重要抓手，对于把旅游业建设成为人民群众更加满意的现代化服务业，具有十分重要的意义

资料来源：见文末相应的参考文献。

现有有关智慧旅游的概念主要存在四点不足之处。

1. 核心技术不明确或技术体系框架不清晰，将不同层面的技术平行罗列，逻辑体系不严谨；

2. 对核心技术的概念陈述、理解以及解读不准确，而智慧旅游的非学术性和非专业性的表述会造成理论知识体系的混乱；

3. 应用主体不明确或不全面，使智慧旅游的受益范围缩小，且应用价值论述不充分，也使得智慧旅游的应用机制难以真正构建；

4. 不区分公益性与营利性，造成建设主体与运营主体不明，影响与制约智慧旅游的推广应用，以及商业模式的混乱，建设与运营的主体缺位和错位。

智慧旅游是一个全新的命题。从内涵来看，智慧旅游的本质是指包括信息技术在内的智能技术在旅游业中的应用，是以提升旅游服务、改善旅游体验、创新旅游管理、优化旅游资源利用为目标，增强旅游企业竞争力、提高旅游行业管理水平、扩大行业规模的现代化工程。智慧旅游是智慧地球或智慧城市的一部分。

中国智慧旅游实践也引起了国际旅游学界的广泛关注，著名旅游学者贾法里（Jafar Jafari）在其主编的《旅游大百科全书》（第

二版）（*Encyclopedia of Tourism*）这部权威旅游工具书中增加了
"Smart Tourism"（智慧旅游）词条，并邀请中国学者张凌云负责
该词条的撰写，该书已由斯普林格（Springer）出版社于 2015 年
9 月出版。

（二）智慧旅游的特征与发展目标

颜敏论述了智慧旅游的发展目标，即全面物联、充分整合、
协同运作和引领发展。叶铁伟指出了智慧旅游激励创新的特点，
即鼓励政府、企业和旅游者在智慧旅游服务基础上进行科技、业
务和商业模式的创新应用。王咏红认为智慧旅游的核心是以游客
为本，智慧旅游应当是一体化、敏捷化、数字化和交互式的旅游
发展新模式。朱珠基于智慧旅游感知体系，提出了智慧旅游建设
的具体目标，如智慧营销、智慧导游等。闫向军强调了智慧旅游
的整合功能，认为信息服务应该围绕着旅游者展开，进而形成旅
游方案。鹿晓龙则对智慧旅游的发展发出了警示，认为智慧旅游
应当围绕"为游客服务"展开，如果不能实现高速信息化就可能
成为纸上谈兵。武博认为智慧旅游是在将计算机信息技术应用于
旅游服务的过程当中，整合与优化配置旅游资源，以期对游客，
尤其是散客提供高质量与高个性化的旅游服务，强调智慧旅游服
务的主体是游客。盛海斌则认为，以终端智能化设备和基础网络
设施为主的智慧旅游建设是基础，而不是整个智慧旅游发展的核
心主体；智慧旅游发展成功的首要基础工作在于引导景区（包括
借助智慧旅游实现盈利的企业）实行数字化管理，并推动其成为
市场化经营的主体，而不是政府本身的全局发力。国家旅游局对
智慧旅游发展建设的目标更具宏观指导性：到 2016 年，建设一批
智慧旅游景区、智慧旅游企业和智慧旅游城市，建成国家智慧旅
游公共服务网络和平台；到 2020 年，我国智慧旅游服务能力明显
提升，智慧管理能力持续增强，大数据挖掘和智慧营销能力明显
提高，移动电子商务、旅游大数据系统分析、人工智能技术等在

旅游业的应用更加广泛，培育若干实力雄厚的以智慧旅游为主营业务的企业，形成系统化的智慧旅游价值链网络。

由此可见，智慧旅游的特征和发展目标表现在两个方面：就功能而言，即实现行政主体智慧化管理，行业内部智慧化运行，旅游消费智慧化体验；就内容而言，包括移动电子商务、旅游大数据、人工智能技术和智慧旅游企业等智慧旅游价值链。

（三）智慧旅游的框架体系

张凌云等认为智慧旅游理论体系需要从能力（Capacity 或 Ability）、属性（Attribute）和应用（Application）这三个层面来构建，进而提出了 CAA 框架模型（后改称 3A 框架模型）。在智慧旅游体系的建设实践中，专家们各持己见：朱珠详细阐述了智慧旅游感知体系和管理平台的构建；唐洪广认为智慧旅游包括三个层次，即公共服务平台、应用层和基础设施，公共服务平台是直接或间接为旅游者提供服务的单位或个人，应用层的用户是广大旅游者，基础设施包括硬件、软件和数据库等；刘鹏认为智慧旅游包括智慧政府、智慧景区、智慧企业、智慧游客等四大部分；姚国章认为智慧旅游主要有智慧服务、智慧商务、智慧管理和智慧政务这四种表现形式，其发展框架包括制度体系、基础设施体系、信息资源体系、应用支撑体系、应用体系、服务体系、法规与标准化规范体系和信息安全与运维保障体系等八大组成部分；黄超和李云鹏基于智慧城市的基础和支撑，对智慧旅游体系的建设进行了探讨；邓贤峰和张晓海从顶层设计的角度，对南京智慧旅游总体框架进行了研究。

由以上分析可知，智慧旅游体系可以分为理论和实践两个部分。在理论建设框架上，主要包含能力、属性和应用三个层次。在实践发展框架上，就旅游业整体运行而言，主要有旅游行业管理、旅游企业运作和旅游消费体验三个方面；就旅游行业要素形态而言，主要为智慧政府、智慧酒店、智慧景区和智慧旅游目的地等单体要素。

（四）智慧旅游的功能价值

张凌云从公共管理和产业升级的角度认为，智慧旅游建设可以在最大程度上实现公共管理资源的整合，提高公共服务水平、社会综合整治力度和应急救援能力，进而提出了旅游业转型发展的"四大转变"。金卫东结合南京智慧旅游建设实践，重点论述了智慧旅游对于构建现代旅游公共服务体系的意义。马勇详细阐述了智慧旅游四大核心价值：科技创新、产业支撑、经济贡献和社会拉动。黄羊山分析了智慧旅游的基本功能：导航、导游、导览和导购。刘军林主要从智慧景区建设方面，阐述了智慧旅游的推广价值。刘俊梅和田晓霞等探讨了智慧旅游助力新疆旅游业转型升级的途径。任瀚对智慧旅游的定位予以论述，认为智慧旅游是智慧城市的重要组成部分，也是旅游信息化高级阶段的产物，同时还是推动当前我国旅游产业转型升级的重要手段。国家旅游局认为智慧旅游是游客市场需求发展与现代信息技术驱动旅游业创新发展的新动力和新趋势，是全面提升旅游业发展水平、促进旅游业转型升级、提高旅游满意度的重要抓手。

乔向杰提出了以大数据驱动的决策模式来创新旅游公共管理与服务，并探讨了这一决策模式下的内涵、决策流程及大数据采集模式。通过构建基于大数据的旅游公共管理与服务框架，讨论了框架运行的要素环境特征及推广模式，以期能够用基于大数据的决策与管理创新改革旅游公共管理与服务的模式，解决目前旅游公共服务所存在的效率、质量与精细化服务问题，从而推进我国旅游公共服务事业的可持续发展。此外，为了解决红色旅游景区在历史内容解说中存在的碎片化、分散化、随意化和娱乐化等倾向性问题，张凌云、乔向杰曾提出利用红色旅游云平台的解决方案（见图1-1）。

综上所述，在应用层面，智慧旅游通过高度的资源整合与数据处理，能够助力政府和企业进行管理和运作，为旅游者提供智慧体验，使其享受智慧服务，提高旅游质量；在产业层面，智慧旅游既能够促进旅游业转型升级，又能够丰富旅游业的业态；在关联层面，智慧旅游则能够带动相关行业进行智慧化建设。

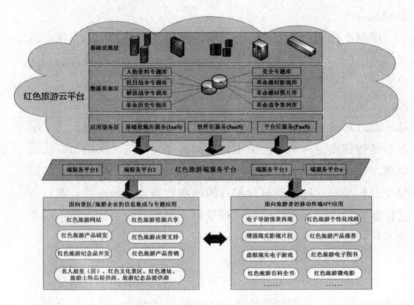

图 1-1 红色旅游云平台应用示例

（五）智慧旅游的应用前景

马勇从智慧旅游的功能出发，分析了其应用前景。张国丽以浙江省为例，剖析了智慧旅游背景下旅游公共信息服务体系的构建思路。秦良娟从技术角度，分析了云计算和云服务在旅游业的应用，对智慧旅游体系构建具有一定的借鉴意义。叶铁伟认为智慧旅游应用体系包括应用层、网络层和感知层，并分别对其进行了界定和阐述。吴学安从游客体验角度，提出智慧旅游推动旅游进入"触摸时代"，进而指出了智慧旅游在游客体验中的应用。谢坚将智慧旅游应用系统分为六个层次，分别是应用支撑层、信息资源层、业务资源层、门户层以及标准规范体系和信息安全体系，并对各个层次进行了详细的阐述。刘加凤重点研究了常州市智慧旅游公共服务平台的发展。石培华在对旅游信息化和智慧旅游特征分析的基础上，论述了推进智慧旅游工作的基本思路与重点领域。

根据不同的归类方法，智慧旅游应用具有差异化的表现。就智慧旅游的构成体系而言，主要有技术基础层、信息资源层和门户交互层，技术基础层主要指智慧旅游体系的设施设备，如计算机、传感器等；信息资源层主要指智慧旅游体系中涵盖的各类信息，通过对其进行运算，能够实现资源的高度整合；门户交互层主要是智慧旅游体系与应用主体之间的交互，进而实现智慧旅游功能。就行业构成要素而言，主要有智慧景区、智慧酒店、智慧餐饮、智慧旅行社、智慧旅游目的地和智慧旅游城市等。就行业运行而言，主要有智慧管理、智慧服务和智慧营销等。在不同类别下对智慧旅游应用展开研究，具有较强的现实意义。

（六）智慧旅游的发展策略

国家旅游局指出智慧旅游发展的原则，即坚持政府引导与市场主体相结合、坚持统筹协调与上下联动相结合、坚持问题导向与循序渐进相结合。高天明认为智慧旅游建设应当坚持顶层设计与底层设计同步进行，电子商务、电子服务与电子政务协同发展，同时应当遵循"点面结合、条块结合、内外结合、上下结合、同时兼顾"的原则。张凌云从政府层面，指出了政府在推动和引导智慧旅游研究和实践中的六个方面作用。沈杨和张红梅等对南京、苏州、宁波和北京等城市智慧旅游建设方案进行分析，借鉴国外经验，探索智慧旅游发展路径：总体规划。整合资源。制定标准。构建平台。颜敏以南京市智慧旅游建设的实践为例，探讨了南京市智慧旅游发展策略。谷威艳系统地研究了大连市智慧旅游发展战略，即以政府为主导、以规划管理为核心、利用信息化技术手段、实施全面强化推进智慧旅游发展，同时制定战略实施与战略保障措施，从城市智慧旅游发展视角，为其他城市智慧旅游发展提供了借鉴。李睿仙和乔晓梅等在分析唐山市智慧旅游发展现状的基础上，从智慧服务、智慧管理、智慧商务、智慧政务和智慧营销等方面提出了唐山市智慧旅游发展的对策建议并给出了其发展的保障体系。徐舒阐述了基于智慧旅游的秦皇岛市旅游公共信息服务能力提升策略。吉慧对山东旅游行业的发展现状进行了调查、归纳和总结，提出了山东智慧旅游发展方案。金江军对国内外智慧旅游发展进行了分析，研究了智慧旅游发展对策。付业勤和郑向敏在总结智慧旅游研究和发展现状的基础上，提出了智慧旅游发展策略，主要为夯实基础、统筹规划、紧贴需求和配套建设。廖维俊在分析智慧旅游表现的基础上，分析总结智慧旅游发展建设所面临的难题及其形成原因，提出了一系列针对性解决策略，为促进智慧旅游发展提供有益探索。陈丽军和王庆等对我国智慧旅游发展现状予以分析，认为其成功之处在于顶层设计、规范先行与协同合作，不足之处在于规划缺失和宣传过量、协同运作乏力、投资主体和利益主体错位持续发展困难、智力支持不足导致智慧旅游与旅游业的兼容不畅，进而从长期规划、管理思想、运营模式、经验借鉴和人才培养等方面提出了对中国智慧旅游发展的建议。王睿峰认为智慧旅游旨在解决旅游的智慧化，给游客的旅游带来方便、给管理者的工作带来方便以及提高景区档次是智慧城市的基石。智慧旅游在快速发展的同时，也出现了一些负面现象。张凌云指出目前智慧旅游建设出现重投资、炒概念，轻服务、缺管理的现象；同时规划缺失、各自为政造成重复建设、粗放经营，为智慧旅游发展提出警示。由于各地经济发展水平、旅游资源等级、旅游发展现状各不相同，智慧旅游的发展，应当在政府的支持下，根据当地发展实际情况，因地制宜、因时制宜地制定相应的策略。

（七）智慧旅游的建设模式

吉嬗对常熟市智慧旅游发展模式展开研究，主要包括两个层面：一是发展模式，以经济基础和旅游资源为依托，信息技术和市场需求双轮驱动，政府、企业、区域环境多方作用的复合型发展模式；二是空间整合模式，即"核心景区＋产业配套""景观组团＋产业配套＋云平台"和"景观廊道＋产业配套＋云平台"，最终构建"一带双心多组团"的常熟智慧旅游空间格局。但其在模式总结上研究是以智慧景区为主要对象，对智慧旅游框架体系中的智慧酒店、智慧旅游目的地等研究不足。姚志国和鹿晓龙从概念、技术、服务、管理、营销、实施等六个方面对旅游信息化展开研究，提出了智慧旅游建设运营模式。

（八）智慧旅游的路径选择

吉嬗在总结归纳智慧旅游发展模式的基础上，将常熟市智慧旅游发展路径分为起步阶段、发展阶段和成熟阶段，在起步阶段注重顶层设计、在发展阶段实现多方合力、在成熟阶段形成智慧体系，分阶段有序地明确了智慧旅游的发展路径。蒋丽芹和包沁昕在分析智慧旅游产业发展动力源的基础上，阐述了智慧旅游发展前景，从动力源角度为智慧旅游路径的选择提供了思路。

（九）智慧旅游的标准体系

刘发军和赵明丽提出了由信息化维、旅游专业维和层次领域维构成的智慧旅游标准体系三维框架模型，包括总体标准、应用系统标准、信息资源标准、基础设施标准、信息安全标准和管理服务标准等内容。凌守兴基于信息生态系统视角，认为现阶段我国智慧旅游工程建设应以游客为中心，从构建信息标准化体系、打造信息服务平台、重视制度环境优化等方面着手，实现旅游信息系统的动态平衡，从而促进旅游业可持续发展。

（十）智慧旅游的评价体系

姚国章和陈菲等分析了智慧旅游评价指标体系框架，提供了

评价指标的计算模型。刘利宁将德尔菲法引入智慧旅游评价指标
体系的研究，将评价指标体系分为硬件支撑体系、综合应用系统
和应用价值评价三个部分，将抽象的智慧旅游具体化、指标化，
为智慧旅游建设起到了鲜明具体的指导作用。国家旅游局提出了
智慧旅游综合评估的方法和内容：积极引入第三方评价机制，对
智慧旅游项目和成果进行投入、产出、综合效益、推广价值等方
面的综合评价，在综合评估基础上不断加以提升改进。

（十一）智慧旅游的要素分类

在智慧景区方面，葛军莲等分析了智慧景区多元利益主体的
利益诉求，阐述了智慧景区所应开展的业务内容。郭伟等将景区
划分为初级信息化景区、数字景区和智慧景区等三种类型，重点
研究了智慧景区发展的特点和问题，并提出了相关对策。杨德政
认为智慧旅游景区的建设应当突出以游客为本，进而构建管理体
系。李焕焕和章小平等深刻剖析了九寨沟智慧景区发展模式。邓
贵平和邵振峰基于视频巡航功能，分析了九寨沟智慧景区管理和
服务特征。常少辉和李公立等在智慧颐和园信息基础设施现状分
析和需求分析的基础上，结合物联网技术及其发展应用趋势，提
出了颐和园在构建智慧景区过程中对于信息基础设施建设的分
析与设想，最终提出了基于物联网的新一代智慧景区基础设施
的构想。

在智慧酒店方面，李臻和朱进分析了智慧酒店发展的核心价
值和镇江市建设智慧酒店的主要动力，阐述了智慧酒店的经营前
景，即增加酒店营收、降低经营成本、降低用工成本、提高工作
效率、增强安全功能、降低建设投资、降低营销成本和成就"智
慧公园"。

在智慧旅行社方面，江增光以智慧旅游战略为背景，分析了
江苏省旅行社业所面临的发展困境，有针对性地提出了应对措施
与建议，即树立"以游客为本"的理念、实施集团化发展战略、

营造宏观政策支持环境、变革旅行社运营模式、实现信息资源全面整合。杨香花和刘力以佛山市为例，研究区域旅行社的信息化现状，对佛山旅行社信息化基础设施、信息化机构设置、网站建设情况、日常办公网络信息技术应用情况展开调查。研究表明，佛山市旅行社信息化总体水平不错，但信息化发展不平衡：国际旅行社、大型旅行社信息化水平较高，国内旅行社、中小型旅行社在信息化方面发展相对滞后，信息化水平有待提高。研究进而提出旅行社提升信息化水平的战略对策。李云根据智慧旅游时代旅游管理模式的转变，探讨旅行社经营模式的转型，提出智慧旅游时代旅行社应采取的对策。

在智慧城市方面，乔原杰从吉林省智慧城市建设入手，梳理了吉林省建设智慧城市与智慧旅游发展的关系，认为两者协调发展并不冲突，可以在吉林省智慧城市建设的同时发展智慧旅游，共同促进，协调发展。周娟和金鹏梳理了宁波智慧城市的建设成果和宁波智慧城市背景下的智慧旅游建设现状，提出宁波智慧城市背景下的智慧旅游建设策略。

在旅游目的地方面，葛成唯从旅游目的地行政管理部门、游客、旅游企业和旅游资源与环境等四个方面，构建目的地旅游管理体系，以此提升目的地旅游管理的科技含量和服务质量，为旅游目的地游客提供更加健康、安全和舒适的旅游体验。管情对旅游六要素中的世俗旅游体验、审美旅游体验和超验旅游体验进行了分析，研究设计了基于智慧旅游的旅游体验提升路径，为旅游六要素的智慧化发展提供了思路。黄羊山和刘文娜等从游客应用视角，重点探讨了智慧旅游的导游、导航、导购和导览等功能。

（十二）智慧旅游的技术应用

陈兴和史先琳着重探讨了基于位置的服务（LBS）在旅游信息化建设中的作用，主要包括旅游路线优化、实时位置跟踪、行程智能引导、应急智能保障和分享旅游体验等内容。敬铅和孔新兵针对旅游景区，利用北斗系统和物联网技术，设计了一种安全、智能的人员管理系统。陈涛和李佼从大数据角度对旅游供应链管理中的需求管理与预测、产品与收益管理、服务与绩效评估、信息共享与协同等四个方面进行分析，提出了基于大数据的旅游供应链服务管理研究模型。党华宇和杨有等通过改进 Harris 和 RANSAC 算法，生成长江黄金邮轮重要部位的全景图，进而提升了智慧旅游服务，满足了智慧旅游的应用要求。赵凤霞研究和设计了基于数据挖掘的旅游智能推荐系统。刘春莲通过分析物联网在井冈山旅游管理中的运用，指出物联网能提高游客旅游活动、酒店及景区管理的效率，从而使井冈山旅游业实现低碳化的可持续发展。姚国章和赵婷从分析智慧旅游和云计算技术的内在特点出发，阐述了云计算在智慧旅游发展中的重要价值和意义，讨论了云计算在智慧旅游中的具体应用。姚国章和韩玲华结合具体案例对物联网在智慧旅游的游客管理、景区管理和酒店管理等方面中的典型应用进行阐述。马卫和李俊楼从无线旅游对旅游信息、旅游者、旅游企业、旅游产品作用方面分析了移动互联网时代旅游业的发展优势，指出无线旅游业发展过程中的安全制约、终端制约、支付制约等因素。莫琨针对智慧旅游建设所面临的安全威胁提出应对策略：通过密钥管理保障传感器的安全，建立不同网络环境的认证衔接机制，建立一个强大而统一的安全管理平台。曹光思通过研究基于 Web（互联网）2.0 整合在线旅游与智慧旅游的机理，构建了面向智慧旅游的在线旅游服务 2.0，主要包括旅游行程规划子系统、旅途导航娱乐子系统（旅游 LBS）、旅游社交网络子系统（旅游 SNS）。李丁和贾志洋等探讨了智慧旅游管理与智能推荐技术，拟将基于 Agent 的智能旅游信息处理与智能旅游路线推荐相结合，从 Web 中挖掘与旅游景区、景点相关的评价信息，结合旅游景点的各种实时的天然、物理条件和游客的旅游需求，产生智能旅游路线推荐。李琰和曾连苏以智慧旅游和安全旅游为背景，以 NET Compact Framework 2.0 技术、WiFi 场强定位技术、C/S 架构的 UDP 广播通信技术、点与点之间的对讲技术和地图显示技术等为依托，提出基于 WinCE 平台的智能导游系统设计方案。张伟和燕孝飞等基于物联网技术，构建了智慧古城总体模型，进而详细阐述物联网技术在古城开发和建设中的应用，为国内其他古城镇类旅游景区和旅游目的地智慧旅游建设提供方法借鉴。冯浩研究设计智慧旅游一卡通系统，将银行卡、公交卡、电子钱包、景区智能管理等功能集中于一个平台，实现旅游信息化。

（十三）智慧旅游的其他研究

在智慧旅游应用安全方面，莫琨分别阐述了感知层、网络层和应用层存在的安全威胁，进而提出了相应的预防策略。刘利宁对智慧旅游评价指标体系展开研究，将抽象的智慧旅游具体化、指标化。上海旅游网公司智慧旅游研究中心则论述了智慧旅游的角色分工、建设模式和运营模式。

在城市智慧旅游建设方面，沈杨研究了部分城市的做法及经验，并提出了相关建议。刘维凯论述了智慧旅游城市的五种服务模式和成功建设智慧旅游城市的关键因素。

此外，李锦阐述了智慧旅游新兴产业对高职院校旅游专业人才培养的影响，探讨了高职旅游人才培养模式转变的思路。刘淑平对智慧旅游人才的培育进行了有益的探索。武博基于智慧旅游思想提出了海南热带旅游农产品销售模型，并构建智慧旅游思想引导下的热带农产品物流供应链模式，为海南省发展热带旅游农产品产业提供了理论参考。徐波林和李东和等对智慧旅游现有研究成果予以综述，并对智慧旅游的学术研究和产业实践提出了警示：智慧旅游的重心不是科技创新，智慧旅游的发展需政府支持，智慧旅游的研究要实事求是，智慧旅游的性质要明确。高振发和刘加凤对国内外智慧旅游研究与实践进行了综述，认为国内外智慧旅游研究已有发展，智慧旅游实践已步入规划、实施阶段，甚至初见成效，但对城市、地区或者国家智慧旅游发展进行调查、分析与对策研究存在不足。萧文斌和梁皑莹等探讨了中国科技馆发展中存在的问题，提出借助智慧旅游技术手段，创新科技馆服务形式，促进科技馆事业的可持续发展。顾婷婷和蔡蓉蓉等重点研究了智慧旅游背景下南京市酒店人力资本开发。陈胜容以京东旅游环线为例分析了智慧旅游体系下的环线资源整合策略，即建设环线智慧旅游云计算平台、建立旅游环线网、打造环线智慧景区、建立旅游环线感知网络及智慧的区域旅游行业管理。李幸通过对重大节事活动公共服务体系的游客满意度的研究，提出了建立重大节事活动智慧旅游长效机制的建议。

国内智慧旅游发展和研究尚处于起步阶段，对智慧旅游的理论研究不足。虽然各地对智慧旅游建设和发展的呼声较高，然而当前对智慧旅游的研究领域较窄，主要局限于对智慧旅游基本概念、主要内涵、功能价值、应用体系和发展策略等的探讨，对智慧旅游具体领域研究不足，如对智慧景区、智慧酒店、智慧餐饮和智慧旅行社等的研究比较缺乏。同时，在一个具体的领域，如智慧景区，对智慧景区运营、管理、财务、人力、安全、信息、资源、体系等的研究基本上处于空白。本研究通过对智慧旅游的研究现状和发展实践进行系统的梳理，明确智慧旅游的研究方向，提供智慧旅游发展建设的对策建议。

二、智慧旅游研究的特点

基于当前中国智慧旅游研究成果，结合智慧旅游产业发展实践，中国智慧旅游研究呈现以下特征，即概念内涵逐步清晰化、发展对策渐进普及化、模式路径亟待科学化、智慧建设力推标准化、要素框架走向体系化、技术应用追求全面化、人才培养注重专业化。

（一）概念内涵逐步清晰化

随着智慧旅游在产业实践中的应用逐步展开，专家学者对智慧旅游的基本概念和内涵特征等研究逐渐深入和细化，进而达成基本共识。其主要表现在以下方面。

1. 智慧旅游的基本概念。学者主要从国际发展、产业应用和旅游信息化等背景予以阐述。在研究初始阶段，张凌云、李云鹏、马勇等学者分别对智慧旅游概念进行了界定，这些概念在旅游研究中被广泛引用。在此之后，学者对智慧旅游基本概念的研究相对较少，至今尚无具有突破性进展的概念提法。

2. 智慧旅游的主要功能。它包括智慧服务、智慧管理、智慧商务等内容，但游客需求是智慧旅游发展建设的根本动力，智慧旅游的发展建设将推动旅游业的变革与提升。

3. 智慧旅游的要素体系。智慧景区、智慧酒店、智慧旅行社和智慧旅游目的地等，构成智慧旅游要素系统。

4. 智慧旅游的技术应用。其主要包括物联网、云计算、移动通信等技术。

在达成以上共识的基础上，智慧旅游概念的内涵逐步清晰，其研究将向智慧旅游应用实体等深层次转变。

（二）发展对策逐渐普及化

学者对智慧旅游发展对策的研究相对较多。一方面，对智慧旅游发展建设进行理论阐述，解决"应当是什么"的问题，如基础设施建设、顶层设计方案、统一建设标准、紧跟游客需求等内容；另一方面，以具体项目地为例，进行实证研究，解决"实际是什么"的问题，如对南京、苏州、宁波、北京、大连和唐山等地智慧旅游建设方案进行分析，明确其成功经验和存在的不足，归纳智慧旅游发展对策。随着智慧旅游范围的扩大和层次的提升，智慧旅游的建设思路逐步拓展，建设水平逐步提高。在此背景下，智慧旅游发展对策研究也将逐步深化和具体，如顶层设计方案的前提基础、实施办法等内容，智慧旅游标准化建设的具体内容、实施细则等。因此，理论研究提升实践发展水平，实践发展推动理论研究纵深。在理论共享和经验借鉴的基础上，智慧旅游发展对策也将更加透明和普及，进而推动智慧旅游整体建设水平的提升。

（三）模式路径亟待科学化

当前关于智慧旅游发展模式和路径选择的研究较少。在发展模式上，学者大多是从整体发展模式和空间组合模式来介绍，整体发展模式如"以经济基础和旅游资源为依托，信息技术和市场需求双轮驱动，政府、企业、区域环境多方作用的复合型发展模式"；空间组合模式如"核心景区＋产业配套""景观组团＋产业配套＋云平台"和"景观廊道＋产业配套＋云平台"模式。由此可见，对智慧旅游发展模式的研究上内容较少，范围相对狭窄，科学性亟待提高。在路径选择上，少数学者将不同的发展阶段概括为不同的发展路径。由于不同阶段所采取的发展策略是不同的，而完善的发展路径应当贯穿于智慧旅游发展的整体过程。由此可见，智慧旅游发展模式和路径选择的研究都亟须科学化。实际上，智慧旅游中不同的要素主体，如智慧景区、智慧酒店、智慧旅行社等本身具有不同的发展模式，而不同区域、而不同要素、不同资源、不同经济发展水平下智慧旅游的发展路径也不同，对智慧旅游的发展模式和路径选择进行科学细致的研究，为各要素主体提供科学的选择依据，能够节约成本、提高效率、优化服务、增强能力。因此，智慧旅游发展模式和路径选择研究亟须科学化、多样化、系统化，从而快速应用到智慧旅游产业实践中，并推动智慧旅游的快速发展。

（四）智慧建设力求标准化

标准化是智慧旅游发展建设的前提和基础，专家学者对智慧旅游标准化建设多有阐述或涉及，但仅有少数学者对智慧旅游标准进行专项研究。刘发军和赵明丽建立的智慧旅游标准体系框架，包括总体标准、应用系统标准、信息资源标准、基础设施标准、信息安全标准和管理服务标准等内容，对中国智慧旅游发展具有重要的指导意义。智慧旅游标准化过程涉及标准化构建、标准化衡量和标准化应用等内容，同一种标准涉及较多具体而微的内容，只有综合考虑多方利益，研究切实可行的智慧旅游标准，并将其推广应用到智慧旅游发展实践中，才能在标准化的前提下，实现旅游目的地、旅游经济圈乃至全国范围内智慧旅游的互联互通联动发展。当前，智慧旅游标准化的重要作用已经受到产学研界的普遍认可，部分学者已经开始对智慧旅游的相关标准进行研究，但真正将智慧旅游发展建设的相关标准落到实处，还需要各部门、各机构进行广泛深入的合作与研究。

（五）要素框架走向体系化

现有智慧旅游研究成果，多基于智慧旅游宏观层面，对智慧旅游相关要素的研究则相对较少，对部分要素的研究甚至根本没有。智慧旅游的发展建设，最终要落实到旅游行业要素，如景区、酒店、交通和旅行社等，因此，需要对智慧景区、智慧酒店、智慧交通、智慧旅行社和智慧旅游目的地等进行专项研究。但现有研究成果显示，相关研究非常缺乏，少量论述也是仅仅停留在基础建设层面的描述，如对智慧酒店中客房多媒体系统的描述。只有对智慧酒店、智慧景区、智慧旅行社等要素的发展模式、运营管理、资源评价等内容进行具体而微的研究，才能使智慧旅游在行业要素中落到实处。因此，智慧酒店、智慧交通、智慧旅行社和智慧旅游目的地等研究，应是智慧旅游研究由宏观走向微观、由理论走向实践的具体过程，也是智慧旅游研究的落地实施之举。尽管对旅游行业要素进行分类研究是一种必然趋势，但在智慧旅游发展建设的过程中，却要实现整体联动，即在同一个框架下，应用同一种标准，遵循同一类规则，规范有序地发展建设；唯有如此，才能真正实现旅游业的全面智慧化。

（六）技术应用追求全面化

技术应用是智慧旅游研究的重点，研究成果最多。对当前智慧旅游技术应用的研究可做如下分类：在技术类别上，有物联网、云计算、基于位置的服务（LBS）、大数据、哈里斯（Harris）和随机采样一致性（RANSAC）算法等；在使用对象上，有景区、酒店、旅行社和旅游目的地等；在实现功能上，有游客管理、景区管理和酒店管理等。技术应用的现有研究成果主要是典型技术在实现基本功能上的应用，对同一种技术在不同要素中的应用和不同技术在同一要素中的应用的研究还远远不足；同时，新兴技术和尖端技术在旅游行业要素的创新应用，也是智慧旅游发展应用的主要着力点。尽管技术应用在智慧旅游研究中成果相对丰富，但与技术应用在智慧旅游的发展实践相比，研究成果还远远不足。因此，关于技术应用在智慧旅游中的研究应当全面展开，且需逐渐丰富并向高层推进。值得注意的是，现代技术在应用到智慧旅游的过程中，必然存在安全风险，多数专家学者注意到类似安全风险问题，但真正对其展开研究的学者较少，安全风险是智慧旅游研究中应当引起注意的重要课题。

（七）人才培养注重专业化

人才是智慧旅游发展建设的中坚力量，部分专家学者在智慧旅游背景下，探讨旅游专业人才应当具备的素质和能力，但真正对培养方法展开研究的学者较少。对智慧旅游专业人才培养模式展开研究，才能为智慧旅游发展提供智力支持和人才保障，因而，智慧旅游人才培养也是今后研究的一个重点。

三、智慧旅游研究的趋势与展望

（一）由重实践轻理论向理论实践并重转变

我国智慧旅游发展处于起步阶段，对智慧旅游的理论研究不足。虽然各地对智慧旅游建设和发展的呼声较高，然而，智慧旅游建设必须以深刻的理论分析为基础，理论指导实践，实践反过来又能够促进理论的丰富和完善。因而，对智慧旅游的研究应当坚持理论与实践并重的原则。

（二）由多案例少实证向实证案例均衡转变

实证分析具有较高的科学性和普遍性，能够为智慧旅游建设提供科学依据；而案例分析则具有一般性和局限性，不同区域不同行业基本特征和发展水平不尽相同，案例推广的实际意义受到一定的限制。目前对智慧旅游的案例描述较多，而实证研究不足。实证分析能够为案例提供科学借鉴，案例则能为实证分析的结果提供佐证，因而，智慧旅游研究应当坚持实证研究与案例研究均衡的原则。

（三）由高重复低创新向持续创新研究转变

当下对智慧旅游的研究，多数研究仍停留在对概念的探讨上，重复和转述他人前期成果的较多，只是换一种说法而已。研究基础不扎实，研究内容空乏，创新能力不足，因而，智慧旅游研究总体水平较低。

（四）由薄基础厚顶端向厚基础厚顶端转变

智慧旅游的基础是现代信息技术，顶端则是智慧旅游成果体系。智慧旅游建设依托现代信息技术，尤以云计算、互联网、物联网、遥感技术和移动通信技术等为主要内容，实现现代信息技术与旅游业的充分结合，是智慧旅游研究的基础；而智慧旅游业态的丰富是顶端。只有加强现代技术与旅游业融合发展的研究，才能实现智慧旅游研究成果的创新应用。

（五）由宽框架窄领域向宽框架宽领域转变

当前对智慧旅游的研究领域较窄，主要局限于对智慧旅游基本概念、主要内涵、功能价值、应用体系和发展策略等的探讨，对智慧旅游具体领域的研究不足，如对智慧景区、智慧酒店、智慧餐饮和智慧旅行社等的研究严重不足。同时，在一个具体的领域，如智慧景区，对智慧景区运营、管理、财务、人力、安全、信息、资源、体系等的研究基本上处于空白，因而智慧旅游研究任重道远。

（六）由信息技术（IT）向大数据技术（DT）转变

智慧旅游的发展是基于新一代信息技术（IT），包括云计算、物联网和移动通信等。以互联互通的设施设备建设作为发展起点，以"互联网＋"作为发展重点，可以预见，在不远的将来，智慧旅游的重点将由"互联网＋"向"大数据×"转变。人类社会从知识就是力量，到信息就是能量。在大数据（DT）时代，数据就是变量——"大数据×"，即乘数效应，乘数改变一切。在未来的发展中，大数据将会像石油、能源一样成为一种战略资源。IT时代的智慧旅游三大特征是：云平台整合资源、物联网连接一切和客户端推送服务。而DT时代是在IT时代的基础上，对于数据从广度和深度等多个方面进行开发利用。DT时代的三大标志是：块数据社会、慢数据决策和流数据价值。通过块数据网状结构构筑起块数据社会，形成一个社会化的开放、共享、连接的数据基地和数据综合体；让大数据由重变轻、去粗取精，通过跟踪挖掘，清洗除噪，由"慢数据"发挥"让数据说话"的优势和潜力，才能使"快决策"成为可能；流动产生价值，数据成为资产，随着游客的流动，数据也可以流动：以合适的成本，在合适的时间、合适的场景，将合适的数据应用在合适的游客，让大数据的价值最大化。

第二章　智慧旅游的基础理论

第一节　智慧旅游的概念与特征

　　智慧旅游是基于新一代信息技术，为满足游客个性化需求，提供高品质、高满意度的服务，从而实现旅游资源及社会资源的共享与有效利用的系统化、集约化的管理变革。从内涵来看，智慧旅游的本质是指包括信息通信技术在内的智能技术在旅游业中的应用，是以提升旅游服务、改善旅游体验、创新旅游管理、优化旅游资源利用为目标，是增强旅游企业竞争力、提高旅游行业管理水平、扩大行业规模的现代化工程。智慧旅游是智慧地球及智慧城市的一部分。

　　可以从以下方面来理解智慧旅游的含义。智慧旅游的技术基础是新一代信息技术，如云计算、互联网技术等，这种技术会不断地发展和完善，没有一种特定的技术可以一成不变地存在。发展智慧旅游的目的在于提供个性化的服务，这种服务可以是公共服务，也可以是企业服务，总之是为了满足旅游者的个性化需求，这里突出了服务的品质，即高品质、高满意度的服务。智慧旅游是对社会资源的共享和有效利用，是一种系统化和集约化的管理变革。技术的运用、服务的供给，都存在于这场变革之中。

一、相关概念辨析

智慧旅游与智能旅游、数字旅游、虚拟旅游和旅游信息化等存在明显差别。张凌云分析了智慧旅游与旅游信息化的区别与联系，提出了智慧旅游建设的三个主要目的：满足海量游客的个性化需求，实现旅游公共服务与公共管理的无缝对接，为企业（尤其是中小企业）提供服务。李梦论证了智慧旅游与旅游信息化的内涵、发展及互动关系，认为旅游信息化是智慧旅游发展的基石，智慧旅游是旅游信息化的延续。丁风芹分析了智慧旅游和数字旅游的关系，认为智慧旅游是基于数字旅游进行的各类旅游项目的信息化平台建设。迟紫镜认为旅游业经历了长期的发展过程，分别是信息化、数字化和智能化。叶铁伟认为中国旅游信息化经历了三个阶段：专业化阶段，数字旅游和数字景区阶段，智能化阶段。王兴斌认为智能化包含在信息化和数字化的进程之中，或者是信息化和数字化的延伸，在此基础上，从技术运用和旅游服务的角度，认为旅游智能化的提法更为妥帖。聂学东对数字旅游、虚拟旅游、智慧旅游进行了比较研究，得出了三者终极目标相同、研究路径相似，时代背景不同、核心技术不同、倡导主体不同、学科出发点不同、侧重点不同等结论。李云鹏从信息服务的视角，认为智慧旅游比智能旅游更能体现旅游业的特性和旅游者的需求特点。

目前对智慧旅游相关概念的论述，主要集中在智能旅游、数字旅游和旅游信息化，对虚拟旅游的研究略显不足。同时，相关概念的侧重点、特征内涵、核心技术、主要应用和实现方式等各不相同（见表2-1）：数字旅游侧重于旅游信息数据的集成，智能旅游侧重于科学技术在旅游业的应用，虚拟旅游侧重于旅游场景的空间展示，旅游信息化则是信息技术在旅游业应用的一种状态，既可以是初级的应用，也可以是高级的发展。智慧旅游是旅游信息化的高级阶段，包含了数字技术、智能技术和虚拟技术等，是数字旅游、智能旅游和虚拟旅游的综合，因而，智慧旅游更能够体现出旅游业发展的理论与实践。

表 2-1　智慧旅游相关概念辨析

基本类别	特征内涵	核心技术	主要应用	实现方式
数字旅游	旅游业的数字化和网络化，现代数字信息科技在旅游业中的应用	3S（RS，GIS，GPS），分布式计算，三维可视化，云计算技术，数据库技术	综合管理，电子商务	资源，数据，项目，用户，安全，管理，旅游信息数据库
虚拟旅游	虚拟的三维立体旅游环境	虚拟现实技术（VR），3D技术	虚拟景区	阅读和互动体验
		增强现实（AR）	景区景观合成、叠加	
智能旅游	数据综合处理，资源高度整合	物联网，云计算，移动通信技术等	智能数据平台，智能数据系统	智能设备的使用
智慧旅游	数据综合处理，资源高度整合，智能应用体系	物联网，云计算，移动通信技术等	智慧景区，智慧酒店，智慧餐饮，智慧城市，智慧旅行社，智慧旅游目的地等	泛在网络，智能感知，便捷使用

（一）智慧旅游与旅游信息化

智慧旅游与旅游信息化既有区别又有联系。信息化是指充分利用信息技术，开发利用信息资源，促进信息交流和知识共享，提高经济增长质量，推动经济社会发展转型的历史进程。旅游信息化，从狭义上讲是旅游信息的数字化，即把旅游信息通过信息技术进行采集、处理、转换，能够用文字、数字、图形、声音、动画等来存储、传输、应用的内容或特征；从广义上讲是指充分利用信息技术，对旅游产业链进行深层次重构，即对旅游产业链的组成要素进行重新分配、组合、加工、传播、销售，以促进传统旅游业向现代旅游业的转化，加快旅游业的发展速度。因此，信息化与旅游信息化既是过程也是结果，对过程的理解侧重于实现信息化的过程，而对结果的理解则侧重于"信息化"的结果。然而，由于信息技术的不断发展，信息化在实践中更侧重于是一个随着信息技术的发展而不断进行的过程。智慧旅游则可理解为旅游信息化的高级阶段，其并不是旅游电子政务、旅游电子商务、数字化景区等用"智慧化"概念的重新包装，而是要能够解决旅游发展中出现的新问题，满足旅游发展中的新需求，实现旅游发展中的新思路以及新理念。为此，智慧旅游的建设目的集中于三个方面。

1. 满足海量游客的个性化需求。日渐兴盛的散客市场使得自助游和散客游已经成为一种主要的出游方式。据不完全统计，北京旅游中散客占到游客总数的 91%[①]。未来散客的市场份额将不断扩大，因此对于更加便利快捷的智能化、个性化、信息化的服务的需求将不断扩大。

2. 实现旅游公共服务与公共管理的无缝整合。随着电子政务向构建服务型政府方向发展，旅游信息化的高级阶段应是海量信息的充分利用、交流与共享，以"公共服务"为中心的服务与管理流程的无缝整合，实现服务与管理决策的科学、合理。

3. 为企业（尤其是中小企业）提供服务。中小旅游企业的信息化水平不高，在智慧旅游的建设过程中如何吸引中小旅游企业加快信息化进程是目前各智慧旅游试点省市在实践中遇到的难点问题。基于云计算的智慧旅游平台能够向中小旅游企业提供服务，为其节省信息化建设投资与运营成本，是中小旅游企业进行智慧旅游集约化建设的最佳方式。

---

① 2010 年北京市旅游统计年鉴，北京市旅游局。

（二）智慧旅游与数字旅游

数字化是将许多复杂多变的信息转变为可以度量的数字、数据，再将这些数字、数据建立成适当的数字化模型，把它们转变为一系列二进制代码，引入计算机内部，进行统一处理。旅游数字化的过程就是将旅游相关的数字和数据进行集成，然后建立旅游数据库和数字化模型，实现对这些数据的运用。智慧旅游是将一系列的数字和数据加以利用，其在利用的过程中，通过一定的智能设备和终端，实现便捷化、人性化和综合化运用。智能化和数字化相比，主要具有以下特点。

1. 数字化是固定的，而智慧旅游是灵活的。数字化是数据的简单的集成，通过这些数据形成一定的模型，这个模型是固定的，是没有"生机"的；而智慧旅游则是一系列的技术和人工的组合，技术因为人工智能而灵动，人工智能因为技术而先进。数字化是智慧旅游的基础。

2. 数字化是单体的，而智慧旅游则是多重要素的集成。数字化只能对其本身具有的要素进行整合和运用，而智慧旅游则可以实现对各种要素的充分整合和运用。数字化是智慧旅游的有机组成部分。

（三）智慧旅游与虚拟旅游

虚拟化是指计算机原件在虚拟的基础上而不是真实的基础上运行。虚拟化技术可以扩大硬件的容量，简化软件的重新配置过程，从而使得新资源的配置过程不受现实、地理位置和底层资源的限制，因而它是一个逻辑视图而不是一个物理视图。虚拟旅游是指建立在现实旅游景观的基础上，运用虚拟现实技术，通过模拟或实景再现，构建一个虚拟的三维旅游环境，使得人们通过网络就可以在虚拟的旅游环境中饱览旅游风光。这种虚拟旅游的方式能够使人们看到生动逼真的旅游景观，仿佛置身于旅游环境一样。虚拟旅游（Virtual Travel）是虚拟旅游平台技术的应用范围之一，应用计算机技术实现对旅游实景的模拟，使操作者仿佛身临其境般感受到旅游景观。

虚拟旅游与智慧旅游的区别在于，虚拟旅游具有一定的局限性。首先，就内容而言，主要局限于旅游景区、酒店等，范围明显较小，主要是给人们提供一个现场感受的感觉，即突出视觉感受。其次，就环境而言，虚拟旅游无法模拟现实存在的真正的旅游环境。真正的旅游环境中存在着各种变化的因素，这是虚拟旅游难以模拟的。旅游者开展旅游活动，不仅要看到优美的景观，更要感受到旅游中的各种现象，例如不同人的旅游行为等，而真实的环境是难以模拟的。再次，虚拟旅游的服务具有一定的局限性，人们在进行虚拟旅游时，无法享受到实地旅游中的相关服务。智慧旅游是一种宽泛的概念，人们可以通过虚拟现实技术感知旅游景区的美景，这本身也是智慧旅游的一部分；与虚拟旅游不同的是，智慧旅游体系还能及时将与旅游相关的各类信息发布给旅游者，使旅游者真正享受到旅游中的感觉。这是虚拟旅游所不能提供的，因而虚拟旅游只是智慧旅游的一个要素形式而已。

（四）智慧旅游与智能旅游

国内对智慧旅游和智能旅游这两个概念的理解存在一定的争议。王兴斌认为，旅游服务的最终环节是人对人、面对面的服务与交流，这种服务通过思想与情感的交流进而实现文化的沟通与交流，是旅游者对异域风情与社会人文的体验，这是任何科技手段不能完全取代的人对人的服务。从旅游业的本质与特征而言，"旅游智能化"的提法更为妥帖。先进的科技手段为旅游活动提供方便、快捷、准确的智能化服务，弥补原始的人工服务的不足，同时它把智能化与人工化结合起来，让游客在享受现代科技的程式化、智能化成果的同时，又能享受传统的具有地域或民族风格的人情化、个性化体验，使传统服务与现代科技有机对接。这是现代服务业的新境界、新天地。智能旅游，更多体现的是智能设备在旅游中的运用，而智慧旅游并非单纯的智能设备的应用。智能设备是智慧旅游的实物依托，其能对信息进行存储和发布，满足旅游者和旅游管理的需要；然而，在设施设备提供服务的同时，通过人的意志进行旅游管理，通过智能设备载入人性化服务，这本身是一种智慧的体现，是人的智慧经由设备来完成的。因而，智慧旅游更加强调了服务提供中人的因素。旅游业是一个服务密集型的行业，缺少了人文因素。旅游活动就会失去光彩，只有将人文因素贯穿到智能设备中，实现智能设备的人性化服务，智慧旅游才能名副其实。智慧旅游与智能旅游的重要区别在于智慧旅游相对嵌入了更多的人文元素。

（五）智慧旅游与互联化旅游

所谓互联化旅游，是指不同的旅游要素通过一定的技术手段，实现信息交换和信息共享的旅游机制。互联化旅游是一种旅游的联动性，旅游者的旅游行程可以在同一个旅游区，也可以是跨旅游区的。通过联动，可以促进区域间的合作共赢，方便旅游活动的开展，提高旅游效率。这主要表现在区域间交通环境的协调、信息网络的建立、政策制度的统一等，联动性、协调性和统一性将促进区域经济一体化与旅游一体化的进程。旅游主管部门通过互联化旅游可以实现统一营销、统一基础设施的建设等，如此可以减少成本，节约社会资源，实现不同区域的合作发展。在管理上，可以避免繁杂的不必要的手续，提高管理效率和管理水平，从而促进旅游业的发展。智慧旅游的重要表现是消费便捷性、信息共享性和区域联动性。因而，联动是智慧的体现，也是智慧旅游的基础，没有互联化旅游就无所谓智慧旅游，互联化旅游是智慧旅游的基础要件。

二、智慧旅游的总体特征

（一）信息化

信息是旅游发展的基础，也是旅游活动、旅游开发、旅游经济、旅游管理的重要因素。在旅游活动开始之前，旅游者需要了解旅游目的地的各种相关信息，包括价格信息、景点信息、交通信息以及其他旅游相关信息；在旅游活动开展之中，旅游管理部门通过对游客消费特征的调查统计，对相关信息的运用，从而实现旅游市场的管理；在旅游景区开发之前，需要对旅游资源等各类资源进行调查，从而在信息充分的基础上实现旅游资源开发。信息获取和应用涉及旅游发展的各个层面，智慧旅游的发展是对行业内外相关信息的充分整合与运用。

（二）智能化

智能化是智慧旅游的重要体现，没有智能化，智慧旅游也就无从谈起。智能化体现在方方面面，如对旅游资源的开发，对旅游信息的获取，旅游活动的开展，旅游市场的管理等。通过信息技术和智能设备，实现智能化服务与管理。在服务端，智能化实现数据统计、信息集成；在使用端则方便主体使用。

（三）专业化

专业化是智慧旅游的要求，智慧旅游与智慧城市和智慧地球不同，其范围更小，相对而言，其专业性愈加突出。具体而言：一是专注，即设立单独的开发部门，针对旅游者、旅游运营商和旅游管理方的需求，开发单独的设备，满足旅游活动、旅游运营和旅游管理的需求；二是专业，实现旅游人才与技术人才的有机结合，进行专业化操作；三是专攻，对旅游中存在的专业性和管理性难题，进行专项攻克，实现旅游业的畅通发展。

（四）全面化

智慧旅游的发展应用应是全方位、多层次和宽领域的。在旅游业的规划与开发、旅游项目的发展运营、旅游活动的开展中实现全方位的应用。无论是高端旅游还是大众旅游，无论是发达地区的旅游还是欠发达地区的旅游，无论是大型区域间的旅游还是小型的旅游目的地都应当逐步向智慧旅游转变，此为智慧旅游的多层次应用。智慧化体现在旅游的各项要素中，比如智慧酒店、智慧餐饮、智慧旅行社、智慧旅游景区和智慧基础设施的建设，此为智慧旅游的宽领域应用。只有实现全面信息、全面建立、全面共享、保证旅游消费智能化、旅游供给智能化、旅游管理智能化，才能实现智慧旅游的全面发展。

（五）互联化

智慧旅游的一个重要方面是将各个孤立的要素解脱出来，将其与其他要素进行有机整合，从而有效避免信息孤岛现象的发生。首先，设施互联互通。矗立在街头的显示屏、景区的触摸屏等不是单独存在的，而是一个信息统一、节点分散的网络终端，不同地点的旅游者可以通过分散的终端获得相同的信息。其次，要素联动。旅游者来到旅游目的地后，不仅要旅游，同时还要住宿娱乐等。智慧旅游将这些信息进行集成，旅游者可以一站式获得各类信息和服务，从而实现信息的有效获取。再次，管理联动。对旅游资源、旅游者、基础设施等的管理，实现互联互通，提高管理效率。最后，区域互联互通。不同的区域在发展旅游上相互支持、相互依托，实现区域互联互通，既有利于开发新的旅游产品，又可以集约成本，从而进行综合性的市场管理和运作。

（六）便捷化

便捷是智慧的体现，也是人们对智慧的要求。便捷的旅游服务体系能够赢得旅游者的信赖，刺激旅游消费，缓解旅游者的紧张心理。首先，使用便捷。这就需要体现以人为本的理念，最大限度地方便人们使用。其次，设施便捷。便捷的设施体系能够便于人们获取旅游信息。再次，技术便捷。不同文化程度的人们在使用同一种设备时，不应有知识上的歧视，避免误解的产生，使得这种服务能够为绝大多数人所获取，这是便捷的直接体现。

第二节 智慧旅游的理论框架

根据智慧旅游的发展背景及概念与特征分析，我们构建了智慧旅游的 3S 理论架构模型（见图 2-1），即智慧旅游的框架体系主要由三个维度构成：主体维度（Subject）、科技维度（Science & Technology）和服务维度（Service）。

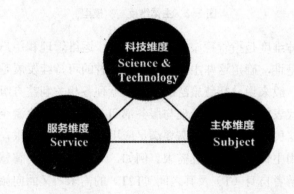

图 2-1 智慧旅游的 3S 理论架构模型

一、主体维度

主体维度主要是指基于旅游生态圈的供需关系而产生的各主体之间的交互模型。从智慧旅游信息系统的应用对象及其相互关系入手，围绕应用对象本身及其之间的交互，以及对智慧旅游的需求，我们可以构建智慧旅游的主体维度 3W 模型（见图 2-2）。

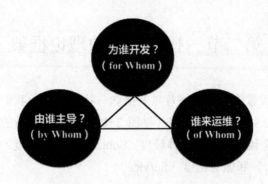

图 2-2　主体维度 3W 模型

　　主体维度是指智慧旅游的投资开发、运维管理和用户这些主体分别是谁，确定这些主体对于智慧旅游的可持续发展是十分重要的。一般来说，智慧旅游的主体由下列各相关利益方组成：以政府为代表的旅游公共管理与服务部门、旅游者、旅游企业以及目的地居民。智慧旅游既需要满足应用主体自身的需求，也需要满足应用主体之间的交互需求。例如，对于旅游者，智慧旅游既面向旅游者自身（T）及其之间（T2T）的需求，又面向旅游者与政府之间（T2G）、旅游者与企业之间（T2E）以及旅游者与目的地居民之间（T2R）的交互需求（见图 2-3）。与传统信息技术应用面向政府、企业与旅游者三大主体不同，智慧旅游将目的地居民纳入应用对象，即智慧旅游在智慧城市外延下，不仅能够为旅游者提供服务，还能够使旅游管理、服务与目的地的整体发展相融合，使旅游者与目的地居民和谐相处。

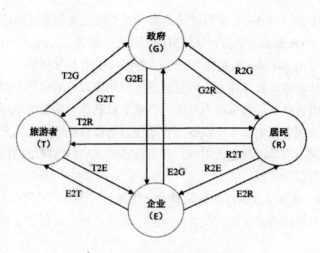

图 2-3　智慧旅游的主体维度模型

二、科技维度

科技维度主要是指智慧旅游中的建设主体所应具有的科学技术能力及其建设与实施的特性与应用方向。我们将其归纳为 3A[科技维度（Ability）—属性（Attribute）—应用（Application）]模型（见图 2-4）。

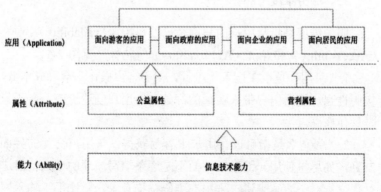

图 2-4　智慧旅游的 3A 科技维度

能力（Ability）是指智慧旅游所具有的先进信息技术能力，属性（Attribute）是指智慧旅游的应用是公益性的还是营利性的，应用（Application）是指智慧旅游能够向应用各方利益主体提供的具体功能。公益性是指智慧旅游的应用由政府或第三方组织提供，以公共管理与服务为目的，具有非营利性。营利性应用由市场化机制来决定服务提供商。智慧旅游的属性能够决定其开发主体、应用主体以及运营主体。智慧旅游的 3A 科技维度的内涵可归结为以下三点。

1. 以智慧旅游目的地的概念来明确应用主体。因此，除了一般智慧旅游所涵盖的旅游者、政府、企业之外，还包含了目的地居民。

2. 公益和营利属性是信息技术能力和应用的连接层，即纵向可建立起基于某种（某些）信息技术能力，具有公益或营利性质的、面向某个（某些）应用主体的智慧旅游解决方案。

3. 公益性智慧旅游和营利性智慧旅游的各种应用以及两者之间具有某种程度的兼容性和连通性，可最大限度地避免信息孤岛并可填补信息鸿沟。

三、服务维度

服务维度是指从用户的角度考虑的可用（Availability）、便利（Accessibility）和经济（Affordability）等特性（见图 2-5）。

1. "可用"是指在技术上可行，便于客户操作，学习成本低，实用性强，能给用户带来实际的好处，为用户创造价值，而不只是炒作概念。

2. "便利"是指可以让用户很容易获得，与用户交互的界面友好，如尽量使用一键登录，而不是逐条填写烦琐的个人信息进行提交；对于游客来讲，采用二维码扫描登录，就比手工输入网址要方便得多；有些应用（如景区的现场解说）采用二维码扫描登录官方微信账号要比下载应用软件更加方便简捷，既不占用流量，登录速度也较快；服务尽量前置化，如及时推送实时信息，以及加强基于客户端的开发和应用。

3. "经济" 是指提供的应用和服务是用户或游客支付得起或愿意支付的。因此，一般收费不能太高，最好免费，或者由第三方承担费用。这也是互联网经济的在商业模式上的创新之处。

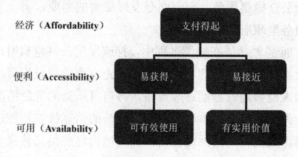

图 2-5　智慧旅游的 3A 服务维度

第三节　智慧旅游的功能与价值

一、主体功能

（一）社会功能

1. 资源整合。智慧旅游的发展建设，不是单一资源的利用，而是各类资源的有机整合，其在发展过程中，也会对社会资源进行整合。智慧旅游是一个庞大的系统，其中涵盖了较多的资源要素。就旅游企业而言，包括技术资源、市场资源、人力资源等；就公共供给而言，主要有土地资源、媒体资源、信息资源等。对各类资源进行优化整合，促进资源的充分利用，从而实现智慧旅游功能的集成，这是智慧旅游社会功能的主要体现。

2. 公共服务。如果说旅游企业开展智慧旅游经营管理活动是出于自身利益最大化的考虑，那么政府构建智慧旅游体系的出发点则是提供公共服务。智慧旅游的建立，能够为公众提供各类服务，如城市交通导引系统、安全事故预警系统等。这些信息与其说是为旅游者提供的，不如说是为社会公众提供的，因为这种服务已经不单纯是旅游者所需要的，而是社会公众都需要获得的。为社会公众提供服务，一方面是发展旅游的需要，另一方面也是构建服务型政府的重要体现。

3. 应急救援。在旅游过程中，抑或发生公共危机时，为公众提供救援是智慧旅游的功能体现。首先，在危机发生后，处于危机中的人能够通过智能终端设备，将自身所处的危急情况发布出来，让人们了解，这体现的是智慧旅游的信息接收功能；在接收信息后，通过广阔的网络覆盖，及时地将这些信息传播给有关部门，从而迅速采取行动，及时化解危机，这体现的是智慧旅游的联动功能；同时，在危机情况出现时，通过智慧旅游体系，及时地将相关信息扩散给最广大的社会公众，这体现的是智慧旅游的扩散功能。因此，通过接收、联动和扩散，实现智慧旅游的应急救援功能。最重要的是，通过畅通的智慧旅游系统，能够及时地传递旅游信息，可以起到事故防范、安全预警等作用，从而减少事故的发生。刘军林和陈小连对智能旅游灾害预警与灾害救助平台的构建与应用进行了研究，认为智能旅游系统及其灾害预警与灾害救助平台，能即时发布旅游气象灾害、地质灾害等方面的信息，对旅游防灾意识宣传、旅游灾害监测、旅游灾害预防与提醒以及旅游灾害救助都具有十分重要的意义。

4. 社会治理。智慧旅游实现其社会治理的功能，主要体现在其惩恶扬善的公开性。智慧旅游是一个信息发布的渠道，更是信息共享的载体，人们通过智慧旅游体系获得信息，主管部门通过法制和德治的方法，利用智慧旅游系统，将社会中的尤其是旅游活动和旅游经营中的优良和不良现象公之于众，使人们明确社会主义道德观和法律观，从而自觉规范自身行为，有利于促进社会管理。

（二）经济功能

就经济发展形式而言，智慧旅游的发展将推动旅游市场由线下向线下线上相结合转化。传统的线下经营模式中，个人或组织想进行旅游消费，需前往旅行社、旅游酒店或旅游目的地现场进行购买。在购买之前，旅游者不能充分获得旅游消费的相关信息，因而，市场运行不够透明；同时，人们到消费场所进行现场购买，在购买时获得相应的信息，于是做出消费决策，这种消费决策通常并不能达到最优。人们花费较多的时间、精力和金钱来进行旅游消费，结果却消费不畅且极不便捷，这在某种程度上抑制了旅游需求。因为在获取信息或者购买困难的情况下，人们可以不进行旅游消费或以其他的消费方式予以替代。智慧旅游的出现，推动了旅游信息化的发展，使得线上旅游业务和旅游电子商务的发展进一步的大众化和平民化，人们易于获取准确全面的旅游信息，同时又便于进行网上支付，消费的便利化使得旅游近在身边。线上与线下的融合发展，将推动旅游业发展进步。

就经济发展效益而言，智慧旅游的发展能够产生明显的经济效益。从短期来看，智慧旅游发展中投资的增加使得政府和企业的成本增加，然而，从长远发展来看，这种短期追加的固定资本将会转化为长期收益，并且这种短期投入的固定资本远比长期发展中各类成本的总和要小得多。例如，智慧旅游的发展需要相应的设施、技术和人才，而智慧旅游系统的建立，使得组织和企业能够获得竞争优势，并且智慧旅游系统一旦建设完成，能够保持长期的运营。就实体企业而言，在日常的经营运作中，各种固定成本和可变成本之和要远多于在智慧旅游中的投资；同时，作为一种新的经营管理方式，通过智慧旅游系统，旅游目的地或旅游企业能够直接与旅游者进行沟通和交互，从而有利于建立良好的形象，维持顾客关系，实现顾客忠诚，从而创造经济效益。

（三）文化功能

作为公众生活的一部分，智慧旅游的存在与发展伴随着人类社会的发展而不断演化和前进，其在人机交互的过程中，将推动社会文化的发展。

1. 物质文化。在智慧旅游中，智能设备、智慧旅游设施是人们直接接触的物质载体，这是一种科技文化，且被应用在旅游发展中。科技与旅游相结合，形成具有旅游行业特色的科技实物，承载着智慧旅游中的物质文化，例如旅游咨询中心的特色建筑、特色设备，具有提示意义的实物，都承载着一种可以触摸的实体文化。

2. 制度文化。不同于政府和企业中存在着明确的制度，智慧旅游本身不存在什么制度，不像企事业单位中工作人员的行为受到约束，智慧旅游所倡导的制度文化是一种制度文化认同。人们在日常的生活中，通过智慧旅游系统，经由智能设备和终端设施，可以主动地了解相应的法律法规、道德规范和行为准则等；在了解、学习和掌握的基础上，人们自觉遵守、自觉践行、合理运用，在遇到问题时，运用法律和相关制度予以解决，从而形成法制和德治相结合，人们自觉遵制守法的文化。

3. 行为文化。智慧旅游推动人们行为文化的发展变迁，例如，消费方式由线下转到线上；信息获取方式由交易过程中获取转变为交易前获取；支付方式由购买时支付转变为购买前或购买后支付；支付渠道由现场支付转变为网上支付。在人的行为方式方面，传统的随团旅游向自助旅游转变；对景区景点的讲解，由导游讲解转变为智能设备讲解。旅游者的行为方式随着技术和经济的发展而不断改变，而智慧旅游的发展，则直接加快了这种行为文化转变的速度。

4. 精神文化。精神文化是文化的核心，智慧旅游作为一种现代生活方式，本身并不能改变人类精神文化，也不能强化精神文化，但其在间接产生精神文化过程中的作用却不可小觑。智慧旅游通过推动旅游的发展促进精神文化功能的形成。智慧旅游促进人类旅游方式的转变，从而有更多的人参加旅游，在旅游的过程中，人们的思想意识得到端正，自身素质得到提升。例如，通过游览祖国的大好河山，增加了自己的爱国热情；通过参加生态旅游活动，增强了自己的环保意识。这种潜移默化的作用，正是智慧旅游文化功能的体现。

（四）科技功能

1. 推动现有技术的普及应用。智慧旅游的发展，需要依托两类技术的发展。其一，信息科技核心技术的发展。云计算、移动通信技术、全球定位系统（GPS）等技术的发展使得相关的数据和功能得以生成，智慧旅游的建立将会推进技术在旅游行业内的普及应用，旅游业的应用将会形成示范效应，从而引起其他行业的同时跟进，因而，智慧旅游的应用将能推动核心技术的普及应用。其二，设备终端技术的发展。核心技术的应用最终应当使人们的生活更便捷，因而，越来越多的人通过智能终端来接收智慧旅游的相关信息，进而促进行业发展。

2. 加速新技术的研发。随着社会的发展和需求呈现的多样化趋势，智慧旅游不断发展，一些新的功能和需求需要满足，因而，对智慧旅游中技术的水平也提出了更高的要求。在市场规律的运作下，企业便会投入更多的资本来进行新技术的研发。

（五）环境功能

1. 提高生产效率，节约社会成本。智慧旅游的发展，将会节约社会成本，促使旅游企事业单位无纸化办公的实现。传统的企业运作是一种高碳式的运行，消耗大量的人力、物力和财力，且效果一般。智慧旅游的建立，将会使得许多人力和物力从工作中解脱出来，减少资源的消耗；在资源有限的情况下，减少消耗就是一种对环境的保护。同时，智慧旅游的发展与我国建设资源节约型和环境友好型社会的发展战略是相一致的。

2. 提升公众素质，强化环保意识。人们在旅游过程中，通过与不同人群的交流，与不同文化的融合，逐步提高自身素质；与此同时，其自身的环保意识也得以增强。如在生态旅游景区，优美的自然环境和在良好的社会环境使人们对环境保护的自觉性得以增强，这也是环境功能的体现。

3. 提速智能步伐，避免环境破坏。智慧旅游的发展不能仅仅限于企事业单位的应用，不能仅仅应用于市场，也不能仅仅侧重于服务，同时还应逐步地完善其功能，比如环境监测和环境治理等。例如，在旅游开发的过程中，引入智慧旅游设备，对拟开发地区的生态环境予以跟踪监测，及时获取环境相关数据，了解环境情况，从而指导旅游开发，避免旅游发展中对环境的破坏。

二、行业价值

发展智慧旅游对旅游业意义重大，无论是旅游者、旅游企业，还是旅游主管部门，智慧旅游都具有非常深远的意义。智慧旅游将在优化旅游者行为模式、旅游企业经营方式和旅游行业管理模式上，推动旅游行业发展。

（一）旅游者

旅游开始之前，人们可以通过智慧旅游设备设施查询相关信息。人们可以在旅游前或旅途中，通过网络等途径，获得旅游目的地的相关信息，这些信息包括旅游资源、市场信息、旅游服务质量和类别等。这些旅游信息，为旅游者提供出游决策。通过智慧旅游体系，人们可以获得更为完备的信息，因而能够货比三家，在信息透明的情况下，人们可以个性化地安排自己的旅游行程。在旅游目的地，旅游者不必拘泥于以往的团队式旅游（行程固定，灵活性较差），可以通过选择，自己来安排旅游行程。对旅游者而言，这种旅游活动完全是依照自己的意愿定制的，因而更具有自主性，这可以提高人们对旅游活动的认可和满意度。在获取足够充分的信息后，人们可以进行预定，传统的营销和预定较为麻烦，而通过网上预定，信息较为透明，支付比较方便。旅游者来到旅游目的地后，可以直接开展旅游活动，避免了排队购票、查阅信息等时间的浪费，各种信息成竹在胸，可以尽情享受自己的个性化旅游。同时，智慧旅游系统及时地发布目的地、酒店、景区等相关信息，人们可以根据自己的需要选择性地开展旅游活动，也可以避免景区的"拥堵"现象，实现人流疏导。

在旅游过程中，智慧旅游可以实现四个功能：导航、导游、导览和导购。①导航。导航是将位置服务嵌入旅游信息中，借助如全球定位系统（Global Positioning System，GPS）导航、基站定位、无线网络定位、无线射频识别技术（Radio Frequency Identification，RFID）定位和地标定位等技术，实现智能终端设备与网络和位置服务进行连接，旅游者可以通过智能终端设备为自己随时随地进行定位。基于此，在旅游过程中，旅游者可以随时获得自身位置信息，引导自身行为，从而有利于缓解旅游者在异地开展旅游活动时的陌生感和紧张的心理；通过位置服务，旅游者能够获得相关的路线图、距离和时间等信息，从而为自我行程提供建议。②导游。旅游者来到旅游目的地后，其旅游活动不仅仅限于旅游景区，同时还会参加一些其他的活动，比如观看演出、逛街等，因此需要了解自身周边有哪些酒店、景区、旅行社、银行和邮政等信息。智慧旅游能够精确地为旅游者提供这些信息，从而便于旅游者做出决策，即智慧旅游不仅仅限于旅游活动，凡是与旅游相关的活动，都应当成为智慧旅游发展的重要内容。③导览。旅游者到达某一旅游目的地进行旅游活动，在某一个旅游景点，需要了解的相关资料，例如景点的内容，即导游在旅游活动中所讲解的内容，可以通过智能设备，便捷地获得，从而实现设备导游而非现实中的人员导游。④导购。旅游消费的过程中，智慧旅游应当提供充分的信息，供旅游者进行选择。例如，旅游者在选择酒店时，需要知道酒店的星级、顾客评价、发展历史、价格、优惠政策等，这些信息应当与在实体酒店中所了解到的是同等的，从而保证消费者的知情权，进而使得交易能够正常进行。导航、导购、导游、导览的功能集成，能够真正实现旅游者在旅游过程中的自主化。

在旅游结束后，旅游者一般会进行信息反馈。就反馈信息的内容而言，可以分为两个方面。其一，旅游心得分享。旅游者会分享旅途中所遇到的新奇事件，获得的满意服务，看到的奇特景观。其分享的是一种愉快的超乎寻常的体验，因而，能够将此正面信息传递给他人，使得旅游要素的品牌和形象得以强化，从而使旅游目的地吸引到更多的游客。其二，对旅游中存在的一些不满，也会向公众传播，这种传播将使更多的人得以知晓，旅游要素的形象也得以广而告之。因此，旅游者的分享实际上是一把双刃剑，把其中的满意因素公之于众，把其中的不满加以曝光。这在无形中会促使旅游企业提高服务质量，规范自身行为，由此逐步提升自身品牌形象，从而扩大知名度，提高美誉度。同时，反馈的信息也可能是一些投诉建议，智慧旅游作为一种系统、平台和渠道，既为旅游管理提供便利，也为旅游者权利保障提供法律和技术支撑。旅游主管部门应当充分利用智慧旅游的功能价值，解决旅游中的主体问题，从而优化智慧旅游的发展环境。

（二）旅游企业

1. 提供产品。智慧旅游丰富了产品的形态。传统的旅游产品过于单一，其主要局限于一般的旅游线路产品，如观光旅游产品、度假旅游产品、旅游景区和旅游酒店等内容。这些产品基本上处于旅游的初级阶段，只能满足基本的需求，产品的形态不够丰富，人们的个性化需求不能得到有效满足；同时，在经营管理的过程中，出于成本利润的考虑，个性化和定制化的旅游产品并不多。智慧旅游的出现、高科技的应用，使得旅游景区、旅行社等对旅游产品的开发力度加大，产品形态逐渐丰富，人们借助智慧旅游，更能使自身的需求得以满足，因而在一定程度上促进旅游产品的多向发展。同时，智慧旅游也拓宽了旅游的销售渠道，传统的营销和促销被逐渐地放大。智慧旅游将旅游产品搬到线上进行销售，旅游者更易获得。微博、微电影、空间等的出现，智能设备的广泛应用，使得人们接触的新媒体增多，而在新媒体上进行旅游产品的销售，并引入智慧旅游，可以极大地拓宽产品的销售渠道。

2. 展示形象。智慧旅游拉近旅游企业与旅游者之间的距离，也为旅游企业展示形象提供了更好的平台。智慧旅游的运用，智能终端的使用，使得旅游信息的发布更为快速和频繁。旅游企业可以通过产品来展示自身的形象，产品的多样化、个性化、人性化、标准化、人文化和科技化等成为旅游企业展示自身的一个重要途径。通过了解产品，人们可以了解旅游企业的经营方向和发展理念，形成对旅游企业的良好印象。旅游企业可以通过企业自身展示形象。自觉履行社会责任的企业将会赢得政府和社会的青睐。政府在推动智慧旅游发展过程中对其宣传，展示企业的优质产品、企业文化、经营理念等，通过正面宣传强化其在公众心目中的良好形象，既能在行业中起到模范与示范作用，又能进行免费宣传。旅游企业也可以通过旅游者展示形象。旅游企业为旅游者提供优质的产品和服务，得到旅游者的赞赏，旅游者在游览后会将旅游中的感受分享给他人，通过滚雪球效应不断强化企业在人们心目中的美好形象。

3. 节约成本。臃肿的组织结构使得企业在经营的过程中成本增加，运行起来举步维艰，然而，智慧旅游的应用，能为企业节约成本。首先，旅游企业能通过网络获得旅游者的信息和需求，进而根据需求制定产品、价格、促销和渠道策略，从而避免以往进行市场调查持续时间长、耗费人力多、成本开支大的弊端；同时，在产品销售的过程中，通过网络进行智能化销售，运用机器设备实现销售水平的提高，从而节省人力资本。在信息的保存上，将企业信息进行云存储，随时更新随时应用，由机器进行管理，易于保存，不易损坏，取用方便。既节省人力物力，又避免资源的浪费，同时还能实现企业的低碳化运营。发展智慧旅游还能降低资金成本。以往采购物质资源，交通等费用是企业一项不小的开支，并且这种开支的发生频率高，而智慧旅游的应用，将实现企业的虚拟化采购，从而极大地节约成本。

4. 优化企业管理。企业在管理过程中需要依托较多的技术和设施设备，传统管理中的较多方法和实践是粗放型的，管理起来困难而庞杂。比较明显的例子是信息调用困难，如客户信息的管理、财务状况的记录，这些信息和资料通常以笔记的形式记录，储存量较大，修改、保存、查找和取用困难，为了调用一项信息或数据会花费较长时间，并且时常容易出错。智慧旅游建设运用云计算等技术，实现企业数据集中管理，将存储和计算等网络化、系统化、实时化、智能化，实现数据和信息应用的便捷化。这样既提高了企业的信息化水平，又提高了其经营运作效率，还推动了企业的标准化建设。

5. 转型升级。智慧旅游的发展建设将促进旅游业的转型升级。首先，旅游市场由线下转变为线上线下相结合，智能设备与移动互联网的无缝对接，使得人们更加便捷地利用智能设备，实现旅游产品的网上购买。其次，旅游产品的优化升级。传统的旅游产品只能满足旅游者的基本需求，然而，随着智慧旅游的应用，旅游产品会向着科技化、人文化、个性化的方向发展，使得旅游产品更具文化内涵。智慧旅游的发展将调整产业结构、优化旅游方式，从而促进旅游业的转型升级。

（三）旅游主管部门

旅游主管部门进行智慧旅游建设，主要体现在两个方面：一方面是内部体系的建设，如智慧办公体系；另一方面是外部体系的建立，如智慧旅游公共服务体系的构建等。无论是外部还是内部智慧体系的建设，无非要达到两个目的。

首先，实现智慧政务处理。旅游业发展涉及较多行业和要素，在发展的过程中政府管理部门有烦琐的工作需要处理，旅游行政管理部门在业务处理的过程中同样存在着提高效率等现实诉求。智慧政务的建设，能够使得相关的管理和服务工作随时随地进行，不仅节省人力、物力和财力，还有利于提高办事效率。

其次，外在形式的公共服务体系的建设。这是创建服务型政府的体现。通过智慧旅游体系，及时将相关的政策、法律和规范等公之于众，使人们了解相应的法律法规，因而能够使得行业运作更加透明；同时，及时地将旅游行业信息予以公布，使得旅游者和旅游企业自觉规范自身行为，能够有效促进行业自我管理。因此，旅游主管部门推动智慧旅游发展建设的着眼点和落脚点是推动行业发展、助力行业监管和提供公共服务。

具体来说，智慧旅游的发展将从以下方面促进旅游行业管理。

1. 行业统计。通过位置服务和网络服务获得旅游相关的各类信息，对旅游者的行为特征进行分析。例如，对某一类型的旅游景区，其旅游者的共同特征是什么，该类旅游活动表现出什么样的发展趋势等。

2. 需求采集。市场交易主体能够进行动态的双向的信息交流。通常情况下，需求决定供给，旅游者将其对产品的需求通过智慧旅游体系反馈给管理者，管理者据此引导旅游市场的发展，进而有针对性地提供产品和服务。

3. 预警预报。旅游市场具有敏感性和脆弱性，容易受到各类因素的影响，智慧旅游的建立，能够及时地反映市场动态，便于旅游管理部门见微知著，从而及时采取措施，引导行业的健康发展。此外，在旅游活动中，遇到突发事件、出现险情时，可以通过智慧旅游体系获得救助，全面高效的救助体系能够在第一时间做出反应，从而及时解决危机。同时，旅游主管部门可以通过智慧旅游体系，发布潜在的危险信息，旅游者经由智能终端设备获得这些信息，从而及时地采取预防措施，减少不必要的损失。

4. 监督管理。旅游者和社会大众在透明的信息网络下，在便捷的智慧旅游体系下，可以及时地将旅游过程中的不良行为公之于众。大众的监督管理可以督促旅游企业约束自身行为，从而促进旅游企业的规范化运营。

5. 投诉处理。旅游业在发展中经常存在着各类的投诉事件。旅游者在旅游中处于劣势地位，因而，较多的旅游者在权利受到侵害后，没有采取相应的措施加以维护，为了保证旅途的顺利进行而选择忍气吞声。智慧旅游的出现，使得投诉更为便捷，投诉的处理能力也得以增强。因而，智慧旅游的建立将会极大地提升旅游投诉处理效能。

6. 科学决策。智慧旅游的"智慧"能够生成优秀的决策方案，进而促进旅游主管部门做出科学决策，促进旅游业的持续健康发展。

（四）旅游业创新发展

1. 为不同主体进行智慧旅游发展建设提供理论支撑与实践指导。当前，智慧旅游建设主体主要有政府和企业，政府主要从公共服务视角建设智慧旅游目的地，在顶层设计中明确规范做出指导；企业则主要围绕自身发展需求，有针对性地发展建设智慧旅游项目。统筹政府和企业两方需求，明确各自的任务和职责，能够理顺智慧旅游发展建设的逻辑思路，在此基础上为政府和企业进行智慧旅游发展建设提供理论依据和实践借鉴。

2. 为智慧旅游发展建设对象提供切实可行的对策建议。从旅游要素或旅游目的地来看，智慧旅游发展建设的对象主要包括智慧景区、智慧酒店、智慧旅行社、智慧旅游目的地等，其中尤以智慧景区和智慧旅游目的地的建设较为普遍。在发展实践中，不同景区进行智慧旅游发展建设的思路、过程、项目、路径并不相同，分析并明确不同要素或旅游目的地进行智慧旅游建设的逻辑思路和体系框架，能够在既定条件下发挥智慧旅游的最大效力。从智慧旅游功能要素和框架体系来看，当前智慧旅游发展建设主要集中于微信、二维码、网络覆盖、旅游网站、综合数据库、线上商务平台、智能监控系统、智能门禁系统、安全预警系统、自动化办公体系、客房多媒体系统等内容。同时，依据建设难易程度、成本投入大小、应用轻重缓急等实际情况，智慧旅游建设往往是不成体系的，甚至是碎片化的。将这些零散的建设思路整理成现实可行且能持续发展的路径和发展步骤，能够从长远上保障智慧旅游发展建设的内容、体系、规模、步骤，并最终推动智慧旅游发展建设整体水平的提升。

3. 为智慧旅游发展建设的路径选择提供现实依据。作为旅游业发展的重要推动力量，政府和企业看到了智慧旅游的功能作用及隐藏在背后的商业价值，于是，许多地区开启智慧旅游发展建设。殊不知，智慧旅游发展建设不可一蹴而就，而是一个庞大、系统的工程，在建设中需要投入巨大的人力、物力和财力。在经济社会发达、旅游市场旺盛的区域，发展智慧旅游或许能够解决旅游业发展的许多问题，同时对建设主体本身也不会造成负面影响，因此智慧旅游建设无可厚非。但是，在一些经济水平较低、地方财政困难、旅游条件不优越、智慧旅游功能暂时不能有效发挥的区域，投入大量资金开展智慧旅游建设，一时会收效甚微，甚至会影响当地经济社会的发展，在此情况下，智慧旅游发展建设就需仔细斟酌了。因此，各地区、各主体应当结合自身实际，选择与之相适应的智慧旅游发展路径，如通过分期建设，明确智慧旅游功能需求的轻重缓急，有规划、有重点、有策略地发展建设，将能持续推动智慧旅游健康发展，并充分发挥智慧旅游的优势。

4. 为新常态下智慧旅游发展建设提供新思路。当前，中国旅游业面临转型升级的新常态，包括大数据、产业融合、技术应用、在线交易、区域一体化等，智慧旅游的发展建设应当结合新常态、顺应新形势，在新常态下集聚新理念、新功能，进而丰富完善智慧旅游功能要素和体系架构，促进智慧旅游在动态变化的社会环境和市场环境中稳步发展。

智慧旅游的发展建设，在旅游者、旅游企业和旅游行政管理等三个方面有着共同的但有区别的内容和需求，但最终都能通过智慧旅游的发展建设，推动中国旅游业的优化升级。智慧旅游的发展建设，需要旅游业产学研界的共同发力，只有进行整体建设和联动发展，才能实现智慧旅游体系的全面构建。

三、社会价值

（一）智慧旅游服务社会的优势

1. 政策优势。国家旅游局明确旅游信息化的重要作用，提倡运用现代信息技术提升旅游业的战略地位和发展水平，从政策层面上，政府的支持能够促进智慧旅游的发展；同时，智慧旅游也能实现必要的社会功能。国家从政策角度出发，一方面要提升旅游业的整体发展水平，另一方面则要提升其社会服务能力，因而，智慧旅游服务社会具有政策上的优势。

2. 资源优势。旅游是一个复杂的综合体，涉及不同的行业，其发展有赖于资源的富集。单一行业如景区和旅行社等资源有限，在服务社会方面，能力不足，并且不易与其他行业产生联动。旅游业则是一个综合性的行业，其发展涉及交通、餐饮、住宿、卫生、工商、公安等部门，只有具备了相关的信息和资源，旅游业才能健康发展。智慧旅游体系对这些部门的信息和资源进行整合，其具备的优势资源是服务公众的主要内容。

3. 技术优势。旅游业原本是一个社会性和文化性较强的行业，当今旅游业的发展主要是从经济学的角度展开，然而，随着智慧旅游的发展，必然要实现现代科学技术在旅游业的应用，将原本应用于社会服务的技术如遥感技术、互联网技术、云计算技术和移动通信技术等应用到旅游行业中，使得旅游业发展拥有了各种现代技术。科学技术和行业发展的需要，使得相关技术的研发和应用增多，因而引发了新技术的产生和发展。旅游行业具备较高的技术水平，其在服务社会的过程中，自然就更加具备了技术优势，将旅游行业技术运用到社会中，或者通过在旅游业中运用现代技术，为社会发展服务，这本身就是智慧旅游服务社会的技术优势。

4. 传播优势。旅游活动的多样性决定了旅游行业的综合性，旅游业对信息的整合与传播具有较高的要求。大众旅游的到来，自助游的兴起，使得人们对信息获取的需求增加，智慧旅游体系能够高效便捷地满足人们的信息需求，其对信息传播具有较高的要求。各类信息在相互差别的行业、受众和环境中进行传播，使得智慧旅游必须具备完备的信息传播渠道。智慧旅游在服务社会的过程中，可以充分利用其完备的信息体系架构，实现信息的高效传播。及时高效的信息传播体系能够方便人们的生活，从而实现智慧旅游服务社会的功能。

5. 生态优势。智慧旅游服务社会主要在以下方面体现其生态优势：从经济发展的角度，旅游业是无烟工业，是现代服务业的范畴，其发展能够促进经济水平的提升；从文化传承的角度，旅游发展能够促进社会先进文化的保护和传承；从生态保护的角度，旅游发展是文明发展，能够促进生态环境的保护。智慧旅游从建设到运营，整个过程体现着生态优势：就建设而言，基础设施和智能设备的建设和使用，能够有效地避免房屋、土地和空间等资源的浪费，减少其对生态环境的破坏；就运作而言，智慧旅游体系在建成后能够多次重复利用，通过运用现代技术，使得原本复杂困难的人力劳动由机器完成，从而减少行业运作中人、财、物的浪费，进而节约社会成本，实现低碳化发展，其符合资源节约型和环境友好型社会的发展战略。将智慧旅游的生态优势加以运用，能够实现社会服务的可持续发展。

正是由于智慧旅游在社会服务方面，同其他要素相比具有政策优势、技术优势、传播优势和生态优势，所以，智慧旅游发展迎合了当代社会发展的主旋律，因而得到各地的认可，从而实现了其快速发展。

（二）智慧旅游服务社会的路径选择

1. 智慧旅游服务社会的结构模型

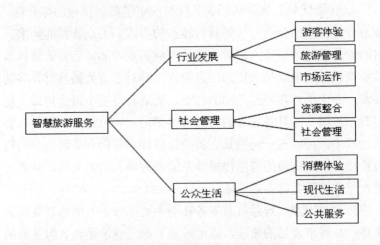

图 2-6　智慧旅游服务社会结构模型

南京市智慧旅游的发展实践反映了其服务社会的具体内容。

智慧旅游服务社会从服务旅游行业开始，由于旅游活动具有综合性，旅游者在信息咨询、交通导航和水电需求等方面与居民日常生活具有较大的相似性，居民能够经由智慧旅游设施设备，获得信息咨询、交通导航等相关服务。同时，行政管理部门能够通过智慧旅游体系实现社会管理。因此，智慧旅游体系具备了服务行业发展、社会管理和公众生活这三方面服务职能。（见图2-6）随着信息技术发展和社会文明进步，智慧旅游体系将进一步融入社会生活，为社会提供服务。

2. 智慧旅游服务社会的路径选择

（1）加强政策引导，促进规范发展。首先，由政府制定智慧旅游体系发展的战略方针，以法的形式规范智慧旅游的发展，避免盲目建设和雷同开发；其次，对智慧旅游体系建设中的重大项目，政府从人才资源、金融信贷和部门协调等方面给予支持；再次，旅游发展，规划先行，在智慧旅游建设前，制定科学的规划，按照规划思路，科学有序地推进智慧旅游建设；最后，对智慧旅游建设项目进行实时跟踪、监测和评估，动态调整智慧旅游的发展进度，对其中产生的偏差予以纠正，使智慧旅游适应经济社会和技术环境的改变。（见图2-7）

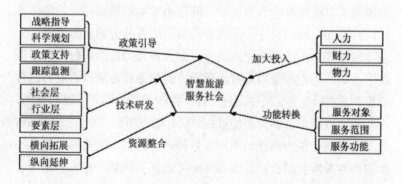

图2-7　智慧旅游服务社会路径选择

（2）加快技术研发，落实行业应用。就技术的研发而言，主要包括三层：社会层、行业层和要素层。社会层是指整个社会大环境中的现代技术，如云计算、遥感技术和移动通信技术等，其在社会中的广泛应用是智慧旅游发展的技术基础；行业层是指旅游行业中的现代技术，如虚拟旅游、旅游软件等，其为智慧旅游发展的中坚技术；要素层则是在旅游行业具体要素范围内的技术，如电子票务系统、数码客房服务系统等，其为智慧旅游的核心要件。无论何种技术层面，只有加强研发，并运用到发展实践中，才能提升智慧旅游服务社会的能力。

（3）加深资源整合，提供信息基础。资源整合的程度，可以分为横向的拓展和纵向的延伸：在横向上，由旅游行业向相关行业再到周边行业逐步拓展，拓宽智慧旅游服务社会的范围；在纵向上，将特定服务不断挖掘、深化，提升智慧旅游服务的水平和质量。横向和纵向的充分整合，实现信息资源的存储、运算和传播。同时，依托智慧旅游设施设备和个人移动终端，实现智慧旅游服务社会的泛在化。

（4）加大投入力度，注重能力建设。智慧旅游建设是一个系统的工程，需要巨大的人力、财力和物力投入，较少的投入只能集中于某点或某种能力的建设，其远不能实现智慧旅游的总体目标；只有加大投入力度，注重智慧旅游服务社会的能力建设，才能实现投入产出的最大化。当然，加大投入力度的同时应当遵循以下原则。①把握全局，突出重点，对智慧旅游的核心能力进行建设。②明确思路，循序渐进。智慧旅游的建设不是一蹴而就的，而是一个逐渐丰富和完善的过程，只有循序渐进，才能稳步发展。③综合考虑，量力而行。不同区域经济、社会、文化和环境各不相同，在发展智慧旅游时应当综合考虑区域现状，根据当地需求制定发展战略。

（5）加紧功能转换，实现转型升级。在发展初期，智慧旅游主要服务于旅游行业，随着技术的进步、应用的普及、功能的增强，智慧旅游将逐渐由服务旅游转变为服务社会，其主要表现如下：服务对象的扩大，由服务旅游者、旅游企业和旅游管理部门向服务社会大众转变；服务范围的拓展，由智慧酒店、智慧餐饮、智慧交通等逐步扩展到智慧社区、智慧教育、智慧医疗等；服务功能的完善，由旅游功能逐步向休闲功能、信息功能、文化功能和传播功能等一体化转变。智慧旅游体系功能的转换，将会实现其服务对象、范围和内容的转型升级。

智慧旅游不仅是现代科学技术在旅游业的具体应用，同时也是一种专业能力。这种能力首先体现在服务旅游行业发展上，通过智慧旅游，转变旅游业发展方式，提升发展质量。由于旅游业具有综合性，智慧旅游在发展的同时，必然向服务社会转变，并且，随着技术的更新、社会的进步和经济的发展，智慧旅游服务社会的能力将会进一步得到加强和体现。当前，智慧旅游发展主要服务于旅游业，但其仍然具有服务社会的功能和路径；只有加强政策引导，加快技术研发，加深资源整合，加大投入力度，加紧功能转化，才能使得智慧旅游既能促进旅游业发展，又能服务于社会进步，在实现旅游业可持续发展的同时，实现智慧旅游社会效益的最大化。

第三章　智慧旅游的实践基础

第一节　智慧旅游建设的必要性

一、外部条件与机遇

（一）全球信息化促进旅游产业的信息化进程

目前，全球正在经历一场前所未有的革命，这场革命将以信息技术为主导，改变人们的生产和生活方式，从而极大地提高社会生产效率，方便人们的日常生活。全球信息化主要表现在以下方面。

1. 在生产领域，引入自动化和信息化，从而提高生产效率，将较多的人从生产中解放出来。

2. 电信和计算机系统合二为一。通过计算机系统实现电信的快捷传播，通过电信扩展计算机系统的功能，使得信息的传递快速准确。

3. 人成为信息和信息传播活动的主要参与者。新媒体的出现，丰富了人们在信息传递中的角色，人人均是信息源、传播者和接收者，并且成为信息传递中的重要角色。

在信息化背景下，全球经济的发展主要从以下方面促进旅游产业信息化。首先，信息产业已成为社会潮流，这是大的发展环境，旅游产业信息化迎合了旅游时代和信息时代发展的大背景。

单纯的产业发展能够为旅游业提供系列要素，实现一定的旅游需求；其次，在生产方式上，产业结构需要调整。传统的制造业在发展的过程中出现了一系列的问题，如质量下降、环境污染、管理失效、成本加大等。因此需要将实体的产业结构予以调整，充分利用信息产业的优势，实现产业结构优化升级，解决产业发展中遇到的一系列问题。再次，在组织结构上，信息革命的出现，促进了组织结构的变革，使得旅游组织由集权化逐步走向分权化，由程序化走向分子化。旧有的组织结构存在一系列的弊端，如组织结构臃肿、运营不便、管理水平滞后等。权力下放之后，能够调动绝大多数人的积极性，使组织充满活力。程序化的运行，使得组织中的各项职能不能快速高效的实现；而分子化的结构，使得各个单位能够独立存在，可以在第一时间做出反应，从而缩短反应时间，提高运营效率。

旅游产业的信息化进程主要表现在行业管理、行业运行和旅游方式的选择上。旅游管理中的电子政务管理、信息化的管理体系催生和加速了旅游信息化的进程；旅游企业的经营，由传统的线下转到了线上，抑或线上和线下并用，同时在旅游营销等方面，全球信息化促使了旅游新业态的出现；在旅游消费方式上，人们借助移动终端，实现掌上旅游、便捷旅游。

（二）新一代通信技术提供技术支撑

新一代通信技术的发展是旅游信息化的基础，没有新一代通信技术，智慧旅游就无从谈起。新一代通信技术的代表有物联网、云计算和移动互联网等。

1. 物联网。物联网是新一代信息技术的重要组成部分，意为"物物相连的互联网"，它有两层意思：一是物联网的核心和基础仍然是互联网，是在互联网的基础上进行延伸和拓展的网络；二是物联网的用户端拓展到了任何物品和物品之间，进行信息交流和通信。从技术的角度来讲，物联网通过射频识别、红外线感知、全球定位系统和激光扫描器等信息传感设备，按照预定的协议，把任何物品与互联网相连接，进行信息交换和通信，以实现对物品的智能化识别、定位、跟踪、监控和管理。将物联网在旅游中应用，可以使旅游中的各种要素和信息加以连接。与一般互联网不同的是，智慧旅游进行的物联网连接的是旅游相关要素，既包括旅游中的基本要素，也包括辅助要素，以及一些支撑因素，即能够将旅游者开展旅游活动、旅游企业经营运作、旅游主管部门管理的各类要素进行连接，使得各个部门单位能够通过获得所需的资源和信息，实现自身目的。这种互联更具专业性，旅游要素更加集中，因而，人们在信息的筛选中也更具有针对性。

2. 移动互联网。其是将移动通信和互联网二者结合起来，成为一体，实际上是指互联网的技术、平台、商业模式和应用与移动通信技术结合并实践的总称。在移动通信用户中，建立一个平台，使之广泛应用到农村、企业和商业中，从而最大限度地了解和刺激人们的旅游需求，这将是一个巨大的市场机会。3G 时代和4G 的发展，信息技术更加完善，人们之间的联系更加紧密，移动与互联网的有机结合，缩短了人们之间的时空距离。触手可及的移动网络，使得人们成为这个巨大的网络的一个点，行动自如，但联系甚密，人在网在，人走网移。旅游本身就是一个移动的过程，这首先表现为旅游者的移动，旅游者的移动使得旅游企业和旅游管理也不断移动，这种移动的性质使得旅游管理更加的复杂。然而，移动互联网的出现，不仅为旅游者提供了触手可及的消费便利，同时也拉近了旅游企业与旅游者之间的距离，促进了旅游业的动态管理。

3. 云计算。其是指基于互联网相关服务的增加、使用和交互模式，通过互联网来提供动态易扩展，且经常是虚拟化的资源。从广义上来讲，云计算是指服务的交互和使用模式，通过网络以按需、易扩展的方式获得所需服务，这种服务可以是 IT、软件和互联网相关服务，也可以是其他服务。云计算将计算分布在不同的计算机上，而非本地的计算机或远程服务器，企业数据中心的运营将与互联网更为相似，在此情况下，计算机能够按需访问计算机和存储系统。云计算主要有以下三种模式。

（1）以基础设施提供服务，即消费者可以通过完善的互联网基础设施获得云计算服务。

（2）以平台提供服务，即以开发的平台作为一种服务，提交给用户。

（3）以软件提供服务，即通过互联网提供软件的模式。用户不需要购买软件，只需要向提供商租用所需的基于 Web 的软件，来管理企业经营活动。目前，就旅游业的发展而言，可以根据企业或管理主体的需要，有针对性地购买、租用或开发云计算技术，从而实现自身的发展。云计算有多重运用，目前主要有云物联、云存储和云视频等。旅游业通过云计算技术，可以深刻感知旅游者的行为特征，对旅游进行统计分析，从而便于决策方做出科学的决策。

4. 人工智能。它是研究和开发用于模拟、延伸和拓展人的智能的理论、方法和技术及应用系统的一门新的技术科学。人工智能是计算机科学的一个分支，目的在于了解智能的实质，并产生出一种新的、能以与人类智能相似的方式做出反应的智能机器，该领域的研究包括机器人、语音识别、图像识别、自然语言处理和专家系统等。人工智能的一个主要表现是智能模拟，主要指用机器模拟人的视、听、触、感觉及思维方式，主要包括指纹识别、人脸识别、视网膜识别、虹膜识别、掌纹识别、专家系统、智能搜索、定理证明、逻辑推理、博弈、信息感应和辩证处理等。旅游系统是一个复杂的系统，各个部门和单位的管理可以通过人工智能实现，人工智能是智慧旅游的最直接体现。智慧是人们思考和解决问题的集中体现，人工智能的运用，使得人的智慧更多地体现在机器、设施和设备上，例如旅游景区门禁系统和旅游酒店客房系统等。在旅游发展的各类要素中充分运用人工智能，是智慧旅游的重要体现。

（三）社会信息化推动旅游信息化

在信息化时代，整个社会的信息化推动旅游信息化发展，进而促进旅游信息化走向智慧旅游。随着信息化的发展，社会发展对信息基础设施的投入增多，而网络设备的增多，基础设施的便捷易得，网络技术的日益发达，使得人们更容易获得信息化资源。信息技术的发展，各种新技术的不断出现，各种功能的不断完善，使得信息技术逐渐趋向功能多样化，进而逐步满足人们的多项需求。同时，各行各业利用信息化渗透本行业的发展，使得本行业获得提升和加速。在这种情况下，旅游业的发展也不例外，旅游业同样需要运用信息化技术来促进行业发展。新技术的出现，研发能力的增强，能够切实解决行业中存在的现实问题。在市场化原则的促进下，企业为了竞争，为了实现最大的经济效益，政府为了节约成本，加强对公共资源的管理，必将争先用信息化武装自身，而整个社会的信息化必将提升信息化向旅游业渗透的力度，信息化促进旅游业发展的事实使得政府和旅游企业争相通过信息化来实现产业的跨越式发展。

同时，整个社会信息化水平的提高，提升了旅游者信息手段的应用能力。从信息技术发展的角度讲，信息技术逐渐为公众所获得，技术的使用方法逐渐大众化和"傻瓜"化，使得不同知识和技术水平的人们均能够使用智能设备；傻瓜化和智能化的设备解除了知识和能力的限制，使得人们能够公平地享受信息技术所带来的益处。从人的角度来讲，随着人们受教育程度的提高，知识的日渐丰富，素质的不断提高，人们的认识能力和对技术的应用能力也逐渐提高。在获取信息的手段上，方式更加多样，有网络、电视、报纸等，各种媒体渠道和各种终端设备使得人们获取信息的手段和途径增多；同时，对所获信息的应用，人们可以进行充分的考虑，做出最优决策。人们对信息的应用能力的提高，也推动了智慧旅游的发展和应用。

（四）智能终端的普及提供了应用载体

智能终端主要包括智能移动终端和不可移动终端，其普及与应用为智慧旅游的发展提供了应用载体。智能移动终端主要指智能手机、平板电脑等，智能设备的使用，将成为人们开展旅游活动的基础。目前，在一些旅游景区和旅游城市，通过智能终端和二维码等方式，利用智能终端，可以获得相应的服务，如导航、导游、导览和导购等。这些服务的提供，必须借助一定的智能设备，方能实现移动化和智能化服务；然而，当前智慧旅游并不成熟，旅游者虽然具有智能终端设备，但智慧旅游服务却始终跟不上，即可用的服务欠缺。但这充分说明借助智能移动终端，智慧旅游的发展具有较为广阔的应用前景。

在一些旅游城市、旅游景区和旅游管理部门，通常会有一些显示屏或触摸屏，供旅游者查阅相关信息，旅游者通过相关的信息服务设施设备进行诸如 GPS 导航等，获得相关的即时的旅游信息，从而便于旅游者做出决策。这类终端设备是固定的，不可以随着旅游者的移动而移动，但在旅游的发展过程中，可以通过区域联动、调查分析、统筹规划，确定智能终端的安放位置，以便于旅游者使用，便于旅游主管部门管理。在不断地发展进程中，逐渐丰富终端的服务，提升终端的应用能力。总之，固定的和移动的智能终端为智慧旅游的发展提供了应用载体。

（五）技术与旅游复合型人才的培养促进旅游信息化的发展

目前，中国智慧旅游的发展仍然处于初始阶段，发展的各个方面尚不成熟，这其中的一个重要原因就是旅游信息化人才的匮乏。智慧旅游的发展，必须有强有力的人才保障，这种人才既是智慧旅游发展的专家库，又是智慧旅游发展建设的执行者。我国旅游业和信息产业都不乏专业的高技术人才，他们都促进了行业的发展进步，然而，智慧旅游的发展所需要的人才应当既懂得旅游，又懂得信息技术，即为智慧旅游的专才。只有培养出这种复合型人才，才能保障智慧旅游的持续发展。在智慧旅游人才培养的过程中，应当尤其注意人才专业知识的培养，有针对性有目的性地进行专项培养，保障智慧旅游人才的创新和团队跟进。从智慧旅游产品的开发，到设备的管理再到技术的研发，都需要各类智慧旅游人才，因此，只有培养一大批智慧旅游人才，才能真正保障智慧旅游的全面可持续发展。

二、内生发展与需求

（一）旅游业发展的内在要求

传统的旅游产业的发展已经不能满足时代发展的要求，智慧旅游的发展将会提高行业生产率。传统旅游产业采用纸质办公，旅游企业在经营运作的过程中，通过纸质来记载行业资料和客户信息，通过电话进行联系。如此办公方式的结果是，办公效率低下，办公效果不佳，与此同时，增加了人员成本，也不利于信息保存，极大地制约了旅游产业的发展。随着信息化的跟进，以及技术设备的应用和普及，网上办公和远程办公得以实现，这在提高产业运作效率的同时，也悄然改变了产业发展的方式。传统的组团主要是通过现实中的参团进行组团，而如今传统旅游企业采用的网上经营，在线旅游运营商、网络公司的旅游业务，都在逐渐地改变着人们的消费方式。智慧旅游的出现，云计算、移动互联网的运用，使得旅游产业的功能和地位更加突出，促进了旅游业的发展。

智慧旅游的发展是行业自身规范发展的必然。随着信息技术的发展，各类信息遍布人们生活的各个角落，旅游信息也不例外。在旅游业的发展过程中，往往存在着信息不对称的问题，旅游企业对旅游者的了解不足，而旅游者对旅游业的运作和市场也把握不清，因而，行业在发展的过程中存在着这样和那样的问题。智慧旅游的发展，将使得信息更加透明，旅游产业的经营运作更加透明，人们能够安心地参加旅游活动，而不必担心旅游中存在的各种问题。因此，智慧旅游的发展，将是我国旅游发展进入大众化时代的真正推动力量。

（二）旅游者对信息服务的需求增加

完备的信息是旅游者开展旅游活动的基础。在旅游发展的过程中，存在着较多的问题，如价格陷阱、合同不明、强迫购物等。这些问题的出现，一方面是因为旅游业长期发展中确实存在着一些损害旅游者利益的现象，另一方面，旅游者信息不充分、维权意识不强是造成此种现象的主要原因。智慧旅游的开展，使得人们有了更为通畅的网络环境，更为充分的各类信息、各类设备的便捷运用，如此，旅游者可以充分运用相关的信息，维护自己在旅游中的权益。旅游者维权意识的增强，必将促进旅游业的规范化发展。

同时，随着旅游业的发展，一些新的旅游形式开始出现并且呈现出强劲增长的势头，智慧旅游的建设，将会满足人们的旅游需求。随着我国高铁体系的建立和公路体系的完善，城市之间的时间距离和经济距离被拉近，一些人开始经由高铁或者自驾车来到一旅游目的地，然后独自开展旅游活动。因为没有导游引导，没有地陪接待，人们在旅游的过程中获得的信息并不充分，于是对旅游目的地信息的要求相应增加，准确、便捷、易得是其主要要求。便捷的智慧旅游体系，能够使得人们自己安排旅游活动和旅游行程，真正实现自导自游，这就对智慧旅游提出了更高的要求。因而，从这个角度来讲，智慧旅游的发展，不仅能够满足旅游业发展的需要，同时也是社会公共服务建设的需要。

（三）旅游行业管理的需要

行业管理同样需要智慧化。首先，智慧旅游能够强化管理职能，优化管理环境。旅游行业的特殊性在于其存在着多头管理的现象，而旅游主管部门的管理权限不足，因而在较多的方面执行起来捉襟见肘。发展智慧旅游，能够理清管理思路，将各部门的管理内容和管理权限予以明确的说明，旅游消费者能够清楚地了解相关的管理政策和管理内容，从而促进旅游业的发展。其次，促进管理方式的转变。传统的管理形式单一，在办理相应的业务时，常常需要花费较多的时间精力和成本，工作效率低且效果不佳。智慧旅游的发展，能够使得政府的办公更加便利化，通过网络办公，跨越时间和空间的限制，从而大大提升政府对旅游业的管理水平。再次，通过智慧旅游，旅游业发展中存在的各种现象可以被详细地记录，并且公之于众，使得人们能够了解旅游经营管理中存在的各种问题，从而便于旅游者做出消费决策，而旅游者的选择是对企业经营行为最好的评价。因而，透明的信息能够通过正强化和负强化规范旅游业的发展。

第二节　　智慧旅游的发展基础

一、旅游业的发展

中国旅游业发展的良好态势要求通过智慧旅游提升旅游体验。2013 年，中国旅游业总体保持健康较快的发展，其中国内旅游人数 32.62 亿人次，旅游收入 26276.12 亿元人民币，分别比上年增长 10.3%和 15.7%。旅游人数的快速增长意味着旅游市场必须通过丰富产品、提升服务、方便游客等路径对接游客需求，从而最大限度地抢占旅游客源市场，而智慧旅游在提高管理效率、便捷旅游消费、提升旅游体验、助力旅游营销等方面的优势，使其成为推动旅游发展的重要力量。在国内旅游人数快速增长的同时，全国旅行社招徕、组织和接待旅游者的数量却有明显的下降，根据《2013 年中国旅游业统计公报》，2013年全国旅行社共招徕入境游客 1447.52 万人次、6063.22 万人天，均比上年下降 11.9%；经旅行社接待的入境游客为 2047.15 万人次、6667.75 万人天，分别比上年下降 13.5%和 14.2%；共组织国内过夜游客 12855.72 万人次、40842.95 万人天，分别比上年下降 10.5%和 5.9%；经旅行社接待的国内过夜游客为 14519.50万人次、33829.29 万人天，分别比上年下降 10.9%和 11.9%。旅行社招徕、组织和接待游客数量的减少，一方面是因为散客旅游人数的快速增加，另一方面则是因为旅游者通过智能手机、平板电脑等智能终端直接进行旅游消费的增加，而这恰恰说明了智慧旅游发展建设的必要性。功能完备、便捷应用的智慧旅游体系，将为持续增加的散客游、自助游群体提供丰富多样的智慧化旅游体验。

　　旅游业发展的现实问题要求通过智慧旅游实现旅游业转型升级。根据《国务院关于促进旅游业改革发展的若干意见》，到 2020年，境内旅游总消费额将达到 5.5 万亿元，城乡居民年人均出游4.5 次，旅游业增加值占国内生产总值的比重将超过 5%。这就对旅游业转型升级、提质增效提出了新要求。当前，中国旅游业发展存在着较多的问题，交通拥堵、人满为患、价格欺诈等现象时有发生，文明旅游、资源保护、风险防范、安全预警等依然是旅游发展的重要课题，智慧管理、智慧商务、智慧服务、智慧体验等是旅游业发展的新要求。智慧旅游将在助力解决旅游业现存问题的基础上，推动旅游业转型升级。

　　现代信息技术的发展实际最能体现社会大众对信息技术的应用实践，包括信息工具、沟通渠道、电子商务等内容，社会大众的技术应用、消费习惯将直接影响智慧旅游发展建设的功能和要素。中国旅游业发展的良好态势使得政府部门、企业单位等争相提升自身竞争力,在吸引客源、市场营销、旅游产品、旅游服务、旅游体验等方面,为自身增加筹码,为旅游者增加附加值。而发展智慧旅游是提升自身竞争力的重要途径。旅游业发展的现实问题使得政府和企业必然通过新技术、新方法、新思维、新手段破解旅游发展难题,推动旅游业转型升级,实现中国旅游业的长期健康可持续发展。

二、互联网用户的增长

现代信息技术的发展实际要求通过智慧旅游对接游客需求。信息技术的发展直接影响了我国经济社会的发展,改变了人们的生活形态,其中影响最直接、最广泛、最深远的技术就是互联网,特别是移动互联网。根据 2014 年中国互联网络信息中心(CNNIC)在京发布的第 33 次《中国互联网络发展状况统计报告》,可将与旅游业关系密切的信息做如下归类。(见图 3-1、图 3-2、表 3-1)

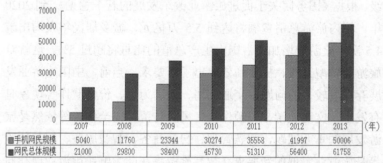

注:图中单位为万人。

资料来源:中国互联网络信息中心发布的第 33 次《中国互联网络发展状况统计报告》。

图 3-1　2007—2013 年中国网民规模和手机网民规模

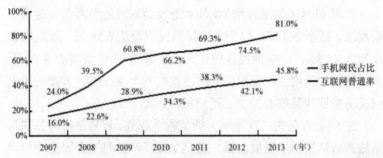

资料来源：中国互联网络信息中心发布的第33次《中国互联网络发展状况统计报告》。

图 3-2 2007—2013 年中国互联网普及率和手机网民占网民总体规模的比率

表 3-1 2012—2013 年中国网民对各类网络应用的使用率

应用	2013 年		2012 年		年增长率（%）
	用户规模（万人）	网民使用率（%）	用户规模（万人）	网民使用率（%）	
即时通信	53215	86.2	46775	82.9	13.8
网络新闻	49132	79.6	46092	78.0	6.6
搜索引擎	48966	79.3	45110	80.0	8.5
网络音乐	45312	73.4	43586	77.3	4.0
博客/个人空间	43658	70.7	37299	66.1	17.0
网络视频	42820	69.3	37183	65.9	15.2
网络游戏	33803	54.7	33569	59.5	0.7
网络购物	30189	48.9	24202	42.9	24.7
微博	28078	45.5%	30861	54.7%	-9.0
社交网站	27769	45.0%	27505	48.8%	1.0
网络文学	27441	44.4%	23344	41.4%	17.6
网上支付	26020	42.1%	22065	39.1%	17.9
电子邮件	25921	42.0%	25080	44.5%	3.4
网上银行	25006	40.5%	22148	39.3%	12.9
旅行预订	18077	29.3%	11167	19.8%	61.9
团购	14067	22.8%	8327	14.8%	68.9
论坛/bbs	12046	19.5%	14925	26.5%	-19.3

注：1. 2012 年 12 月份未调查网络新闻的网民数，2012 年栏数据为 2013 年 6 月份数据；

2. 报告中的旅行预订定义为最近半年在网上预订过机票、酒店、火车票或旅行行程。

资料来源：中国互联网络信息中心发布的第33次《中国互联网络发展状况统计报告》。

1. 手机网民的迅速增加，为智慧旅游对接旅游消费者提出了新要求。截至 2013 年 12 月，中国网民规模达 6.18 亿，互联网普及率为 45.8%；手机网民规模达 5 亿，较 2012 年底增加 8009 万人，网民中使用手机上网的人群占比提升至 81.0%，大量的手机网民为发展智慧旅游提供了用户基础。

2. 网上办公的广泛使用为智慧旅游政务、智慧旅游商务和智慧旅游营销指明了发展前景。截至 2013 年 12 月，全国企业使用计算机办公的比例为 93.1%，使用互联网的比例为 83.2%，固定宽带使用率为 79.6%。同时，开展在线销售、在线采购的比例分别为 23.5% 和 26.8%，利用互联网开展营销推广活动的比例为 20.9%。通过智慧旅游进行网上办公，可提升旅游业运行效率。

3. 高流量手机应用的快速发展对接智慧旅游，旅游者可通过微电影、虚拟旅游等方式获取旅游信息，方便旅游活动。

4. 以社交为基础的综合平台类应用将在信息分享、交流沟通、网上支付等方面，提升智慧旅游的用户黏性。

5. 手机网络游戏的迅猛增长为智慧旅游体验性项目建设提供了新思路。截至 2013 年 12 月，我国手机网络游戏用户数为 2.15亿，较 2012 年底增长了 7594 万，年增长率达到 54.5%。手机端游戏的高速增长意味着智慧旅游平台设计和项目建设时应当将旅游文化、旅游信息与手机游戏相结合，使旅游者在旅游活动中享游戏之乐，在游戏之乐中赏文化之美，在文化之美中获旅游之满足。

6. 网络购物用户规模的持续增长为智慧旅游商务平台建设指明了方向。2013 年，中国网络购物用户规模达 3.02 亿人，使用率达到 48.9%，较大的网络购物用户群体要求智慧旅游建设中应当在产品类型、线上预订、便捷支付、顾客维护等方面做足功夫，迎合并培养旅游者的线上消费习惯。

7. 强化旅游企业网络营销推广是智慧旅游建设的努力方向。即时聊天工具庞大的用户基数、较强的用户黏性和丰富的管理工具，使之成为企业营销的重要工具。智慧旅游平台应当在增加用户数量、增强用户黏性，增设管理工具的基础上，提升智慧旅游的营销绩效。

三、旅游信息化的发展

中国的旅游信息化建设大体分为三个阶段：第一阶段是专业化阶段，在这个阶段景区和管理部门建立了自己的网站；第二阶段是建设数字旅游和数字景区阶段，在这个阶段实现了一些分布式的数据集成管理功能，并建立了一定的数据共享和服务机制；第三个阶段就是智慧旅游的阶段，是智能化的阶段。目前的智慧旅游阶段必然带来整个产业的全面革新。随着旅游业产业地位的进一步提升，信息化浪潮的推动，游客个性化需求的日益强烈，尤其是随着旅游市场结构变化和旅游者行为方式变化，游客对信息服务的需求大幅提升，智慧旅游未来将在游客定制化服务、旅游企业业务流程再造与行业监管、公共信息的整合与共享方面发挥重要作用，并有着广阔的发展前景。

中国旅游信息化发展起步较早。2001 年，根据国家信息化工作的总体要求和旅游业发展的需要，国家旅游局启动"金旅工程"。金旅工程是国家信息化工作在旅游部门的具体体现，有两个基本组成要素：一是政府旅游管理电子化，利用现代化技术手段管理旅游业；二是利用网络技术发展旅游电子商务，与国际接轨。总的目标是最大限度地整合国内外旅游信息资源，力争在三至五年内建设和完善政府系统办公自动化网络和面向旅游市场的电子商务系统。为了实现上述目标，国家旅游局在 2001 年初步建立全国旅游部门的国家—省（自治区、直辖市）—重点旅游城市三级计算机网络，拟建设成为一个集信息传递、行业管理、企业应用于一体的，面向全国各旅游管理机构，面向国内国外、社会各界的大型信息网络，其主要包括以下三个部分。

1. 建立与国家机关办公网相连的内部办公网。按照国务院相关规定，提供一个涉密级的管理办公网络，提高办公效率，即内部办公网。

2. 建立全国性的旅游管理业务网络，把旅游管理部门从烦琐的手工作业中解脱出来，管理部门将能达到以更少的人力、更方便地监督管理企业、治理市场的效果，即管理业务网。

3. 建立电子旅游的行业标准，提供一个全球范围的电子商务运作平台，即公共商务网。

以上三个网络加上数据库系统平台，即形成"三网一库"体系。

2003 年，国家旅游局信息中心与英国八爪鱼旅游电子商务公司（octopustravel.com）签署合作意向书，希望借鉴该电子商务公司的成功经验，学习国外成熟的电子商务运作模式，提高中国旅游电子商务的应用水平，并借此机会实现商务预订的突破。时任国家旅游局副局长顾朝曦在签字仪式上指出，在中国由旅游大国向 2020 年旅游强国目标迈进的过程中，旅游信息化必须先行，希望通过此次合作，能够实现优势互补，有效地进行信息与技术的沟通和交流，成为网络宣传营销的亮点。

2006 年，以"三网一库"为主要内容的"金旅"工程，在管理业务应用、政府门户网站建设、旅游目的地营销系统等方面取得了一定的成绩，其中电子政务网络系统运行良好，内含星级饭店的管理系统、旅游投诉系统、旅游统计系统、旅游财务指标管理系统、旅游项目投资管理系统、景区点管理系统和导游管理等十余个业务管理系统，形成了全国行业管理数据体系，基本覆盖了行业管理层面，为宏观决策提供了较客观的数据基础。此外，中国旅游网的影响力逐渐扩大，电子商务网的建设稳步推进。

2008 年，国家旅游局和地方旅游行政管理部门共同建设的全国性旅游公益服务平台 12301 旅游服务热线开通。

2010 年，首个由国家旅游局信息中心牵头开发的全国重点景区游客动态监控系统试点通过验收，该系统对景区的游客人数进行实时流量监控，是一个完整的景区动态信息平台。

2001年至2010年，中国旅游信息化建设主要围绕旅游政务网、旅游资讯网、旅游商务网、旅游综合数据库、政府旅游门户网站、旅游目的地营销系统、旅游信息化基础设施等展开，旅游网站、旅游数据库和旅游基础设施的建设从无到有、从点到面，并且逐步丰富完善，旅游信息化发展初具规模。

四、旅游信息化发展的新阶段

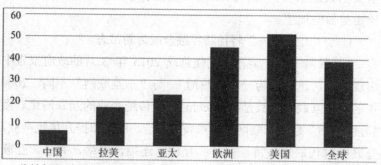

资料来源：中国产业信息网

图3-3　2013年全球主要国家和地区在线旅游渗透率

国外旅游信息化建设始于20世纪50年代的计算机预订系统（Computer Reservation System，CRS）和全球分销系统（Global Distribution System，GDS），比我国早了近半个世纪。但我国旅游信息化水平提升得很快，这得益于我国信息技术和旅游业这两个领域的高速发展。我国的人口基数居全球第一，上网人数、拥有手机人数、手机上网人数的绝对值都居全球第一；国内旅游人数和出境旅游人数也都占全球首位。但我国目前旅游信息化程度与发达国家相比，还存在着一定的差距，在线旅游的渗透率还不到全球的平均水平，甚至还不及亚太地区的平均水平，与美国和欧洲的差距更大。（见图3-3）这说明了我国基于互联网的旅游和旅游业仍具有巨大的发展空间和潜力。

我国旅游互联网，先后经历了从信息查询、线上查询线下交易、呼叫中心电话预定到在线交易支付、第三方支付（支付宝等）、移动支付等；从以内容为王、渠道为王到去中介化、再中介化（平台化）、旅游生态圈；从争夺门户入口、搜索比价到社交媒体（用户点评）、用户订制（UGC）；从供应方信息推送、官方微信到博客、微博、微信朋友圈营销等等。在信息技术日新月异发展的今天，准确地预测未来是一件非常困难的事。这里我们只能以我们现有的知识和现状来对旅游信息化发展的可能走势做些展望。

（一）"互联网＋"将使跨界融合成为新常态

"互联网＋"一词在李克强总理 2015 年 3 月的政府报告中出现之后，迅速成为一个"热词"。与"＋互联网"不同，2000年的"＋互联网"只是"dotcom"，即传统企业的互联网化。而"互联网＋"是以互联网思维颠覆、改造、重构和提升传统产业，互联网时代的本质特征就是：互动，连接，网络，共享。互联网时代的前进方向，就是将整个世界变成一个"任意互动、无限连接的网络体"。互联网思维，就是符合互联网时代本质特征的思维方式。"互动"的本质是"民主平等"；"连接"的本质是"对等开放"；"网络"的本质是"泛在遍在"；"共享"的本质是"互助互利"，以及高体验价值低成本花费（甚至是免费）。"互联网＋"直接推动了跨界融合，极大地激发了创新创业的热情和想象力，以及不断创新盈利模式和演绎新的互联网商业逻辑。

（二）移动智能终端将成为旅行生活的必需品

在互联网发展初期，上网要通过电话拨号来连接桌上的台式电脑，今天，因为 WiFi、3G、4G 等无线通信网络的发展，再加上智能手机的普及，通过手机就可以让我们随时随地连接起来。

目前我们已经全面进入了移动互联网时代。未来电脑和手机将不再是唯一的上网终端。任何人、任何物，在任何时间、任何地点，都可以自由连接。旅游互联网经历了专业化（计算机网络化、计算机预订系统等）、社会化（互联网和万维网）、生活化（移动互联网）的演进。移动互联网改变了过去只能在"游前"查询（提前安排行程、预订）和"游后"分享（点评、投诉和推荐），而是实现了"游前、游中、游后"的全游程覆盖。特别是"游中"的场景化消费、"四导"（导航、导游、导览和导购）、即时通信（信息查询、图文照片分享）以及移动支付。因此，基于移动智能终端（手机客户端）开发的应用软件、二维码登录和无线上网环境成为旅游接待企业开发建设的重点。

（三）O2O（线上到线下）的无缝连接将成为在线旅游竞争的制高点

旅游电商的竞争可以分为线上和线下，线上则是平台和入口的竞争。随着云计算的快速发展和ICT（信息技术）专业服务能力的不断提升，信息化将成为一种商品和工具，旅游信息化的建设门槛将大大降低。云计算的服务模式是将自给自足的IT"自然经济"转换为IT"商品经济"，它让服务提供商各尽所能，用户各取所需。旅游企业可以像使用水电一样使用IT，而无须关心IT的实现过程，这使旅游企业信息化建设的门槛大大降低。自2006年谷歌公司提出"云计算"的概念后，云计算在我国得到了快速的发展，资源动态分配、随需而变、按需付费的理念逐步为人们所接受，并以云计算平台来服务客户和整合资源。而旅游业的最大特点就是游客必须亲自去目的地体验和消费。因此，线上的体验再好，旅游服务供应商的承诺也必须在线下兑现。我国旅游电商企业在争夺线上入口的同时，也更加关注线下资源掌控，进而全面实现O2O的无缝连接，大量零散的线下供应商资源成为整合的对象，利用构建信息化平台整合碎片化的信息资源。平台化和开放化成为旅游电子商务的重要趋势，类似以去哪儿网和淘宝旅行为代表的平台型企业获得快速的发展。

（四）大数据的应用与社会媒体实现市场的全覆盖

在大数据时代，数据（Data）将成为一种重要的资源，数据采集和数据挖掘成为旅游电商的核心竞争力。大数据技术与长尾理论的结合，可以有效地深入到利基市场，低成本实现市场的全覆盖。众多冷门景区很方便地找到合适的小众游客，做到个性化订制（UGC）。大数据的营销和渠道发展趋势，是社交化（Social）、本地化（Local）和移动化（Mobile），即三化合一的"索罗门"（SoLoMo）的传播方式。（见图3-4）社会媒体颠覆了传统媒体"广播式"的单向传播方式，代表了传媒领域的发展方向。本地化主要是基于地理位置的服务（LBS）。移动化主要基于智能手机和平板电脑等移动平台，是连接云计算平台与客户端之间的媒介。继网站、博客、微博营销后，官方微信号成为旅游企业和旅游目的地的"第二官网"。随着社会化媒体和电子商务的发展，基于 Web 2.0 的社交媒体（SNS）、用户生产内容（UGC）、维基众包模式和用户点评、类似图片 Pinterest 网站、二维码等将成为旅游电子商务的重要入口。应用软件的广泛应用、应用软件的垂直搜索、移动搜索以及网页搜索的全面优化和全面覆盖将是未来的发展趋势。

图 3-4　SoloMo 传播模式

（五）目的地政府职能由管理向服务转变

在进入"互联网＋"的时代，传统旅游的产品线和产业链已经日趋被解构，从旅游入口平台化到旅游生态圈的建构，将彻底改变旅游行业生态。面对跨界融合层出不穷的新业态和新商业模式，旅游目的地政府传统的管理手段和方式都与之不相适应。"大数据"和"互联网＋"等信息技术的发展和应用"倒逼"旅游目的地政府转变职能，由传统的行业管理和部门行政管理向公共服务转变，包括编制旅游目的地规划、向广大中小企业（SME）和散客旅游者（FIT）提供公共信息服务（公共云），整合目的地碎片化的信息资源、公共安全服务、市场竞争秩序、服务质量标准化、旅游统计以及目的地整体形象营销等。

第三节 智慧旅游的建设内容与发展目标

一、智慧旅游的建设内容

（一）横向的要素体系

旅游的综合性和多样性决定了智慧旅游体系是一个综合性的复杂系统。单一的旅游企业或旅游要素进行智慧体系建设，只能片面地满足某一方面的需求，却无法形成联动效应，因而这种智慧是不全面的；依据旅游活动展开构成的要素不同，可以将智慧旅游建设分为若干个小型模块，各个模块相互作用、相互协同，方能实现智慧旅游体系的功能。

1. 智慧景区。景区是旅游活动的核心场所，也是智慧旅游发展建设的重要内容。智慧景区的发展建设，对内需要在智能门禁、电子导游、客流疏导、安全预警、资源保护、视频监控、电子商务、智慧营销等方面发力，对外则需要将旅游目的地范围内的资源、信息等进行有效联动，从而实现智慧景区的运营发展。

2. 智慧酒店。酒店是旅游者休息与生活的重要空间，智慧酒店的发展建设是旅游业发展的现实需求。就旅游者而言，人们在酒店中可能需要与外界进行联系和沟通，或者进行旅游计划和安排，或者进行相应的体验类活动，或者在客房内进行远程办公，从消费体验、信息获取、设备供给、技术支持等角度需要智慧酒店建设；就酒店管理者而言，对酒店进行智慧化建设，既能够对酒店的管理、运营进行升级改造，又能将智慧化建设的成果作为酒店特色的产品和服务，从而有利于酒店更新产品和服务，提升酒店形象。

3. 智慧交通。随着散客游、自助游、自驾游所占的比重逐渐增加，旅游者对智慧交通的需求也不断增强。旅游者来到旅游目的地后，借助智慧交通体系，对道路状况、车辆状况、交通系统等情况掌握在手，从而能够自主地进行旅游决策，智慧的、便捷的、实用的智慧交通体系能够有效地提升旅游满意度。

4. 智慧餐饮。智能手机、平板电脑等设备的广泛应用，使得智慧餐饮的建设逐渐展开，在旅游景区、在酒店客房、在行车途中，通过旅游者的智能手机和平板电脑等智能设备，直接与餐饮企业的智慧点餐系统连接，通过文字、图片等方式，浏览点餐所需的各种信息，实现智慧点餐。此外，在餐饮企业运营管理中，经由智慧体系，在客户管理、点餐系统等方面的建设，既能提高餐饮服务水平，又能为顾客提供超值的餐饮消费体验。

5. 智慧旅行社。传统旅行社在线下为旅游者安排旅游线路、提供咨询服务等，随着信息技术的发展，越来越多的旅行社将业务转移到线上，通过线上服务，将旅行社从繁杂的工作中解脱出来，提高了旅行社的运营和管理效率，也满足了人们网络消费的需求。但这还远远不够，还需要对旅行社进行智慧化建设。例如，在信息服务上，通过智能终端设备，集成旅游者需要的各方信息，便于旅游者获得旅行社的产品和服务；在管理运营上，通过智能管理系统，能够快速地进行数据收集和统计分析，进而为旅行社管理提供决策依据。智慧旅行社的发展建设将直接提高旅行社的运营效率。

6. 智慧旅游目的地。智慧旅游目的地是一个较为全面的系统，其中涉及智慧酒店、智慧景区、智慧旅行社等，与单体的智慧旅游企业不同的是，智慧旅游目的地更强调整体联动和协同运行。单体的景区或酒店在进行智慧化建设的过程中，主要强调其内部智慧体系的建设，例如，旅游景区可能更加注重通过智慧体系对游客数量进行控制，旅游酒店可能更加注重通过智慧体系在客房服务、自助入住等方面提升顾客体验。然而，智慧旅游目的地的建设不仅要包含智慧景区、智慧酒店等要素，更重要的是从基础层面在网络系统、公共信息、智能设备等方面进行建设，为旅游企业的智慧化建设提供基础设施并搭建系统平台。因而，智慧旅游目的地发展建设的主要内容是构建公共平台和提供公共服务。

此外，智慧旅游的要素体系还包括其他旅游相关要素的智慧化建设，例如会议接待、旅游节庆等方面。同时，同一个旅游企业内可能包含不同旅游要素的智慧化建设，例如，智慧酒店中可能有智慧客房和智慧餐饮等内容，智慧景区中可能有智慧酒店和智慧交通等内容。但无论如何，其均构成智慧旅游的要素体系。

（二）纵向的层次体系

1. 基础数据层。智慧旅游的应用首先来源于信息数据的采集，这就需要构建智慧旅游信息数据库。不同要素群体的数据库内含有该数据库相应的旅游信息，例如，旅游景区数据库包含景区地理位置、门票价格、游客数量、景点内容、导游解说、基础设施等内容，旅游饭店数据库则包括饭店餐饮、客房、价格等信息，各个小的数据库构建成为旅游目的地乃至区域旅游的大数据库。基于统一的、同步的、实时的大数据库，构建智慧旅游信息平台，成为智慧旅游发展建设的基础。在信息数据的采集上，可以是人为地将信息导入，例如，将门票价格、导游解说等传入数据库系统中；也可以通过相关信息技术和智能技术的直接采集，例如，通过射频识别技术等，直接对旅游资源、游客数量等进行统计。基础数据库的准确性、全面性和及时性，直接影响智慧旅游的应用。

2. 网络传输层。在信息采集处理后，需要对信息传输系统进行构建。信息的传输，既有管理者对信息的共享，又有旅游者对信息的应用。信息传输与不同的终端、设备和群体相连接，既包括与信息采集系统的网络连接，又包括与用户群体的网络连接。

3. 终端应用层。这里主要包括智慧旅游不同的应用群体，如游客、景区、酒店和旅行社等。不同的应用群体对智慧旅游发展应用的目标不尽相同，且终端形式多种多样，如智能手机、平板电脑、液晶显示屏等。终端应用层应当为用户提供有价值的体验和服务，同时，又能够获得用户的评价和感知，进而不断调整和优化智慧旅游系统。

二、智慧旅游的发展目标

就建设和使用主体而言，智慧旅游应当为旅游者、旅游企业和旅游行政管理部门服务；就功能和价值体系而言，智慧旅游应当提高旅游服务质量、提速旅游发展运营、提升旅游管理水平和提供旅游公共服务。因此，智慧旅游发展建设的目标应当围绕旅游体验、旅游经济、旅游管理和公共服务等四个层面展开，进而实现旅游体验时尚化、市场运营现代化、行业监管精细化、信息服务泛在化。

（一）旅游体验的时尚化

尽管智慧旅游发展建设体现在不同层面和不同要素中，但其最终目的是要服务游客。在服务游客的过程中，通过企业运营、行业管理的联动发展，潜在地推动整个旅游业的进步和提升。因此，提升旅游体验是智慧旅游发展建设的重要目标。在不同的历史时期、社会环境和经济水平下，旅游体验的内涵和形式不尽相同，智慧旅游的发展建设需要实现旅游体验的时尚化，其含义有三。

1. 旅游体验与技术应用的先进水平相适应。例如，通过应用互联网、云计算、移动通信技术、大数据等技术，提高旅行社、旅游景区、旅游酒店、旅游目的地等的经营管理水平，从而借助现代信息技术为旅游者提供高品质服务。

2. 旅游体验与社会发展的主流趋势相协调。中国当前着力建设资源节约型和环境友好型社会，通过发展低碳经济、绿色经济，实现经济建设、政治建设、文化建设、社会建设和生态文明建设"五位一体"，这就要求旅游体验应当建立在经济发展、管理顺畅、社会和谐、文化健康、生态优美的基础之上。

3. 旅游体验与大众生活的主体格调相一致。例如，在移动互联网普遍应用的时代，通过智能手机、平板电脑等智能终端设备，在旅游咨询、旅游消费、旅游分享等方面，获得便捷、高效、个性化的旅游体验。只有跟进利用先进技术、跟随社会主流趋势，才能实现旅游体验的时尚化。

（二）市场运行的现代化

市场运行的现代化是智慧旅游的本质要求。智慧旅游的发展应当能够满足市场运行的现代方式。首先，现代化应该以技术为重要装备，先进的技术是现代化的重要体现，智慧旅游的发展应当充分研究和应用先进的技术，促进旅游行业发展。其次，现代化的市场运作应当具备与时俱进的政策和法制环境，智慧旅游的发展应当以政策和法制规范旅游企业和旅游者的行为，使人们具有现代社会意识，通过标准化的运作，实现旅游服务的标准化，进而促进行业的标准化建设。再次，现代化市场运作要求人才具有现代化的发展思路，而传统的思路局限于旅游或技术，智慧旅游的发展必将使得人才的培养更加现代化。智慧旅游的发展需要系列的人才，现代化的人才应当具备现代化的视野，实现智慧旅游的可持续发展。

（三）行业监管的精细化

智慧旅游促进旅游行业的精细化管理主要表现在两个方面，一方面是行业间的精细化管理，这主要表现在不同的部门对旅游行业的不同管理范围。例如，法律部门主管旅游业中有关法律法规的事宜，质量监督管理部门主管旅游中产品和服务的质量问题，工商部门主管旅游企业相关的经营和管理活动。不同部门通过不同的内容深入旅游行业的管理之中，各司其职，各理其政，从而有效地实现旅游相关的各项内容的管理，即不同的部门从不同的方面入手，针对其中的问题，采取相应的办法进行有针对性的管理。另一方面，在旅游业内部，由旅游主管部门进行管理，也能够实现行业的精细化监管。例如，旅游资源的开发、旅游企业的经营行为、旅游市场秩序和旅游规划等内容，旅游主管部门对其中的各个点和面有着充分的了解，对旅游业内部进行有针对性的管理，能够加速行业的精细化监管。管理是行业健康发展的基础，只有实现行业的规范化运作，对行业进行规范化和精细化管理，才能促进旅游业又好又快地发展。

（四）信息服务的泛在化

信息服务的泛在化是智慧旅游发展的主要表现形式。信息服务的供给有内容和设备两个要件。一方面，在信息内容上，实现信息服务的综合化，即智慧旅游传递的信息应该是综合性的；它涉及旅游活动的各个要素，既包括食住行游购娱等主要因素，还应当涵盖辅助设施和支撑设施的相关信息。在信息服务方面，不仅包括游览查询信息，还应当包括旅游市场信息和旅游管理信息。旅游市场信息，是与旅游产品供给和需求相关的各类信息，诸如旅游产品的类型和价格等；旅游管理信息，是指旅游行政管理部门为实现行业管理而整合、应用和发布的相关信息，如行业政策法规等。凡是在旅游过程中需要的，与旅游活动相关的信息，理应成为智慧旅游信息供给中的有机构成部分。另一方面，在信息设备上，实现信息供给的普及化。旅游信息应当是唾手可得的，无论是在小型的旅游景区，抑或旅游酒店，甚至是大型的旅游目的地，凡是旅游者经常出行的地方，都应当通过一定的方式使旅游者能够及时地获得与旅游相关的各类信息。这种信息设备，可以是智能的触摸屏，也可以是先进的移动互联网，旅游者通过固定终端或者移动终端能够最大限度地获得各类旅游信息是智慧旅游的本质体现。信息的综合供给，信息设备和设施的大量存在，将会直接使得人们能够便捷地获得旅游信息，从而真正实现旅游信息服务的泛在化。

第四节　智慧旅游框架体系的构建

一、智慧旅游框架的顶层设计

政府主导下的智慧旅游体系应有顶层设计和战略部署，政府是公共服务和公共产品的提供者和守夜者，在提出基于新一代信息技术对于旅游行业进行宏观管理的解决方案和治理架构时，应充分考虑到各相关利益方的需求。张凌云等曾提出过一个旅游目的地的智慧旅游顶层设计方案（见图 3-5）。在这一方案中，旅游目的地管理组织（DMO）主要的服务对象和管理客体为旅游者、旅游资源、旅游企业、旅游环境和社会环境等。利用信息技术提供智慧服务和智能管理。其中移动智能终端是智慧旅游的展示方式，直接与游客交互，展示信息，了解和满足游客需要；人工智能是智慧旅游的数据分析与处理方式，是对旅游者的意识、思维和行为的信息过程的模拟，寻找出最优化的决策过程；云计算是智慧旅游的数据应用方式，利用共享的分布式的数据资源，统一存储、处理和提供信息；物联网（包括互联网、移动互联网等）是智慧旅游的数据采集与网络基础设施，遍在泛在、互联互通地获取信息与交换信息，实现全地域、全行业、全方位和全天候地在线互通。

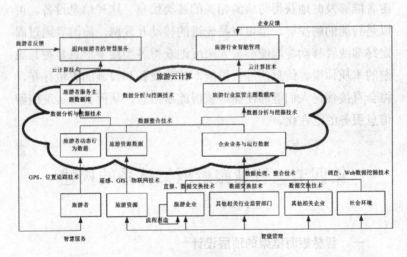

图 3-5　智慧旅游的顶层设计方案

二、智慧旅游框架构建的原则

（一）全面与系统化

所谓全面，一方面，指旅游体系的全面。如在旅行社、旅游景区、旅游酒店、旅游城市和旅游目的地等进行智慧旅游建设，智慧旅游建设应当覆盖到旅游发展中的各个要素。另一方面，在每一个要素体系的内部，智慧旅游的建设也应当是全面的。例如，在旅游景区，不仅需要进行虚拟旅游体系的建设，同时也需要旅游客流量监控体系的建设等；在旅行社内部，既要进行业务运营体系的建设，也要进行智慧管理体系的建设等。只有全面与系统化地建设，方能实现旅游业的全面智慧化。

（二）分步实施

由于资金、技术和人才等限制，智慧旅游的建设不可能一蹴而就，其建设处于不断地推进状态中，因而，对智慧旅游的建设需要分步实施。就企业而言，在企业内部，可以逐渐引进各个系统的建设。如在酒店管理系统中，首先可以进行入住系统建设；随着酒店的发展，可以逐步实现财务管理系统、采购管理系统等建设；在不断地发展完善中，逐步健全智慧旅游体系。就旅游管理而言，可以首先实现网络信息的畅通，进行智慧办公体系的建设，提高管理效率，然后逐步将公共服务体系展开。即使是公共服务体系的建设，也有轻重缓急之分，因而，从体系构建、内容安排和空间选择等方面逐步地实施和完善，最终实现智慧旅游体系的建成。由于不同的旅游企业和旅游目的地等发展的现实状况不尽相同，因而在智慧旅游发展建设中，其逻辑思路、建设重点、总体规划等也有一定的差别。

（三）区域联动

智慧旅游的发展应用，应当是大范围和大区域的战略共谋、资源共享、合作共赢，单纯的某一个景区对智慧旅游的应用，某一个酒店对智慧旅游的建设，不足以满足旅游业发展的整体需求，因而需要进行系统地建设。智慧旅游体系应当实现旅游目的地内部的联动，只有各种要素相互联动，方能满足旅游者的全方位需求，智慧旅游的建设才有意义。反之，如果智慧旅游的建设只是应用于某一个旅游景区或酒店，而在景区和酒店外，游客难以获取信息，不易获得便捷的服务和设施，智慧旅游的建设就黯然失色。因而，智慧旅游体系应当能够完整地为旅游者的一次旅游活动提供全面的服务。在不同的区域范围内，在不同的旅游目的地之间，通过合作建立智慧旅游体系沟通的桥梁，实现双方或多方互联互通，促进区域旅游联动发展。

（四）动态管理

智慧旅游建设需要进行动态管理。不同时期和不同环境下的动态管理，首先表现在信息的动态化。智慧旅游提供的信息和服务是不同的，虽然旅游信息有动态和静态之分，但在智慧旅游体系的管理中应当是动态的，即进行实时调整和更新，增强旅游信息的时效性。在动态更新的过程中，可以将旅游业各方面的信息及时地反馈出来，如最新的政策法规、最新的优惠政策、即将开展的旅游活动等。信息的反馈和发布能够便于公众做出选择，制定出游决策。在旅游管理的过程中，应及时地将行业发展信息公之于众，使人们了解旅游业运行现状。同时，行业的透明度直接决定了行业的规范化运作，动态管理能够促进行业信息更新，进而增加行业透明度，从而间接促进旅游业规范化发展。

三、智慧旅游框架构建的方法

（一）分析用户需求

旅游者在不同的旅游环境中对旅游消费和旅游活动有着不同的需求，旅游企业在特定的发展环境中，对自身的运营管理等方面也各有相应的需求，很多需求可以通过智慧旅游的发展建设来满足。因此，在智慧旅游发展建设之前，需要对用户需求进行分析。以旅游者的信息需求为例，这就需要对旅游者消费行为进行分析，比如旅游者通过何种渠道获得信息、在何时对信息查阅比较集中、哪方面信息量需求比较大、哪里是服务不到位的场所、哪里需要提供特定服务和设备设施等，只有保证调查分析的准确性，才能最大化地实现智慧旅游的应用价值。准确到位的用户分析，是智慧旅游发展建设的前提条件。

（二）明确体系内容

在用户需求分析的基础上，明确智慧旅游发展建设的内容，例如，智慧旅游体系需要覆盖哪些内容、不同的用户群体对这些内容有着何种要求等。由于用户需求的不同、建设主体经济实力的不同等因素的影响，智慧旅游体系内容也存在较大差异。智慧旅游的发展建设，应当从满足顾客需求和解决现实问题的角度出发，分层次、按步骤地加以建设。

（三）制定发展规划

纵然确定了智慧旅游的用户需求和体系内容，智慧旅游的发展建设通常也还要依赖经济条件、技术水平、智力资源、基础信息等各个方面的内容，这是一个复杂的工程体系，需要投入较多的时间、人力、物力和财力。因而，在发展建设之前，需要做出详细的规划，按照满足用户需求和解决现实问题的现实目的，从长远出发，制定发展规划，进而保障智慧旅游发展建设的有序进行和持续推进。

（四）善用智慧形式

智慧旅游的发展建设需要综合利用较多的技术和设备，而对技术和设备的过分依赖常常会导致人文因素的缺失。因此，在智慧旅游的发展建设中，将技术设备与人文服务有机结合，创新智慧旅游的应用形式，使智能设施设备与人文服务内涵相辅相成，才能在保证旅游文化内涵的基础上，提升旅游业的综合运营水平。

四、智慧旅游系统的维护

（一）人员要求

智慧旅游系统的建立和维护，需要专业人才，这就对人才素质提出了特殊要求。传统的计算机行业与旅游行业是分开的，然而智慧旅游的发展，给二者提供了结合的空间，这就使得智慧旅游运营管理人才既要懂得旅游行业的相关知识，又要懂得计算机信息的相关知识。在日常运营管理中，应当能够对系统进行维护和更新；同时，在出现突发问题时，能够在第一时间做出反应，解决系统运行中出现的故障。智慧旅游工作人员还应当具有较强的学习能力，能够不断地接触新事物，善于学习，乐于学习，将新的技术和方法应用到行业发展中，从而适应智慧旅游的动态发展。

（二）技术要求

智慧旅游的发展需要专门技术，在信息时代，技术的更新、换代和升级迅速而频繁，只有随着旅游发展和市场需求的变化，及时将新技术、新方法、新思维应用到智慧旅游的发展实践中，才能实现旅游业的可持续发展。同时，随着旅游新业态的出现，旅游业自身的发展特征也对技术应用提出了新要求，只有紧跟旅游业的发展，开发出满足旅游业需要的技术、产品和设备，才能促进现代技术在旅游业的研发和应用。

（三）设备要求

稳定性、便捷性和精确性是行业发展对智慧旅游体系的要求。智慧旅游设备的应用，首先应具有一定的稳定性，强大的稳定性能够坚定人们对智慧旅游的认可度，同时也能够促进旅游形象的提升。便捷性是对设备应用的要求，智慧旅游设备设施应当设置在主要的人流聚集区和交通枢纽地，从而便于旅游者获取信息；智慧旅游的服务应当便捷对接旅游者的智能终端设备，从而便捷旅游者使用。精确性是对智慧旅游体系提供内容的要求，准确全面的旅游信息，既能够提升旅游者对智慧旅游体系的认可度和依赖度，又能够便捷地满足旅游者查阅、比较和分析，从而帮助旅游者做出科学的决策。

第四章 智慧景区建设实践

第一节 智慧景区的概念与特征

一、智慧景区的概念与内涵

智慧景区是基于新一代信息技术（也称信息通信技术，ICT），为满足游客个性化需求，提供高品质、高满意度服务，而在旅游景区内对各种资源和信息进行系统化、集约化的管理变革。

对智慧景区的理解应当从以下几个方面展开：

1. 智慧景区是智慧旅游在旅游景区的具体应用，智慧景区是智慧旅游的重要组成部分。

2. 智慧景区是基于新一代信息技术的发展应用构建而成，通过各种信息技术、智能技术、通信技术等的综合应用，实现景区的数字化、智能化和智慧化发展。

3. 智慧景区的主要目标是满足游客个性化需求，提供高品质、高满意度的服务。为了实现服务游客这一主体目标，必须对旅游景区内的各种资源和信息进行综合性的管理和应用，因而，智慧管理、智慧运营、智慧商务等理应成为服务游客的前提和基础。

4. 智慧景区的发展建设是系统化、集约化的管理变革，变革的过程随着旅游景区发展需要、社会大众生活方式、信息技术升级换代等演变而不断更新，但总体趋势是逐步提升智慧化服务游客的水平和能力。

二、智慧景区建设的必要性分析

（一）服务游客的现实需要

随着中国大众旅游时代的到来，旅游逐渐成为社会大众日常生活的重要内容。作为旅游活动的核心场所，旅游景区应当为游客提供高品质、高满意度的服务。长期以来，许多旅游景区只是按照观光旅游的现成模式，为游客设计景观优美、游程合理的游览路线，游客只须按照预先的设计，走完观光游览路程即可，而景区所提供的服务也主要在餐饮、住宿、讲解、标识等方面。对于游客而言，在旅游景区购票之后，只须按照旅游景区的游程安排，观赏完既定的景点即可。在这种模式下，旅游景区所提供的服务是静态的，游客只须被动地接受，即可完成高质量的游览活动。但现代经济社会的发展使得人们的消费方式和旅游需求发生了较大的变化，旅游景区服务的内容也有了新的发展，例如，在游览前，人们在网上预订门票；在游览中，利用电子导游设备进行自助讲解；在游览后，通过旅游社交网站、微信、微博等新媒体分享旅游心得。现代生活方式、消费方式和旅游方式等的改变，为旅游景区服务游客提出了新的要求。智慧景区的发展建设，通过综合运用现代科学技术对接游客需求，能够高效、便捷、智慧地服务游客。

（二）提高旅游景区管理水平的内在要求

旅游景区的管理主要体现在资源、信息、人员、产品、安全等方面，在信息技术落后或者发展应用不充分的旅游景区，旅游景区管理主要依靠劳动力对上述五方面内容进行管理；在信息传递不畅、标准建设不足、管理效率不高的情况下，景区管理通常需要大量的人力、物力和财力，以至景区管理成本较高。同时，不同岗位的工作人员主要凭借自己的主观意志提供服务，由于不同工作人员的态度、知识和能力等方面的差异，使得服务的质量、水平和标准难以控制，低水平、低素质的工作人员将会给景区管理和景区形象带来负面影响。此外，在旅游景区游客统计、实时监测等方面，操作起来较为复杂和烦琐，有的工作甚至难以开展，由此使得景区管理存在死角。智慧景区的发展建设，通过数字化、标准化、智能化、实时化、综合化的技术、手段和方式，对旅游景区资源、信息、人员、产品和安全等进行全面高效地管理。

（三）对接旅游者现代消费方式的必然选择

现代信息技术的发展，对人们的生活方式和消费习惯产生了较为深远的影响，且这一影响逐渐渗入旅游行业。在旅游活动开始前，人们通过社交网站、旅游资讯网、旅游官方网站等查阅旅游信息，做出旅游计划，并通过旅游景区官网、旅游电子商务网站等实现预订。在旅途中，通过智能手机、平板电脑等智能移动终端设备，实时查阅和掌控旅游信息，将游程安排、景点讲解、智能导航等融入旅游活动之中。与传统意义上由旅游企业安排好游程而旅游者不能充分参与的旅游活动相比，现在大多数旅游者更倾向于自主选择、自我安排、自由旅行，从而开展个性化的旅游活动。为了对接旅游者的现代生活和消费方式，旅游景区必须进行智慧化建设，以此迎合旅游者的消费需求。

（四）解决旅游景区新问题的迫切选择

随着中国旅游的快速发展，许多景区面临着资源破坏、客满为患、安全事故、景区接待超过承载力等问题。这些问题在游客较少的情况下可能并不突出，在游客较多的情况下，景区在资源保护、游客管理、景区安全等方面的压力增大、任务增多。为了提高管理水平和服务质量，单独依靠人工进行管理，已经难以满足景区发展的现实诉求，因此，许多旅游景区需要通过现代信息技术等实现对景区的全方位管理。例如，通过智能门禁系统，实时统计分析景区游客数量及游客构成，为景区控制游客数量和精准市场营销提供信息资源；通过智能监测系统，实时监测文物景区中的温度、二氧化碳浓度等容易对文物产生不良影响的物质成分，以此控制文物所处的环境，从而起到保护文物的作用。现代信息技术的应用，可以在景区的标准体系建设、提高管理水平、缩减运营成本、提升服务质量等方面发挥巨大的作用，因此智慧旅游成为旅游景区解决发展中所面临新问题的迫切选择。

（五）信息社会发展的必然趋势

信息技术的发展应用已经渗透到经济社会的各行各业，旅游业也不例外，信息技术在推动行业发展、促进转型升级、提高运作效率方面的天然优势，使得旅游业可以通过信息技术的应用，实现跨越式发展。信息技术在企业运作、产品开发、市场营销、经营管理等方面的优势，使得许多企业通过信息技术，提升企业形象、提高管理水平、提速运营实践。旅游景区理应具有现代企业的运营管理特征，是现代信息技术应用的主要场所，只有进行智慧景区的发展建设，旅游景区才能在信息社会发展的大潮中紧跟时代潮流，融入社会发展的大局。信息技术的发展改变了人们的生活方式和消费方式，智能手机、平板电脑等智能终端设备的广泛应用，使得网上预订、在线支付、信息查询等成为人们日常生活的重要内容，为了顺应信息技术广泛应用的社会背景，旅游景区通过智慧景区建设，与游客手中的智能手机、平板电脑等进行无缝对接，同时，通过微信、微博、空间等新媒体推送信息，为旅游者进行自助游、网上预订、线上咨询等保驾护航。因此、社会发展的主流趋势、现代企业的技术应用、智能终端的广泛应用，使得智慧景区发展建设成为旅游业发展的必然趋势。

三、智慧景区建设的主要目标

（一）服务游客

旅游景区的发展，归根结底要吸引游客并留下游客，从而带动景区发展，因而，旅游景区的服务水平成为吸引游客的重要筹码。高水平、高质量的服务能够给旅游者留下深刻印象，树立旅游景区的美好形象，在自媒体时代，信息的广泛、便捷、多向传播，既能为旅游景区树立美好的形象，又能将旅游景区的现实问题公之于众，在竞争激烈的市场环境中，旅游景区需要不断提升自身的知名度和美誉度，从而提升自身竞争力，进而吸引游客，并留下游客，促成游客在景区开展消费活动。游客是旅游景区人气活力、经济收入的直接来源；留下游客，就留住了景区的人气、财气、地气。因而，服务游客成为智慧景区发展建设的首要目标。

（二）助力营销

信息社会里，互联网技术的大力推广，智能手机平板电脑的广泛应用，使得旅游市场营销有了全新的课题，利用微信、微博、空间、微电影、社交网站等进行营销，既有利于充分展示旅游景区的美好形象，又能够构建与社会大众的良好关系，在旅游景区与社会大众的互动中实现营销。智慧景区的营销有别于一般的市场营销，一方面，通过运用现代信息技术、智能终端和手机应用（APP）等，采用最先进的营销手段和营销方式，向社会大众推介旅游景区；另一方面，基于智慧景区的统计数据、游客分析等信息，有针对性地进行精准营销，从而提升营销的效率和绩效。

（三）便捷支付

人们通过智能手机、平板电脑等进行线上预订，在旅途中运用手机即可实现便捷支付，因此，最大限度地方便游客消费，成为智慧景区建设的重要内容。当前，许多旅游景区建设了电子商务网站、旅游手机应用（APP）等，为智慧景区建设提供了良好的范例。但仅仅实现线上预订还不够，智慧景区的建设应当在线上预订、便捷支付、游客咨询、信息分享等方面，为游客提供一系列的便利，将其作为便捷支付的组成部分和配套服务，提升线上预订和便捷支付的路径、方法和满意度，从而一站式解决旅游消费问题。

（四）提升管理

旅游景区的管理涉及景区发展的方方面面。在人员管理方面，包括游客和景区工作人员。对游客的管理，主要包括游客人数、游客行为、游客安全等方面；通过控制游客人数，将景区接待规模控制在景区的承载力范围内；通过对游客行为的监督管理，起到保护资源、保护游客安全、倡导文明旅游等作用。对景区工作人员的管理，主要包括对员工绩效的评价、工作水平的评价，对员工工作实况的监督检查等，通过监督检查和智能设计保障员工的工作内容和服务质量。在信息管理方面，主要包括景区信息的采集、整理、分析、传播等。景区信息包括游客信息、资源信息、天气状况、安全预警、基础设施等内容，全面、及时、准确的信息，能够为景区管理提供现实依据。在资源管理方面，对景区自然资源、人文资源、游客资源等的统计分析和报告，有利于资源保护、开发和利用，从而保障旅游景区的可持续发展。此外，对旅游景区的道路、标志牌、解说系统等的管理，能够实时掌握景区动态，有利于管理者随时采取措施，实现对景区的科学、有序管理。

中国旅游景区类型众多，不同景区的发展水平、现实状况不尽相同，在智慧景区建设的过程中，建设内容、主要目标、先后顺序可能并不相同，有的旅游景区在建设中侧重管理、有的侧重营销、有的侧重服务。但无论如何，智慧景区建设归根结底均为服务游客，因为只有接待游客，才能聚集地气、吸引人气、收获财气，从而实现旅游景区的发展价值。尽管不同类型的旅游景区在公益性、经济收益等方面的追求不一，但聚集游客，实现景区的社会效益、经济效益和环境效益，理应成为各景区的追求目标，因而，智慧景区发展建设的终极目标即通过服务游客提升旅游景区的综合效益。

四、智慧景区的主要特征

（一）游客服务智慧化

通过互联网、物联网和移动终端，实现景区与游客的多形式互动，对游客需求进行准确及时的感知，提供敏捷、精细的个性化服务，实现景区"服务智慧化"。

（二）景区管理智能化

建设基于景区信息化系统数据资源，集成整合地方、区域云计算服务的景区数据中心和决策支持中心，应用数据挖掘等智能技术，分析游客行为，挖掘游客需求，改善和提升景区的管理与服务以及专业化程度，实现景区"管理智能化"。

（三）产品研发互联网化

运用信息技术，推进以游客需求为核心的要素市场的分工重组、交叉融合和协同创新，以信息技术支撑创新型旅游产品链和产业链的信息沟通、整合以及业务流程重组，利用互联网思维推进产品研发的快速迭代，实现游客需求驱动的全旅游产品链和产业链的创新管理与服务模式。

第二节　智慧景区的建设实践

一、智慧景区建设的基本思路

（一）国家层面——试点建设

2012 年 11 月 8 日至 9 日，国家旅游局在四川省都江堰市召开全国智慧旅游景区建设现场会暨旅游景区质量等级评定国家级检查员培训班，旨在提升智慧旅游景区建设水平，交流智慧旅游景区建设经验，鼓励和引导景区为游客提供更便捷、智能的旅游体验服务。会议公布了北京颐和园等22家景区为"全国智慧旅游景区试点单位"（见表4-1）。

表 4-1　全国智慧旅游景区试点单位概况

编号	景区名称	区域	等级	主要景观类型
1	黄山	安徽	5A	自然景观
2	颐和园	北京	5A	人文景观
3	华侨城	广东	5A	人造景区
4	白云山	广东	5A	自然景观
5	承德避暑山庄	河北	5A	人文景观
6	云台山	河南	5A	自然景观
7	殷墟	河南	5A	人文景观
8	镜泊湖	黑龙江	5A	自然景观
9	清江画廊	湖北	5A	自然景观
10	张家界	湖南	5A	自然景观
11	中华恐龙园	江苏	5A	人造景区
12	中山陵	江苏	5A	人文景观
13	老虎滩海洋公园	辽宁	5A	人造景区
14	响沙湾	内蒙古	5A	自然景观
15	泰山	山东	5A	自然景观
16	华山	陕西	5A	自然景观
17	青城山	四川	5A	自然景观
18	峨眉山	四川	5A	自然景观
19	石林	云南	5A	自然景观
20	西溪湿地	浙江	5A	自然景观
21	溪口风景区	浙江	5A	自然景观
22	武隆喀斯特旅游区	重庆	5A	自然景观

　　国家旅游局确定智慧旅游景区试点单位为22家,全部为国家5A级旅游景区,截至2013年3月,国内共有153家5A级旅游景区,试点单位则占到14.4%。在区域分布上,22家试点单位分布在全国17个省(市),华东地区最多,共有6家;华西和华中次之,均为4家;华北地区位居第三,为3家;东北和华南均为2家;西北最少,仅有1家,智慧旅游景区试点单位的分布整体上与区域旅游经济发展水平相适应。就单个省份而言,江苏、浙江、广东、四川、河南分别有2家试点单位,其他有试点单位的省份均为1家,契合了旅游资源分布的特点。在景观类别上,有15家试点单位主要为自然景观,占到总数的68.2%,4家为人文景观,3家为人造景区。在自然景观区域进行智慧旅游建设,一方面有利于加强景区管理,另一方面则为游客提供更便捷的服务。智慧旅游景区试点单位能够在区域内形成良好的示范作用,优化景区形象,促进景区管理,提升游客体验,引领智慧旅游景区建设的潮流。

　　(二)地方层面——规划先行

　　国内各区域智慧旅游发展进度不一,先发进行智慧旅游建设的区域主要集中在华东和京津冀地区,西部的四川在政策层面比较领先。政府引导智慧旅游建设主要是通过制定行动计划和规范标准等实现(见表4-2),其根据政策范围和精细程度可以分为三类:一是信息化中的智慧旅游,如北京市信息化建设中明确提出"数字北京"向"智慧北京"跃升,其中涉及智慧旅游的建设;二是智慧旅游全面规划,如《北京智慧旅游行动计划纲要(2012—2015年)》和《江苏省"十二五"智慧旅游发展规划》,其主要从宏观层面,明确主体要素和建设项目,对具体建设内容则无详细说明;三是智慧旅游中的核心要素,如《北京智慧景区建设规范(试行)》和《河北省旅游"智慧景区"试点建设规范》,其对具体的建设内容和实施办法有明确的标准和规定,能够对建设进程实时监测;此外,还有其他相关标准促进智慧旅游建设,如《天津旅游信息数据采集规范与标准》，重在解决智慧旅游建设中的信息采集与信息孤岛问题，政府与网络运营公司签订合作协议，共同构建智慧旅游体系。由此可见，国内智慧旅游发展水平参差不齐，各地发展智慧旅游的动机和目标也各不相同；但总体而言，智慧旅游发展尚处于起步阶段，政府在智慧旅游建设中起着主导作用。

表4-2　国内部分省市智慧旅游行动方案

省/直辖市	政策/标准/规划	主要内容框架
安徽	《关于推进"智慧黄山"精品旅游信息化工作的实施意见》	以游客为中心，实现数字化精品旅游体验，构建全过程管理服务平台；"一个目标、两个平台、四个系统"
北京	《北京市"十二五"时期城市信息化及重大信息基础设施建设规划》	打造全球资源配置的信息枢纽、国家创新驱动的网络引擎、城市运行顺畅的智能典范、文化传承永续的智慧摇篮，实现"数字北京"向"智慧北京"的全面跃升
	《北京智慧旅游行动计划纲要（2012—2015年）》	宽带泛在的基础设施，智能融合的信息技术应用，创新持续的便利旅游服务；"三大体系、九个系统、六十个项目"
	《北京智慧饭店建设规范（试行）》	从电子信息设施与系统、智能服务与运营和创新项目进行指导和规范；实现旅游住宿透明化、立体化和互动化，使游客在饭店的客房内就能轻松了解、查询、预定所需的旅游服务
	《北京智慧景区建设规范（试行）》	从通信网络、景区综合管理等八个方面进行指导和规范，实现游客做主
	《北京智慧旅行社建设规范（试行）》	从资源采购、产品策划与发布等十个方面进行指导与规范，实现对旅游产品销售、消费、反馈的全面、准确、及时的感知，提高旅行社服务质量
	《北京智慧旅游乡村建设规范（试行）》	从民俗旅游村网站、民俗旅游接待户建设等五个方面进行指导与规范，提升乡村旅游体验

续表

省/直辖市	政策/标准/规划	主要内容框架
福建	《武夷山市创建全国旅游标准化城市和智慧城市行动方案》	创建全国旅游标准化城市和智慧旅游城市
河北	《河北省旅游"智慧景区"试点建设规范》	景区展示虚拟化，景区运营、管理、应急处理智慧化；提升景区信息化建设水平和综合管理服务能力，为游客提供"快捷、多元、环保、高效"的旅游服务
河南	《洛阳市智慧旅游城市建设方案》	从智慧景区、智慧酒店等五个方面，实现旅游信息智能感知，便捷游客服务
江苏	《江苏省"十二五"智慧旅游发展规划》	以游客为本，提供高效旅游信息化服务；实现智慧旅游管理、旅游服务和旅游营销；"一一二五七"工程
山东	《关于加强市县目的地数字旅游服务系统建设的通知》	863 旅游信息化项目；服务体系、标准体系和管理体系建设
四川	《四川省"十二五"旅游信息化发展纲要》	建设"135"工程，提升政府管理、企业营销和服务游客的能力
天津	《天津旅游信息数据采集规范与标准》	解决信息采集更新和信息孤岛难题；提供全方位的资讯保障，确保游客获取到真实、准确的信息

资料来源：全国各省级旅游行政单位门户网站。

（三）景区层面——项目实施

　　基于各旅游景区的性质特征和利益诉求，其智慧化建设的出发点和落脚点各不相同，据此可将智慧旅游景区分为三种类型：以中山陵为代表的风景名胜区；以颐和园为代表的文物保护区；以镇江醋文化博物馆为代表的博物馆旅游区。中山陵景区智慧旅游建设具备综合性，围绕"智慧服务、智慧管理、智慧营销"三大内容，构建 1 个指挥中心、1 个数据中心、6 个管理平台和 10 个业务子系统，形成一个数据共享、网络覆盖、管理与服务融合的智能化管理体系；颐和园景区智慧旅游建设具备倾向性，主要建设古建保护与修缮管理信息系统、公园绿化网格管理信息系统、文物管理展示信息系统，通过电子测绘、三维扫描等技术将园内古建、文物以数据形式保存，将客流、天气、噪声等予以记录，实现自动监测与报警，从而侧重古建和文物保护；镇江醋文化博物馆则具备单一性，从提升游客体验的单一角度出发，完善网站功能，通过分众传媒展示、二维码导览牌和动漫互动游戏，提升游客体验。此三者中，中山陵景区智慧化最为复杂，综合性强，实现功能多；颐和园景区强调景区性质，对信息技术的应用较为专业；镇江醋文化博物馆最为简单，功能结构单一，但能满足其发展需求。同时，其他旅游景区在智慧化建设的过程中，有重点、分步骤地强调了资源保护、导游服务、经营管理、应急处理等功能（见表 4-3），随着智慧旅游景区建设的全面展开，其将逐步健全和完善智慧旅游景区功能。

表 4-3   国内智慧旅游景区建设典型案例

景区名称	目标内容	发展实践
泰山	泛在感知，互联互通，智能处理	一个平台、两个中心、多个应用系统；创新智慧景区建设模式，为游客提供更便捷、智能的旅游体验服务
黄山	资源保护，旅游服务，经营管理，安全防范，持续发展	一个中心，三大平台，五大系统，七项保障
九寨沟	资源保护数字化，运营管理智能化，旅游服务信息化，产业整合网络化	景区信息透彻感知，景区成员全面互联，景区管理深入智能化
中山陵	智慧服务，智慧管理，智慧营销	1 个指挥中心，1 个数据中心，6 个管理平台，10 个业务子系统

续表

景区名称	目标内容	发展实践
奉化大佛	导游，导航，导购，导览	手机导游，视频导游，网上虚拟旅游；通过二维码手绘地图整合传统地图和旅游基础数据，与手机视频导游无缝对接
颐和园	古建保护与修缮管理信息系统，公园绿化网格管理信息系统，文物管理展示信息系统	通过电子测绘、三维扫描等技术将园内古建、文物以数据形式保存，客流、天气、噪声等也会得以记录，实现自动监测和报警
镇江醋文化博物馆	提升游客体验	完善网站功能，分众传媒展示，二维码导览牌，动漫互动游戏

二、智慧景区建设的技术基础

智慧旅游景区对现代信息技术的应用主要包括三个层次（见表 4-4）：感知层，网络层和应用层。在感知层，传感和测量技术主要包括 3S 技术、RFID 技术，物联网技术，数据挖掘和统计分析技术，通过感知和测量设备，随时随地识别、感知和获取信息，在基础层面实现信息收集。在网络层，互联网、移动通信和智能控制技术将已经获得的信息转换为数据，运用科学计算模型对数据进行存储、传递和加工，通过互联、互通实现数据集成共享。在应用层，各种应用技术和设备将已经获得的数据通过云计算等平台进行检验，看其是否符合景区发展的规范和标准，进而为景区管理和游客体验提供决策依据；其在末梢层面实现对数据的应用，其中，二维码、多媒体信息展示、电子导游系统，视频监控系统、虚拟旅游系统、电子商务系统等构成了智慧旅游景区的主要应用内容。

表 4-4 智慧旅游景区技术基础

技术层次	主要类型	基本内涵	解决问题
感知层	遥感（RS）	用传感器/遥感器探测物体，分析物体的性质、特征和状态	获取资源信息，追踪事物变化
	地理信息系统（GIS）	采集、储存、管理、运算、分析、显示和描述地理分布数据	科学调查，资源管理，旅游规划
	全球定位系统（GPS）	全球范围内实时定位、导航	景区导航，空间测量
	射频识别技术（RFID）	无线射频识别	智能门禁、二维码识别等
	物联网	物物进行信息交换与传递	智能识别、定位、跟踪、监控和管理
	数据挖掘和统计分析	基础数据采集和感知	采集信息，智能分析
网络层	互联网	相互沟通、参与的互动平台	互联互通，广域传播
	移动通信	运动中的通信	随时随地，便捷联系
	智能控制	自主驱动智能机器实现控制目标	自主监测，自动预警
应用层	云计算	存储、虚拟化，网格、并行、分布式计算	信息和计算共享，海量数据处理
	二维码	平面图形蕴含所有信息数据	网站链接、数据下载、商品交易、电子凭证、车辆导航等
	人工智能	以人类智能相似的方式做出反应的智能机器	语言识别、专家系统
	虚拟现实	利用电脑模拟产生三维空间	虚拟旅游，虚拟景区
	电子商务	利用微电脑技术和网络通信技术进行商务活动	网上预订，网上交易
	电子地图	利用计算机技术，以数字方式存储和查阅的地图	便捷查询
	视频巡航	整体分布，视频监控	动态监测，全面预警
	客户端软件	基于智能操作系统的旅游软件	查询、预订、导航、分享等
	网络论坛	网上交流场所	了解需求，提供服务
	多媒体信息展示	液晶（LED）显示屏等动态展示信息	信息展示，自助检索
	其他相关设备设施	根据不同需求研发应用的设施设备等	如温度、湿度等监控设备

三、智慧景区建设的功能体系

智慧旅游景区主要实现三方面功能：游客服务，景区管理和旅游发展。（见图4-1）首先，游客是主体，在旅游过程中，通过智慧化的游客服务来迎合旅游者对旅游景区的需求，是智慧旅游景区建设的出发点和落脚点。其次，景区是依托，用信息技术助力旅游景区管理，实现景区的规范化、标准化和科学化运营，是旅游景区健康发展的迫切需要。最后，发展是目的，旅游发展与社会进步相关联，能够促进经济、社会、文化、生态等全面可持续发展。智慧旅游景区功能的实现是相互协同促进的，便捷的游客服务、先进的景区管理本身就是旅游发展的重要前提。

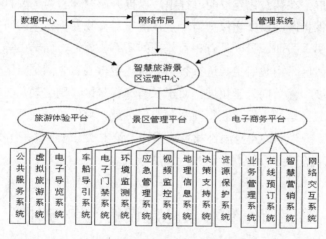

图4-1　智慧旅游景区的功能体系

根据智慧旅游景区将要实现的功能，对其内容体系进行构建，提供现实可行的操作方法，有利于智慧旅游景区建设的稳步发展。在游客服务方面，通过先进的设施设备，提升游客体验，如智能导游体系提供导航、导游、导览和导购等服务，虚拟旅游体系则360度展示景区的美好形象，动漫互动体系则满足游客知识、交互、娱乐和信息等需求。在景区管理方面，可视化的监测节点，互联化的网络布局，智能化的决策体系，将人与物、空间与时间紧密相连，通过构建人员管理、资源保护、环境监测、安全管理等系统，实现景区的正常运营。在旅游发展方面，构造业务管理、营销推广、统计分析和网络交互等系统，提高经营效率，改善产品形象，优化品牌效应，实现景区健康可持续发展。

四、智慧景区的发展模式

　　虽然智慧旅游景区的功能体系和内容架构具有较强的相似性，然而，不同旅游景区智慧化建设的重点和路径却不可一概而论。一方面，景区所具备的功能属性不同，如自然风景地注重旅游发展，在智慧化建设的过程中，以提升游客体验为主要目标；文物保护区则以文物保护为重点，侧重对文物保护技术的研发应用。另一方面，景区具有相互差别的所有权属性，如泰山等公共资源景区，由政府主导进行智慧旅游建设，其首先满足景区管理的需要，然后向外延拓展；对于私有产权景区，则主要从游客体验和景区运营出发，获得商业利益。因此，旅游景区在智慧化建设中，应当明确自身属性和发展重点，论主次、分阶段、有步骤、因地制宜地选择智慧旅游景区发展模式。

第三节　智慧景区建设的问题与对策

一、智慧景区建设的现状

（一）智慧景区建设蓄势待发

　　国内较多景区制定智慧旅游发展规划，启动智慧景区项目建设。山西省旅游局与中国移动山西公司签订《山西旅游信息化合作协议》，中国移动山西公司与全省旅游景区代表山西皇城相府实业集团有限公司签订《山西旅游智慧景区合作协议》，致力于打造一批以"智慧旅游"为特色的样板景区，全面提升山西省旅游信息化水平。根据《安徽省旅游公共服务三年规划》，安徽省4A级以上旅游景区将加大数字化景区建设，旅游者通过手机能够查询三维地图、实现虚拟旅游。江西省武功山管委会与中国移动萍乡分公司签署合作协议，计划用1～2年时间建成自动门禁系统、智能讲解系统、智能门户网站、网络营销系统及可视化数字平台，将武功山打造成为智慧旅游景区；江西省《明月山风景名胜区数字化建设总体规划》通过评审，该规划在原有成果基础上，提出数字化在景区服务的创新业态，突出服务和加强营销的现代旅游服务模式。青海省西宁野生动物园"智慧旅游景区"建设项目启动，项目包括无线WiFi网络、电子门票系统、智能语音导览系统、互动触摸屏系统、官方网站及电子商务系统、景区机房和网络设计、景观二维码设计等内容，项目建成后，西宁野生动物园将成为青海省第一家智慧旅游景区。

（二）学习借鉴智慧旅游经验

尽管国内智慧旅游呼声较高，但智慧旅游发展建设仍然处于探索和起步阶段，智慧景区也在摸索中前进。根据旅游景区发展需求，学习借鉴智慧旅游先进经验，成为智慧景区发展建设的主要路径。安徽省合肥市旅游局长带队赴深圳华侨城集团总部，考察学习智慧景区创建和旅游信息化工作，以提升合肥旅游信息化水平，助力合肥市智慧旅游和智慧景区发展；泾县旅游局组织举办"智慧旅游专题知识讲座"，为加快旅游信息化发展提供智力支持；芜湖市旅游局组织工作人员赴杭州学习借鉴智慧旅游建设先进经验，以加快推进芜湖智慧旅游发展进程。湖南省旅游局到北京市旅游委考察学习"首都旅游产业运行监测调度中心"建设。甘肃省旅游局长现场考察都江堰数字化网络管理中心及"都江堰·青城山"景区智慧旅游应用成果。相互学习、共同探索和注重实践成为智慧景区发展建设的基本方略。

（三）智能终端提升景区服务

智能终端实现移动导游。安徽移动黄山分公司打造"智慧黄山·无线城市"平台，其主要应用就是利用手机轻松获取信息。该平台建立景区"二维码"导览系统，将黄山的风景古迹和花草树木等元素编入档案信息，游客通过一部手机扫描二维码即可随时随地获取景点介绍和信息查询等服务；福建省闽江源生态旅游区推出二维码景区导览图，只要用智能手机扫描"二维码"，即可下载景区图片，进行语音导览，实现移动"导游"。

在线预订实现轻松快捷。通过在线预订和电子门票，实现景区数字化、智能化电子门禁管理，景区管理者通过网络实时掌握景区所有入口人数动态；游客通过手机支付或网银在线支付，购买门票成功后，手机将收到一个短信验证码即电子门票，凭借手机上的电子门票，可以快捷进入景区。广东省许多景区启用智慧旅游系统，如在广州的百万葵园、岭南印象园等景区，游客直接上网登录订票或者手机扫描二维码预定门票即可享受购票优惠，购票成功后，游客凭短信或二维码到景区验证即可取票入园。

（四）微信账号助力景区营销

随着微博和微信的广泛使用，全国微媒体用户已超过 8 亿，微媒体成为景区营销和服务大众的重要工具。"安徽天柱山"是安徽首家利用微信为游客服务的景区，景区工作专员实时在线与网友互动交流，解决网友关心的旅游问题；"马鞍山智慧旅游"微信公众号用生动的文字和精美的图片展示马鞍山旅游资讯、美景、美食、旅游攻略和旅游线路，助力旅游营销；通过"海陵智慧旅游岛"官方微信，可以快速查询当地各类旅游信息；绍兴市旅游集团对"绍兴古城"官方微信升级定制，开发导航导览、语音讲解、景区介绍、旅游攻略、互动游戏、电子商务等功能，为游客提供"吃、住、行、游、购、娱"一揽子服务。微信账号在服务游客的同时，聚集人气，宣传旅游景区产品、文化、资源等内容，通过与游客互动，强化景区营销。

（五）智慧景区的创新产品

智慧景区在发展建设过程中，产生新的旅游形式，带给旅游者超乎寻常的个性化体验，这种形式主要有虚拟旅游产品、景区数字展馆和移动数字展馆等。

1. 虚拟旅游产品。北京市旅游委试行推出 30 家热点景区虚拟旅游产品，游客可在北京旅游网上360度游览这30家景区景点，在观赏的同时，还可以自主选择景点、设计游览线路、了解景区文化。

2. 景区数字展馆。青海省原子城红色旅游景区数字展馆作为全国第一个红色旅游数字展馆上线，数字展馆将原子城景区的"原子城纪念馆""纪念园"和"地下指挥中心"等景点的建筑、文献资料、藏品文物等真实清晰地展现在网友面前，使网友足不出户，即可在原子城景区游览。

3. 移动数字展馆。秦始皇帝陵博物院打造的数字展览平台手机应用（APP）上线，该终端是一款用于智能手机的移动数字展览平台，手机用户可通过搜索"秦始皇帝陵博物院"或在展览现场扫描二维码下载展览信息。陕西数字博物馆是全国首座以省文物数据库为依托的数字博物馆，该馆依托先进的网络科技手段，通过全面整合全省文物信息资源，采用动态模拟、三维演示等先进文物数字化展示手段，将全省实体博物馆和丰富的馆藏文物呈现在观众面前。2013 年，陕西数字博物馆又推出陕西数字博物馆手机版，通过手机随时随地可以方便、快捷地浏览陕西数字博物馆，让更多的人通过手机了解陕西历史和文物。

（六）智慧景区建设成果

当前，智慧景区发展建设主要围绕智慧服务、智慧管理和智慧运营等目标展开，以视频监控系统、指挥调度系统、安全预警系统、信息发布系统、智能门禁系统、电子导览系统等内容为重点，推进智慧景区发展建设。2013 年，中国智慧景区发展建设循序推进，并取得了丰硕成果。（见表 4-5）

表 4-5 2013 年中国智慧景区建设部分成果展示

行政区划	旅游景区	主要成果
安徽省	九华山风景名胜区	实施视频监控、指挥调度、信息发布三大工程，将信息采集整理、研究决策和对外发布实现程序化推进和流水化作业
福建省	鼓浪屿风景名胜区	主要景区、景点"二维码自助导游系统"的试点布置工作完成，推出"智游鼓浪屿"旅游导览 APP，着力打造全国领先的智慧旅游景区
广东省	东部华侨城	官方微信成功上线，是国内首家微信 3D 园景导航，可以快速获取景点、演出、酒店、餐饮、休闲等信息
广东省	海陵岛	建成"旅游市场管理系统三大平台"（电子点菜平台、信息公开平台、政府监管平台）和"五个统一"（统一使用合格电子秤、统一悬挂投诉电话牌匾、统一悬挂诚信承诺牌匾、统一商品标识牌、统一菜单确认）的新型旅游市场服务管理模式，并建成国内第一个"智慧旅游"的海岛旅游区
广东省	鸦片战争博物馆	启用"微信语音导览"服务，将微信运用在博物馆的展示和服务中，游客只须打开手机微信功能，关注"鸦片战争博物馆"，即可自助收听讲解
贵州省	黄果树风景名胜区	启用黄果树智慧旅游平台，搭建电子门票门禁系统、免费无线网络全景区覆盖，景区内设立 200 个实时救助、监控、呼叫点
河北省	乐岛景区	开创二维码和二代身份证双向智能验证系统，建设网络销售平台（河北省研发智慧景区电子导游系统，在全省 13 家试点景区完成推行应用）

续表

行政区划	旅游景区	主要成果
湖北省	神农架林区	神农架数字景区由视频监控、电子商务、呼叫中心、手机导游导览 App、GIS（地理信息系统）应用平台、森林防火和应急指挥系统组成，对景区实时监控、倡导文明旅游等具有重要作用
江苏省	环球动漫嬉戏谷	"掌上嬉戏"上线运营，为手机或移动终端提供全方位智能导航、导览、导购、交友、休闲游戏等综合服务
江西省	龙虎山风景旅游区	推出景区形象彩色微信二维码，利用新媒体及信息技术开展景区微营销
宁夏回族自治区	沙坡头景区	智能 App 客户端上线，为宁夏旅游行业内首个应用于旅游景区服务的 App 程序，可查询景区动态、精品线路、美食广场、景区交通、地图导航、节庆活动、旅游购物、旅游攻略、留言反馈、活动专区等服务信息
山东省	沮淀湖风景区	智慧旅游应用工程竣工，其中监控、安检、广播、电子门票智能管理系统已投入使用，运营良好
四川省	乐山大佛景区	"智慧景区"建成启用，在四川省 5A 级景区中，乐山大佛"智慧景区"是首家全面系统投入实施，其功能主要包括景区免费 WiFi 开放、二维码电子自助导游和景区平安海事管理
云南省	泸沽湖景区	门票结算系统转向网络数字化

注：本表将海陵岛作为旅游景区，展示其建设成果。

二、智慧景区建设存在的主要问题

（一）发展思路不清，缺少整体规划

提升游客体验是景区智慧化建设的推动力量，也是智慧旅游景区建设的重点。国内多数景区主要由政府主导进行智慧化建设，由于景区经营权和所有权的剥离，政府进行智慧旅游景区建设的

初衷主要是实现景区现代化管理，这就很容易导致对游客体验的忽视，更有甚者，部分景区进行智慧化建设空有口号却无实际进展。由于缺乏明确的发展思路，智慧旅游景区建设效果不佳。同时，各地虽然提出智慧旅游建设的目标，但却缺乏整体规划，由此造成智慧旅游景区建设一哄而上，缺乏重点，没有层次，无序的、非科学的建设只能导致资源的浪费。

（二）专注控制方法，忽视影响分析

当前，智慧旅游景区建设主要集中于数字视频监控、电子门禁系统、景区门户网站、电子商务平台、智能导览系统、交通指挥系统、安全预警平台、办公自动化系统等内容，这种对现实可见的游客、车辆、交易等的控制是浅层次的、表面性的智慧化，而对旅游影响的研究分析则明显不足。景区在旅游发展的过程中，资源的损耗、环境的改变、文化的衍化、社区的发展始终存在，智慧旅游景区应当对资源、环境、人员等隐性的、潜在的问题进行监测和分析，为管理者决策提供现实可行的参考依据。智慧旅游景区不仅要满足当下的管理，更要实现对未来发展的预测，从而促进景区采取预防措施，保障旅游景区的健康可持续发展。

（三）注重平台建设，应用水平不高

智慧旅游服务平台，尤其是智慧景区门户网站，虽然多数涵盖食、住、行、游、购、娱等综合性要素信息，能够方便游客查询，但单纯的信息堆积，并不能充分实现智慧化。一方面，个性化定制服务不到位。现有门户平台基本上难以根据旅游者的需求特征，提供个性化旅游线路等建议。另一方面，旅游要素信息内容不全面。平台内现有数据资料基本上是与景区具有合作关系的单位的信息，许多非合作方的信息数据并未收录到平台之中，由此导致信息不全面，平台数据信息的全面性、时效性受到质疑。

（四）建设层次较低，创新能力匮乏

智慧旅游景区建设尚无相应的规范和标准，各景区在智慧化建设的过程中，建设层次较低，如多数景区构建了智能导览系统、虚拟旅游显示屏、二维码应用体系抑或旅游专网 WiFi 覆盖，由此便对外宣称构建了智慧旅游景区。这种建设的层次较低，功能较为单一，内容不够完善，只能满足游客体验或景区管理的基本需要。景区对虚拟技术、二维码等技术的应用较为普及，对物联网、云计算、移动通信技术等应用的创新能力不足，使得景区智慧化遭遇瓶颈。只有将已有的新技术应用到智慧景区建设，或是根据智慧旅游景区建设的需要有针对性地开发新技术，才能促进智慧旅游景区建设的优化升级。

（五）资金来源短缺，发展后劲不足

资金短缺是当前旅游景区智慧化建设的最大困难，在经济欠发达区域尤为明显，部分省市甚至没有发展智慧旅游的意识，一些省市虽然提出了智慧旅游建设的目标，但只是低层次的投入，仅能满足基本的游客体验和景区管理需要。江苏物泰信息科技有限公司发起的中国第一只"智慧旅游产业基金"，一期规模基金达10亿元，投资领域涉及物联网以及文化旅游产业，核心是智慧旅游产业。从 2011 年至 2012 年 5 月，浙江省象山县投入 200 万元开发智慧旅游公共服务平台，项目包含"TRAVELS 象山"手机导航平台、手机 WAP（无线应用协议）网站平台、电子商务预订平台、呼叫中心和咨询中心平台、旅游电子触摸屏平台及旅游信息数据库平台。截至 2012 年 11 月，都江堰景区已投资 3300 多万元，建立了统一的数据中心、智能指挥中心、景区的基础数据管理体系三大板块，逐步从"数字景区"向"智慧城市"转变。从长远来看，资金短缺造成了智慧旅游景区发展的后劲不足。究其原因在于，政府对旅游景区的投入有限，并且主要局限于满足其管理需要；同时，景区智慧化所带来的收益在短期内不能够实现，使得政府对景区智慧化建设的积极性不高。只有解决了资金问题，才能从整体上促进智慧旅游景区建设的快速进行。

（六）建设各自为政，发展有失均衡

智慧旅游以应用为导向，旅游景区只有产生相关需要，才会寻求智慧旅游解决方案。各景区大多是根据自身发展需要，选择智慧景区建设项目，因此，智慧景区发展建设水平表现出较大的差异性。实际上，中国景区人满为患、资源破坏等现状堪忧，而发展智慧旅游可以减轻和弱化这些负面影响，因此智慧旅游成为各景区的共同需求。如今，智慧景区发展有失均衡主要表现在：

1. 区域不均衡。东南沿海经济发达区域智慧景区发展水平相对较高，西部地区除四川智慧景区建设水平较高，陕西、甘肃、青海、西藏等地智慧景区发展水平较低。

2. 景区不均衡。现已开展智慧旅游建设的景区多数是高等级旅游景区，低等级旅游景区开展智慧旅游建设的较少。

3. 功能不均衡。当前智慧景区发展建设主要满足信息查询、智能导航、电子讲解、视频监控等功能，智慧化水平有待提高。

（七）重复建设严重，造成资源浪费

智慧景区的发展建设通常是景区的自身行为，因此，景区在构建智慧旅游体系时，往往忽视与其他景区的联动与对接，重复建设在所难免。例如，为了提供丰富的旅游信息，景区将旅游目的地区域范围内的食、住、行、游、购、娱等要素置入旅游信息数据库，而其他景区在进行智慧化建设时又进行类似的工作，因此造成重复建设。再如，区域范围内的 A 景区打造手机应用终端，B 景区也同样进行，从而导致同一项目的重复建设。又如，旅游目的地基于区域发展视角，打造区域公共服务平台；而景区基于自身发展，又打造包含区域旅游信息的景区公共服务平台，重复建设因此出现。智慧景区项目内容重复建设将导致人力、物力、财力的巨大浪费，应当加以避免。

（八）相互分割限制，难以互联互通

区域限制、景区分割通常导致景区互联互通难以实现，智慧景区的"智慧"也就大打折扣。以旅游目的地和旅游景区为例，智慧景区建设主要存在两个问题：

1. 横向难以互联。单个旅游景区的网络层、数据库、客户端等集合成为统一整体，不同景区形成不同的统一整体，而各自为政的出现将给旅游者带来不便。如果旅游者进入地域相邻的两个旅游景区，为了获得电子导游服务，必须分别下载和安装不同客户端，由此给旅游者带来不便。

2. 纵向难以互通。旅游目的地建立公共服务平台，将旅游景区相关信息纳入平台数据库，从而便于游客查询，但对于旅游景区客户端，旅游者只有进入景区后才能下载安装，由此旅游者就无法在进入景区前获得相应的服务。公共服务平台不能建立一个互通共融公用的客户端，旅游景区与旅游目的地也就并不智慧。

（九）区域差异显著，应用范围狭窄

智慧旅游景区建设主要有两条路径：一是直接进行智慧旅游景区建设，如九寨沟，这类景区数量相对较少；二是智慧旅游总体战略下的智慧旅游景区建设，如南京智慧旅游战略下对中山陵、玄武湖等景区的智慧化建设。就区域分布而言，智慧旅游景区建设主要集中在江苏、浙江、北京、四川等地，这些省市智慧旅游景区建设数量较大，内容完整、功能突出，具有较强的代表性。国内的其他区域也先后提出智慧旅游或智慧旅游景区建设的目标，但整体上处于散、弱、差的状态，发展水平较低。由于智慧旅游景区建设需要较大的资金、技术和人力投入，多数省市在智慧旅游景区建设时，首先对当地品牌优、形象佳、知名度高的景区进行建设，而对于小型的、知名度低的景区则较少涉及，致使智慧旅游景区建设的范围相对狭窄，缺乏完整的规模体系。随着经济、社会、技术的发展，智慧旅游景区应当逐步实现三个转变：由政府主导型向市场驱动型转变，由经济发达区域向欠发达区域转变，由高知名度景区向全范围景区转变。

三、智慧景区建设的发展趋势

（一）构建全方位信息网络平台

首先，加强旅游信息数据库建设，保证信息的全面性与时效性。要素全面的信息能够为旅游者提供一站式服务，为旅游消费提供方便；时效较强的信息能够消除旅游者顾虑，为旅游者提供透明信息和安全保障。其次，注重旅游信息服务功能开发。堆积成山的信息数据如果不加以利用，就只能满足查询功能；对信息加以运用，开发产品和服务，才能让信息增值。例如，根据旅游者特征，为其提供与之相适的产品和服务建议。再次，方便用户使用。基于用户视角，开发便捷的数据应用终端，使用户利用手机、平板电脑等掌上设备即可轻松获得导游、导览、导购、导航等服务。

（二）丰富智慧化旅游体验产品

智慧景区的发展建设并不只是满足基本的信息查询、视频监控等功能，而是应当充分利用现代科学技术，结合旅游景区历史文化、自然奇观等内容，开发与之相应的智慧旅游产品，如手机游戏、5D 电影等，从而增强游客体验，提升旅游价值。

（三）加快多类型景区共同建设

智慧景区的发展建设，既是景区个体行为，也是旅游信息化背景下各类旅游景区发展的必然趋势。智慧景区的发展建设将经历以下过程：经济发达区域带动经济欠发达区域，经济发达区域旅游景区特有的市场和区位优势促使其首先产生智慧旅游需求；高等级景区带动低等级景区发展，高等级景区智慧旅游发展建设将产生示范效应，引导低等级景区开展智慧旅游；不同资源类型旅游景区开展智慧旅游建设，如山地景区、海岛景区、文物景区和博物馆景区等将逐步发展，建成智慧景区。

（四）实现各智慧景区互联互通

独立的智慧景区仅能满足旅游者在该景区内的应用需求，联合的智慧景区则能方便旅游者各方需求，从而增强服务能力、优化旅游体验、引致旅游消费、提升旅游质量。在智慧景区发展建设初期，各景区根据自身需求，有针对性地进行项目建设，并未从区域旅游整体联动的角度考虑，智慧景区建设是分散的、各自为政的。随着旅游发展优化升级，景区间、目的地范围内旅游要素的互联互通成为必要，分散的智慧景区将逐步归入更大体系，直至形成统一整体。例如，智慧景区首先与旅游目的地范围内各要素体系互联互通，进而与市级、省级乃至国家级智慧旅游体系互联互通，从而逐步发展成为智慧旅游统一综合体的有机组成部分。

（五）大数据拓展智慧景区功能

当前，智慧景区的发展建设主要集中于实现信息查询、视频监控、电子导游、智能门禁、安全预警等功能，功能应用尚处于初级阶段，未能充分实现"智慧化"。在大数据背景下，信息的采集、利用成为可能，充分运用大数据和智慧旅游，破解旅游景区发展中人满为患、交通拥堵、环境破坏等现实难题，从而真正做到智慧服务、智慧管理和智慧运营，推动旅游业健康可持续发展。

四、智慧景区建设的对策建议

（一）转变发展理念，对接社会需求

智慧旅游景区建设应当从以景区管理为主，转变到为游客提供智能服务为主。景区在进行智慧化建设的过程中，应当树立"游客为本"的理念，即智慧旅游建设的首要目标是提升游客体验，为游客提供便捷的服务、满足游客的个性化需求。从景区管理的角度出发，忽视游客体验，容易造成智慧旅游景区建设与市场脱节，景区在满足基本的管理功能后停滞不前，智慧化的意义则不能得到充分实现。游客需求是景区智慧化建设的风向标，实现景区智能技术与游客智能设备无缝对接，能够使得游客在指尖获得景区提供的优质、便捷和高效服务。赢得游客欢迎，获得口碑效应，树立品牌形象，方能实现智慧旅游景区建设的潜在价值。在满足游客需求的同时，适当地嵌入智慧旅游景区其他功能，如景区管理、旅游发展、市场营销等，由此逐步实现旅游景区的全面智慧化。

（二）制定发展规划，明确建设思路

旅游发展规划先行，智慧旅游景区的建设也毫不例外。在景区智慧化建设之前，应当进行科学的考察论证，根据景区的现实特征，因地制宜地选择智慧旅游景区建设方案。不同景区具备差异化的性质特征，在智慧化建设的过程中，技术应用、侧重对象和建设进度各不相同，通过科学的规划、指导智慧旅游景区建设实践，可以避免盲目建设所造成的资源浪费，由此实现智慧旅游景区建设有条不紊地进行。景区在智慧化建设时应当明确思路，根据自身资金、技术、人才的现状，分清主次、抓住重点、循序渐进地推进智慧化建设进程。例如，将智慧旅游景区建设分成若干期工程，在总体规划的指导下，科学有序地推进其建设，从而逐步健全智慧旅游景区体系，完善智慧旅游景区功能。

（三）拓展融资渠道，实现平稳推进

无论是政府主导的大型品牌景区，还是民间经营的小型特色景区，资金短缺是景区智慧化建设所面临的主要问题，拓展融资渠道，吸纳各方资金，才能促进智慧旅游景区建设。不可否认的是，只有当智慧化建设能够为景区带来切实的利益时，景区智慧化建设才能确有实效；同样，景区的智慧化建设只有能为参与方带来切实利益时，才会真正吸纳到资金。景区融资可从以下方面进行：

1. 以景区资产作为抵押，向银行贷款。

2. 吸引当地居民参与景区智慧化建设，景区以改善当地社区环境作为置换，并提供一定的就业和优惠等利益分配。

3. 分批预留建设资金，有序推进智慧旅游景区建设。

4. 与网络、信息等技术公司建立合作关系，实现先建设后付款。

5. 利用政府给予的优惠政策进行融资。在资金有限的情况下，精简组织结构，缩减运营成本，提高管理效率，实现智慧旅游景区的经济效益。

（四）创新技术应用，强化功能集成

智慧旅游景区的功能是综合性的，应当满足各方需求。目前智慧景区基础设施建设还相对落后，不能适应服务广大游客的需求，但随着智慧体系的不断健全、智慧功能的不断完善，智慧旅游景区将不再是单纯满足导游、导览、导购、导航等需求的单体功能，也不是对旅游服务、旅游管理和旅游营销的简单综合，而是全方位、多层次、立体化的功能集成。因此，应该根据景区发展的实际需要，对现有技术进行综合应用，开发适应景区发展的新技术，对工具和技术进行创新，在工作人员、旅游资源、经营资产等方面实现全方位管理，在技术层、网络层和应用层实现多层次集成，在技术应用、信息采集、数据分析等方面实现立体化操作。深化应用基础技术，创新开发高新技术，以实现智慧旅游景区的创新发展。

（五）树立典型案例，形成示范作用

目前智慧旅游景区建设尚处于探索阶段，对技术的应用、建设的内容尚不十分明确，也没有现实的标准可依，政府需要进行一定的扶持和指导，促进智慧旅游景区的建设，这就需要培养一定的经典案例，在区域乃至全国形成示范作用。一方面，在空间区域范围内树立典型。因为同一区域的经济、社会和文化发展水平差异较小，智慧旅游景区的构建具有一定的可复制性，并且容易进行联动发展，促进区域整体智慧化水平的提高。另一方面，在同一类型的旅游景区中树立典型。因为不同性质的旅游景区在空间范围、资源属性、游览需求等方面差异较大，如自然风景地和博物馆，其进行智慧旅游景区建设的方案、重点和项目差异较大，而在相同类型的旅游景区中树立典型，则有利于景区进行准确定位，明确智慧旅游景区建设方案。

（六）构建智慧标准，规范景区运营

目前，智慧旅游景区没有建立统一的软硬件运行平台，缺乏统一标准，共享协同有待提升。虽然不同区域、不同类型的旅游景区在进行智慧化建设的过程中发展思路各不相同，但其基本指导思想、构建原则、主要目标等则是具有共性的，因而，从顶层设计的角度，对智慧旅游景区建设进行规范是十分必要的。应该尽快制定推荐性的《智慧旅游景区建设和评价标准》，从宏观角度进行指导，从微观层面进行解析，测量智慧旅游景区的主要进度和发展水平，为旅游景区进行智慧化建设提供科学可行的依据。在发展实践中，制定规范，统一标准，分散构建，实现区域和景区间的互联互通，有利于整体上规范智慧旅游景区的发展。

第五章　智慧酒店建设实践

第一节　智慧酒店的概念与特征

一、智慧酒店的概念与内涵

智慧旅游的概念提出之后，旅游行业的智慧化建设迅速渗透到酒店领域，智慧酒店的发展建设由此展开。智慧酒店是智慧旅游在酒店行业的具体应用。根据 2012 年 5 月 10 日北京市旅游发展委员会发布的《北京智慧饭店建设规范（试行）》，智慧饭店是利用物联网、云计算、移动互联网、信息智能终端等新一代信息技术，通过饭店内各类旅游信息的自动感知、及时传送和数据挖掘分析，实现饭店"食、住、行、游、购、娱"旅游六大要素的电子化、信息化和智能化，最终为旅客提供舒适便捷的体验和服务。

上述概念主要从服务顾客的角度阐述了智慧酒店发展建设的内容和方向。实际上，智慧酒店的发展建设理应以服务顾客为目标，为了更好地服务顾客，就必然涉及酒店的智慧管理、智慧商务等内容，因此，智慧酒店的发展建设应当是服务、管理、商务一体化的。因此，我们认为，智慧酒店是基于新一代信息技术，为满足顾客个性化需求，提供高品质、高满意度的服务，而在酒店内对各种资源、信息、设施、服务进行系统化、集约化、智能化的管理变革。

对智慧酒店概念内涵的把握应从以下方面展开：

1. 智慧酒店发展建设的前提是新一代信息技术的发展，其包括互联网、物联网、云计算、移动通信技术、射频识别技术、智能技术等。各类技术的综合运用，是保障智慧酒店运营发展的前提和基础。

2. 智慧酒店发展建设的目标是为顾客提供高品质、高满意度的服务，通过高品质服务实现高满意度。所谓的高品质，既包括硬件设施的质量，又包括配套服务的水平，还包括酒店消费的体验，三者协同构成酒店品质；所谓的高满意度，是指顾客在酒店消费的综合满足程度。

3. 智慧酒店的发展建设需要对资源、信息、设施和服务等进行系统化、集约化、智能化管理。系统化管理能够实现酒店运作的整体联动，集约化管理能够助力酒店运作的经济、高效和便捷，智能化管理能够提高酒店设施、设备的智能化水平。

4. 智慧酒店的发展建设包括四个方面的内容，即酒店消费、酒店服务、酒店运营和酒店管理的智慧化。

5. 智慧酒店的发展建设是一个动态前进的过程，通过新一代信息技术的发展应用，引导酒店管理、消费、运营的更新升级。随着信息技术的发展提升和应用普及，智慧酒店的发展建设也不断提升。

长期以来，酒店信息化在中国企业信息化发展中处于领先水平，随着信息技术的发展提升和应用普及，对酒店行业信息化发展提出新的要求；而智慧旅游的发展建设，又为智慧酒店发展建设迎来新的契机，智慧酒店正是酒店信息化建设的高级阶段。

二、智慧酒店发展建设的必要性分析

（一）智慧酒店是提升顾客体验的现实需要

随着信息技术的广泛应用和顾客消费方式的普遍改变，传统的酒店服务已经不能满足现代顾客的消费需求，因此需要通过智慧酒店建设提升顾客消费体验的内涵和价值，从而提升顾客满意度。客房多媒体系统的设计，能够将商务、资讯、娱乐、信息查询等一网打尽，使顾客足不出户即可获得各方信息，便于顾客做出旅游计划和进行在线预订。客房环境控制系统的设计能够自动地对室内温度、湿度、灯光等进行调节，顾客能够随时享受温馨舒适的休息环境。此外，便捷支付系统、快速入住系统等的建立和设置，能够提高顾客的入住效率，减少烦琐的程序，从而提升顾客的消费体验。

（二）智慧酒店是优化酒店形象的现实考量

在酒店信息化的过程中，许多酒店通过网站建设，以精美的图片、动人的文字、酷炫的视频等方式展示酒店的美好形象，从而吸引顾客前来消费入住。随着酒店信息化的进一步发展，酒店在智能门禁、入住系统、结算系统、客房系统、智慧餐饮等方面，运用现代信息技术，为旅游者提供高品质的智慧体验，从而增加体验价值，以此形成酒店营销的亮点。因而，通过智慧酒店建设，助力酒店营销，提高酒店的知名度和美誉度是智慧酒店建设的现实考量。

（三）智慧酒店是提升酒店管理水平的迫切需求

长期以来，酒店信息化建设主要围绕智能结算系统、顾客管理系统等展开，但酒店客房系统、餐饮系统、娱乐系统等的智慧化水平并不高。随着顾客需求的增加和对服务质量期望水平的提高，对酒店安全、信息传递、智慧体验、快捷服务等方面的需求增加，这就需要通过智慧酒店建设，提高酒店的管理水平，包括资源、设施、人员、财务、绩效、顾客、信息、安全等各个方面。智慧酒店的发展建设将原本单体或者联系并不紧密的部门或业务进行联系和互动，从而充分整合各类资源和信息，在酒店的经营运作、安全管理、顾客服务等方面发挥重要作用。

（四）智慧酒店是提升酒店运营的必然选择

在线旅游、线上预订等旅游电子商务的发展，使得许多传统的线下消费转移到线上，因此，许多顾客可以在网上查阅酒店信息并进行预订。为了迎合顾客消费方式和消费习惯的改变，酒店的商务运营从线下向线上线下结合转变，智慧酒店的发展建设通过手机应用软件、二维码、微博、微信或者直接预订和支付等方式，为顾客提供充分的信息和服务，通过便捷的预订平台和支付方式，为游客消费提供方便。此外，智慧酒店的发展建设，能够实时提供酒店动态信息，如客房类型、数量、价格等，通过信息交互，充分展示酒店的美好形象，助力酒店运营。

（五）智慧酒店是助力酒店营销的重要方式

当前，智能手机、平板电脑等智能移动终端的广泛使用，微博、微信、空间、社交网站等自媒体的广泛应用，都使得人们的交流越来越密切。智慧酒店的发展建设，使得酒店可以通过多种渠道、路径和方式，与顾客或潜在顾客建立良好的关系，并实现充分互动，进而提供咨询服务，解决顾客问题，开展营销活动，维持顾客关系。因此，智慧酒店的发展建设将助力酒店全方位和立体化营销。

三、智慧酒店发展建设的主要目标

（一）服务顾客，创造价值

传统意义上的酒店信息化建设，在酒店预订、入住、结算、账目、顾客等方面基本能够满足酒店现代化管理的需要，通过线上预订、电话预订、智能结算、顾客管理等系统，能够为顾客提供一定的便利，满足酒店消费等基本需要。但是，随着经济社会的发展、消费方式的改变，人们对酒店服务和酒店品质提出了更高的要求。因此，在酒店信息化建设的基础上，智慧酒店建设成为必要。智慧酒店的首要目标是服务顾客，通过提升消费体验，为顾客创造价值，进而提高顾客满意度。为了实现顾客服务优化升级，智慧酒店的发展建设主要从以下方面展开：一是入住系统的服务。通过智能入住系统、智能结算系统等方便游客办理入住和退房手续。二是酒店产品的智慧。例如，智慧客房系统、智慧餐饮系统等，这些是酒店的核心产品，也是顾客体验的关键所在。智慧酒店的建设，可在酒店的产品、服务、环境等方面进行智慧建设，从而真正服务顾客，为顾客创造价值，因为顾客满意是酒店长期可持续发展的重要前提。

（二）提升形象，助力营销

智慧酒店的发展建设在旅游业内属于新潮和热点，通过智慧酒店建设，能够在经营管理、产品服务和基础设施等方面提升酒店的整体水平。因此，智慧酒店的发展建设能够直接提升企业形象，包括外在形象、产品形象、服务形象、精神形象等，充分智慧的酒店能够给人以"新潮""智能""品质""时尚""酷炫""人文""舒适"等体验，从而树立酒店在社会大众中的美好形象，将酒店的优美形象展示给社会公众，通过品牌效应和口碑效应助力酒店营销。此外，智慧酒店的建设，将在微信、微博、空间、社交网站等方面与顾客进行互动，在互动沟通的过程中，酒店将其节庆活动、优惠措施、特色产品等推介和阐释给顾客；在营销推介的过程中，维持与顾客的良好关系。因而，智慧酒店发展建设的重要目标是提升酒店形象和助力酒店营销，通过营销又能促进酒店经济效益的提升。

（三）优化管理，强化运营

智慧酒店的发展建设将在以下方面优化酒店管理：①人力资源管理。对酒店各工作岗位人员进行管理，能够更准确地对工作绩效等进行考核，从而有助于酒店有针对性地提高各岗位工作人员的工作绩效。②酒店信息管理。主要包括酒店产品、设施、服务等方面的信息，便捷、畅通、准确、及时的信息管理有利于管理人员及时对酒店管理进行分析总结，从而迅速采取纠偏措施和改进策略，避免不良事件对酒店造成的恶性影响。③顾客关系管理。智慧酒店能够与顾客进行充分互动，维持与顾客的良好关系。此外，在各方面管理优化、改进的基础上，将酒店的管理进行集成，构建统一的信息和网络平台，通过酒店整体的信息平台和一体化办公系统，对库存、采购、设备等进行集中管理和智能监测，实现酒店资源、信息、要素、人员、设施等一体化和联动化，从而强化酒店整体的智慧运营。

（四）缩减成本，增加效益

尽管在智慧酒店的发展建设中，需要投入较多的成本，但从长远来看，智慧酒店在建成之后，能够缩减较多的运营和管理成本，许多烦琐的工作可以通过智能设备和设施来完成。在智慧酒店运营中，其运营维护成本相对要小得多，且智慧酒店能够运营较长时间，即一次投资能够带来长期高效发展。同时，许多难以控制的工作将由智慧酒店实施标准化作业，可以保障产品和服务的品质。因此，从长期来看，智慧酒店所节省的成本将多于智慧酒店建设的投入。此外，由于智慧酒店建设而使得酒店形象优化提升，以及由此带来的顾客和价值，也将为酒店发展带来巨大的效益。因而，智慧酒店发展建设的重要目标应当是促进酒店的长期健康发展、缩减运营成本和增加综合效益。

四、智慧酒店的主要特征

（一）智能化

设施、产品与服务的智能化是智慧酒店的基本体现。酒店的智能化主要体现在两个方面：一是酒店设施。从酒店大堂到客房再到餐饮，酒店的服务设施应当实现智能化控制，如楼道的灯光、温度、湿度等，智能化的便捷，辅之以人文关怀，尽显酒店的先进时尚。二是酒店产品。如客房中多媒体系统的设置，顾客通过智能客房即可实现信息查询、网上办公、在线预订、自助娱乐等活动，使顾客足不出户即可轻松办理一切事物，真正实现酒店消费的智能尊享。设施和产品的智能化能够让顾客切实体验智慧酒店的魅力。

（二）体验化

智慧酒店的发展建设，最终要落实在顾客体验上，从网上预订、线上支付到入住登记、客房服务，再到结算离店、消费心得，智慧酒店都应当创造现代化、智能化、时尚化、品质化的体验之感，使顾客在消费体验中获得价值增值。因而，顾客体验是智慧酒店的核心价值，也是智慧酒店获取综合效益的基本前提和主要依托。

（三）联动化

与数字酒店和智能酒店不同，智慧酒店在整体上是联动的，即各个智能的设备、设施和产品能够互相联动发展。在酒店的运营管理中，各个智能系统产生信息、处理信息、传递信息和反馈信息，智慧酒店云平台将这些信息进行统一的管理和传递，使得智慧酒店成为一个系统的整体。各部门、各机构、各单元的智能化为智慧酒店运营管理提供信息，从而使得智慧酒店真正联动、高效、便捷。

（四）综合化

智慧酒店的发展建设超越数字酒店和智能酒店的单体智能化阶段，如管理系统的单体智能、客房系统的单体智能等。智慧酒店将各种资源、信息、设施、产品和服务等进行综合，实现综合管理、综合服务和综合运营。例如，在对人员的管理上，将酒店管理人员、服务人员、顾客群体、营销对象等进行综合管理，从而找寻最佳的管理路径、服务方式和营销策略；在对客房系统的管理上，仅仅是独立的智能电视系统、独立的客房环境控制系统等，其智慧化建设是不充分的，而通过智慧酒店的发展建设，将客房系统进行智能综合管理，可提供综合化服务，例如，顾客在客房内，足不出户即可实现信息查询、网上预订、虚拟旅游、网上办公、线上支付、游戏娱乐等内容。通过综合化、一体化、网络化、便捷化和智能化建设，提供一站式服务，真正满足顾客的综合需求。

（五）标准化

在传统的管理模式中，人是酒店管理的主体，许多服务是由酒店工作人员直接提供的，由于工作人员的能力、素质、文化、态度等因素的影响，加之环境因素的不确定性，使得酒店服务质量和服务水平难以控制，一旦出现低水平的服务，就可能对酒店产生不良影响。智慧酒店的发展建设，将在很大程度上，将许多由工作人员提供的服务转变为由智能设备等直接提供。在对设施设备的设计、运营和管理中，融入人的主观意志，对其服务的内容和质量进行标准化管理，从而易于保障酒店的服务品质，因而，标准化是智慧酒店的主要特征。值得注意的是，设施设备提供的服务是标准化的，在此基础上，辅之以适度的个性化服务，给予顾客人文关怀，既能体现酒店的智能时尚，又不失酒店的人文精神，从而有利于酒店整体水平的提升。

（六）便捷化

智慧酒店的发展建设，必然涉及许多新技术、新设备的创新应用。通常情况下，技术越先进、功能越多样，操作和应用可能就越复杂。将智慧酒店的发展建设成果应用于酒店的日常经营运作中，管理人员、工作人员和酒店顾客对设备实施和产品服务的应用体验成为衡量智慧成效的关键因素；只有便捷易得、"傻瓜"智能、操作简单的智慧体系，才能得到广泛使用。因此，智慧酒店的重要特征是体验、消费、运营和管理的便捷化。

（七）低碳化

智慧酒店的发展建设，能够提升酒店的信息化水平，这在资源利用、污染排放等方面的作用尤为突出。通过标准化设计，对酒店用水、用电等进行智能监控，从而采取措施，避免资源浪费

等现象的发生。这样既能为酒店缩减运营成本，又有助于创建绿色生态酒店，

第二节　智慧酒店的建设实践

一、智慧酒店的建设内容

智慧酒店发展建设的主要目的是提升顾客体验、优化酒店形象、强化经营管理、提高综合绩效，因而，智慧酒店的发展建设应当围绕公共空间、顾客体验、经营管理、客房服务、餐饮服务、会议服务和娱乐服务等七大板块展开（见表 5-1），各板块的智慧化建设共同发力，才能在整体上实现酒店发展的大跨越和大提升。

表 5-1　智慧酒店的主体结构、系统要素和建设内容

主体结构	系统要素	建设内容
公共空间	楼宇自控系统	酒店公共空间的环境控制，包括温度、湿度、新风、气味、除菌等
	网络覆盖系统	不同部门、不同计算机通过网络连接，实现酒店联动化和一体化
	智能监控系统	对酒店公共空间进行 360 度无死角的监控
	消防报警系统	风险防范与风险排除
	停车场管理系统	对车辆进行智能管理
	智能导航系统	方便顾客了解酒店各功能区的分布及路线
顾客体验	自助入住系统	入住和退房一站式办理
	手机在智慧酒店消费体验中的应用	一机在手，掌控酒店消费的整个流程

主体结构	系统要素	建设内容
经营管理	综合管理系统	对资源、信息、网络、人员、设施、计算机等进行集中管理、分散控制、系统联动、优化运行
	结构化布线系统	连接各系统、各设备、各终端的网络线
	电子商务系统	酒店电子商务管理
	智慧营销系统	智能化、互动化、立体化、社交化的营销体系
	办公自动化系统	网上办公、办公自动化
	顾客管理系统	客户关系管理
	投诉管理系统	智能化终端接收顾客与员工的投诉和建议
	员工管理系统	考勤信息、基本资料、能耗数据、质量管理、日常表现、工资变动等，为绩效评价、职务晋升和工资津贴等提供依据
	购销管理系统	酒店物资采购管理信息平台
	固定资产管理系统	利用电子标签对固定资产进行跟踪管理
	给排水系统的监控	对给排水系统的设备设施进行智能监控
	配电系统的监控	对配电系统的设备设施进行智能监控
客房服务	客房环境控制系统	对客房的温度、湿度、灯光、负离子等进行智能控制
	多媒体系统	客房综合控制，与酒店互动，信息查询
	智能门牌显示系统	智能显示客房状态和服务需求
	视频门铃系统	可视化视频门铃
	通信系统	网络会议、远程通话，以及与酒店的便捷沟通
	客房节能系统	实时记录和测算客房用电、用水的能耗数据并倡导绿色消费和低碳经济理念
	智能手机和平板电脑在客房的应用	通过智能手机或平板电脑即可操控客房设施设备及多媒体系统
餐饮服务	智慧餐饮系统	智慧点餐
	宴会厅系统	对宴会厅环境、设备设施的智能控制
会议服务	智能会议系统	对会议环境、设备设施的智能控制
休闲娱乐	智能化的活动项目	以现代科技和装备为主要特征的休闲、度假、娱乐、运动类项目

（一）公共空间

1. 楼宇自控系统。主要用于酒店公共空间的环境控制，包括温度、湿度、新风、气味、除菌等，为顾客创造一个温馨舒适的公共活动空间。

2. 网络覆盖系统。该系统是酒店网络的综合体系，不同的计算机和服务端肩负相应的工作职责，有信息采集端、信息分析端、信息统计端和信息利用端，不同部门、不同计算机通过网络连接，实现酒店联动化和一体化。

3. 智能监控系统。对酒店公共空间进行360度无盲区无死角的监控，保障顾客安全和酒店安全，使顾客能够放心消费。智能系统在实时监控的过程中，可实现双向语音对讲功能、多层电子地图功能、多种录像方式，实现全面的设备、设施和人员管理，在此基础上，与门禁、交通、消防、报警等系统无缝对接。此外，监控系统通过感应器等技术和设施设备，对酒店内主要设施设备如电梯的运营情况进行监测，实时采集数据，提供管理信息。

4. 消防报警系统。利用现代化数字技术，建立智能化的、高可靠性的消防系统。这样既能够对消防风险进行防范，又能在风险发生后及时排除。

5. 停车场管理系统。对车辆进行智能管理。对车辆通行道口实时出入控制、监视、行车信号指示、停车计费及汽车防盗报警等进行综合管理。智能化停车场管理系统包括以下功能：在入口处显示车位信息并且实时更新；出入口及场道内的行车指示；车牌和车型的自动记录与识别；自动控制出入栅栏门；自动计费与收费金额显示；停车场与酒店管理系统的中央监控室联网与监控管理；意外情况发生后进行自动报警。

6. 智能导航系统。通过智能导航设备，使顾客便捷地了解酒店各功能区的分布及路线。

（二）顾客体验

1. 自助入住系统。顾客使用自助终端触摸屏，实现酒店入住和退房一站式办理，过程简单方便。利用自助入住系统，顾客只须刷身份证或输入个人身份信息，即可实现智能选房、轻松入住，免去排队等候而造成的时间浪费。同时，自助入住系统集成了顾客的身份信息和消费信息，具有智能门禁的功能。例如，通过该系统能够实现顾客身份识别，对顾客的历史消费记录进行管理；根据不同的顾客类别，提供相应的优惠信息和个性化服务。例如，根据顾客在历史消费中，对床头灯、室内温度的控制等偏好，在顾客进入客房之前，通过智能化控制，将客房环境调至顾客预期的状态，从而使顾客获得超乎寻常的个性化体验。利用自助入住系统，顾客还可以获得安全保卫、智能门锁等服务，将原本复杂烦琐的程序便捷化、智能化，最大程度地节省时间、提高效率、优化服务，实现便捷入住。值得注意的是，对于不同类型的旅游者，智能入住的渠道又是多样的，如开车来到酒店消费的顾客，可以在停车场登记的同时进行自助入住办理，免得进酒店后还要进行登记等手续。顾客也可远程实现自助入住办理，通过网络完成预订、入住登记、信用卡付款等手续，来到酒店后直接刷卡即可入住，从而真正享受"回家的感觉"。

2. 手机在智慧酒店消费体验中的应用。酒店的自助式终端机、信息系统与平台网络相连，顾客通过智能手机即可查询和了解酒店客房、餐饮等方面的实时数据和信息，从而做出选择。例如，通过智能手机了解酒店客房的价格、类型、位置、图片等，实现信息查询、网上预订、手机支付和自助入住；进入酒店后甚至在进入酒店之前，即可通过手机调节室温和灯光亮度等；通过手机选定需要的网页和频道，并将其串流到房间的电视屏幕上进行操作等。因此，只要一机在手，即可实时掌控预订—登记—入住—互动—娱乐—餐饮—退房等整个过程，真正享受现代科技所带来的便捷和乐趣。

（三）经营管理

1. 综合管理系统。主要在于将分属于不同板块、不同功能的计算机、信息采集、网络覆盖等进行综合管理和全面统筹，是智慧酒店发展运营的核心功能模块，用于信息的采集、处理、传播等。对酒店内的资源、信息、网络、人员、设施、计算机等进行集中管理、分散控制、系统联动、优化运行，确保各部分处于安全、高效和良好的运行状态。

2. 结构化布线系统。该系统是建立在广域、局域网上的"酒店智能弱电系统"的信息通道，是网络系统的高速公路，是连接各系统、各设备、各终端的网络线。

3. 电子商务系统。在客户端，主要对酒店的智慧营销、产品信息、优惠活动等进行介绍，内含信息查询、网上预订和便捷支付等功能。在管理端，主要对收银、财务、报表、顾客信息、电子邮件等内容进行综合管理，并构建数据库、为后期发展计划、战略实施、顾客接待、服务改进等提供科学依据。

4. 智慧营销系统。通过酒店网站、客房服务系统、酒店网络覆盖等体系，基于顾客智能手机、平板电脑等设备，向顾客推介酒店信息；同时基于微信、微博、空间、社交网站等，维持酒店与潜在顾客的互动关系，及时发布优惠信息、酒店活动、新产品信息等内容，构建酒店的多方位营销渠道。

5. 办公自动化系统。对酒店发展运营中的资源、信息、人员、财务、采购、营销等进行综合管理。酒店工作人员通过内部网络即可实现线上办公，包括提交材料、审阅文件、数据统计、财务分析等。办公自动化系统的运用，能够极大地提高酒店的运营效率，同时节俭成本、降低消耗，为酒店增加收益。在办公自动化系统中，建立智能查询系统，根据不同权限和等级，为酒店员工提供多种形式的信息查询服务（包括酒店营收、采购、能耗等信息），一方面保证信息的充分共享和利用，另一方面则保障酒店经营管理的信息安全。实际上，办公自动化系统包括智能办公系统、智能节能系统、智能采购网络、智能人员管理系统、智能物耗管理系统等内容。

6. 顾客管理系统。将顾客的基本信息、消费特征和个性化需求等进行登记，在节庆、顾客生日时为顾客送去祝福和营销信息，在顾客进行再次消费时，可以基于历史消费的特征，有针对性地提供个性化服务，从而提升酒店服务品质和顾客消费体验。

7. 投诉管理系统。建立智能化投诉建议终端，该系统既接收顾客的投诉，又容纳顾客的建议，同时含有对顾客消费的调查。通过智能终端系统，对这些收集到的信息进行归类汇总，提供给管理者，有利于酒店在后期发展中有针对性地提出改进措施。投诉管理系统不仅包括顾客投诉，也包括员工自身的投诉和建议。

8. 员工管理系统。配备员工智能考勤系统，具备身份识别、资料备案、信息查询、授权管理、网络应用等功能，可自动统计和记录员工的出勤情况。员工能耗管理系统，对员工在工作中的水耗、能耗、电耗等内容进行统计分析，并自动生成报表，对不同员工、不同时间、不同岗位、不同项目的能耗进行对比分析，从而为降低员工能耗，提高综合效益提供决策依据。员工管理系统将员工的考勤信息、基本资料、能耗数据、质量管理、日常表现、工资变动等进行记录，为员工绩效评价、职务晋升和工资津贴等提供依据，利用员工管理系统能够助力酒店人力资源管理，从而充分实现员工价值。

9. 购销管理系统。构建酒店物资采购管理信息平台，及时记录物资采购信息，包括物质的种类、数量、价格、支出、采购人员、供应商等信息，为下期的物资采购提供参考；通过长期的统计记录和比较分析，为酒店不同时期不同种类物资采购计划的制定提供最优方案。利用计算机网络技术建立销售数据库，对酒店各类产品的销售情况进行统计分析，生成发展报告，将这些信息与酒店的采购、营销、仓储、财务、管理等方面进行资源共享，从而为各部门及时调整发展策略提供依据。建立智能库存系统，对库存物资进行统计，记录库存盘盈、盘亏、损耗等信息，实现减少库存的智能化管理。

10. 固定资产管理系统。在贵重固定资产上粘贴电子标签，对酒店固定资产进行跟踪管理，当固定资产被非法移动时系统自动报警。

11. 给排水系统的监控。一方面，对给排水系统的设备设施进行监控，如水泵、管道等，对设备设施的启动和停止进行自动化控制，在出现水泵故障、过载等问题时自动报警；另一方面，对水池、水箱、水温等进行监控，一旦超过预定的标准，将会自动报警。此外，对不同部门、不同季节的用水量和排水量进行监控，为酒店节能减排提供参考。

12. 配电系统的监控。对低压进线和中间断路器状态进行有效检测，对变压器、断路器的状态进行有效监测，对电源电压值及主回路电流值进行有效检测，发生故障时立即发出报警信号，并且配备智能系统进行应急使用。

（四）客房服务

1. 客房环境控制系统。对客房的温度、湿度、灯光、负离子等进行智能控制。在顾客进入酒店前，可远程预定或设定客房的温度、湿度、通风、空气净化等，自动显示房间环境指标，如空气中的二氧化碳、温度、湿度等指标。根据顾客需要，可对客房情景模式进行选择和设置，如入住模式、会客模式、睡眠模式、影院模式和办公模式等。客人离店后，房间状态自动复位。通过对客房环境的智能控制，能够实现房间状态的即时智能化管理。

2. 多媒体系统。在技术应用上，综合运用计算机技术、互联网技术和多媒体技术等，利用有线电视网络，采用多媒体技术，将声音、图像、文字、数据等集成为一体，使顾客通过便捷的操作即可获得服务；在服务内容上，为顾客提供信息查询、网上办公、在线预订、影视娱乐等内容，轻松满足顾客商务、消费、娱乐等需求。多媒体系统的技术应用和功能集成，能够真正体现"以人为本""个性化服务""智慧服务"的内涵。运用该系统既可对房间的照明、音响、电视、服务请求、免打扰设置等进行综合控制，又可以实现与酒店的互动。顾客在客房内即可进行点餐、租车、订票、退房等服务，还可获得全方位的实时信息查询，如天气状况、航班动态、列车时刻、轮船时刻、客车时刻、市区公交、高速路况、市区路况、旅游信息等等。

3. 智能门牌显示系统。在门上或门左边，显示房间的各种状态，如入住、空房、请勿打扰、请即打扫、门铃等功能。该功能显示主要连接三个对象或系统：一是客房系统，显示客房状态；二是服务人员，方便及时服务；三是顾客，表达基本需求。

4. 视频门铃系统。酒店客房门铃具有视频功能，当有人在门外按门铃时，室内的显示屏（如电视）可在顾客的控制下显示室外情景，如顾客正在看电视的过程中，当有人在门外按门铃时，顾客可以通过视频切换键，将门外视频切换到电视屏幕上。

5. 通信系统。主要包括两个方面的内容：一是对外通信，顾客通过网络可与酒店之外进行语音、图像和数据的传递，通过该系统能够实现网络会议、远程通话等；二是对内通信，顾客能够便捷地使用客房通信设备，与酒店前台进行联络，通过统一渠道和路径方便地获得酒店服务。

6. 客房节能系统。客房中的智能设备能够实时记录和测算客房用电、用水的能耗数据，酒店将其作为绿色环保客户的评价依据，进而通过积分兑换或优惠方式鼓励顾客节约资源和降低能耗，倡导绿色消费和低碳经济的理念。

7. 智能手机和平板电脑在客房的应用。例如，客房的智能电视上有"灯光""多媒体""空调""场景联动""酒店服务""旅游信息""在线预订"等选项，通过一键转换，电视屏幕上的信息可以同步串流并显示在顾客的智能手机和平板电脑上，顾客只须通过智能手机或平板电脑即可进行相应操作，获得服务和体验。

（五）餐饮服务

1. 智慧餐饮系统。首先，通过电子菜单，对不同的菜品进行详细的介绍，内容包括菜品的价格信息、制作工艺、人文典故、营养成分和温馨提示等内容，同时配之以精美的图片，使得顾客在餐饮消费的过程中，既能够学到知识，又能够增加乐趣；既可以为特殊人群的饮食提供健康咨询和温馨提示，又可以体现酒店的人文关怀。其次，通过采用触摸液晶显示屏，无线网络与点菜服务器联动，顾客点菜成功后即发送至厨房，安排加工；在后续服务中，还可以进行加菜、咨询等服务。再次，消费者亦可通过自己的智能设备，如智能手机、平板电脑等，在连接无线网络中的餐饮平台后，与酒店餐饮系统对接，从而方便顾客的多样化选择。同时，系统会自动记录和存储顾客消费信息，例如保存顾客点菜的历史记录，下次消费时即可自动显示历史消费情况，从而便于顾客选择。对于有预订需求的顾客，一方面可以通过手机浏览菜品，实现提前点菜、准点上菜；另一方面对于不常见或者需要准备时间较长的菜品可以提前预订。通过智能餐饮系统（见图 5-1），实现餐饮服务的智能化、精细化和多元化。

2. 宴会厅系统。根据宴会主题的不同，可以智能设定与之相适应的情景模式，如喜宴、生日宴等；与此同时，宴会厅的环境可设为温馨浪漫、卡通娱乐等氛围，其控制方式则可通过触摸屏、墙壁场景开关控制、智能手机或平板电脑等实现。

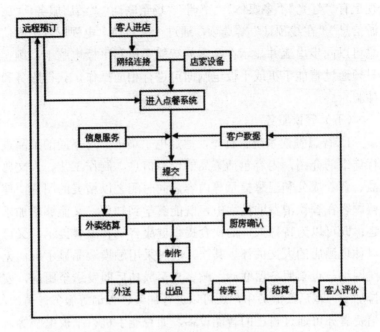

图 5-1　智慧餐饮系统之点餐流程

（六）会议服务

智能会议系统。系统对会议设备和会议环境进行集中控制，为会议活动提供智能化服务。在会议流程的各环节中，智能会议系统主要提供以下服务：在会议开始前，通过智能系统通知拟参会人员，对已经到位的工作人员，通过智能系统显示参会人员的席位卡，并且发布相关的会议信息和会议数据；在会议进行中，可对会议进行现场摄像和视像跟踪，实时同步直播，并可将会议影像同步转播至客房电视或其他会议室，同时提供即时翻译等功能；在会议结束后，可对会议实况的相关数据和信息进行整理，提供会议的全程记录和总结报告。在会议环境的智能管理上，通过简单的导航界面，即可对会议室的灯光、温度、电视、空调、投影、幕布等电器和设备进行管理。

（七）休闲娱乐

主要是以现代科技和装备为主要特征的休闲、度假、娱乐、运动类项目。

以上七大板块构成智慧酒店发展建设的主体内容，由于不同酒店的发展条件、现实需求、资金能力、信息化水平等方面具有较大的差别，因此，智慧酒店发展建设的内容并不是同步进行的，也非全面推进。多数酒店宜采取重点建设、稳步推进、持续发展的策略。从长期来看，只有实现上述各系统、各要素的充分智能和全面联动，才能真正实现智慧酒店的发展建设。

二、智慧酒店建设的经典案例

（一）杭州黄龙饭店

杭州黄龙饭店是杭州旅游集团有限公司打造的智慧酒店。黄龙饭店与国际商用汽车公司（IBM）合作，以全方位的酒店管理系统与无线射频识别技术（RFID）等智能体系为黄龙饭店构建了一整套"智慧酒店"解决方案。在智慧酒店发展建设的过程中，凸显服务顾客的功能，为顾客提供与众不同、便利舒适、智能时尚的个性化服务。

1. 重点服务贵宾客户

黄龙酒店给每一位贵宾客户一张房卡，房卡对应的是贵宾客户自己挑选的房型，同时，房卡上附带一张芯片，只要贵宾客户一到酒店的感应区域，客人就会自动收到欢迎短信，服务人员也将立即收到贵宾到店的提示短信，内容包括客人的姓名、性别、国籍、照片等，服务人员由此可以主动欢迎客人，进而提供个性化服务。

黄龙饭店的贵宾客人，凭借黄龙饭店智能卡，一进入饭店即可被系统自动识别，无须办理任何手续即可实现入住。黄龙饭店还在大堂内设置了自助入住终端设备，客人可自行完成登记手续。贵宾客户也可通过自己的智能设备进行远程登记，在房内或是店外就能完成登记、身份辨识及付款手续。①指引，顾客走出电梯后，楼层门牌指示系统会自动闪烁，指引顾客至其房间。②客房环境控制，客房能够按照顾客的生活习惯进行客房环境设置，使得顾客能够在自己熟悉的环境里生活、休息。③娱乐，互动电视系统和 IP 电话（网络电话）系统可自动获取客人的入住信息，进而自动配置客人的母语作为默认语言。④可视门铃，客人不必走到门前，只须通过按键切换，即可将门外信息画面显示在电视屏幕上。

2. 智慧导航系统

顾客进入电梯后，刷一下含芯片的房卡，然后输入房号，一出电梯，系统会自动感应房卡信息，通过指示牌指引顾客直至自己的房间。

3. 自助入住/退房系统

黄龙饭店在大堂内设置了自助信息服务机（Kiosk），客人可自助完成登记手续。

4. 客房全自动系统

客人一进入客房，安插好房卡，所有的空调系统、电视系统、灯光系统等全部自动到位并运作。

5. 电视系统

黄龙饭店客房中酒店指南的相关信息都集中于电视系统里，内置八国语言，兼具电视频道、航班信息、消息留言、账单查询、全球天气、租车服务等各种功能，还有杭州风景名胜、服装商场等具体介绍和推荐。基于该电视系统，顾客可在客房内实现点菜，根据客房电视点菜系统的图片、价格等信息，客人点菜的信息反映在客房服务的电脑上面；服务员接到点菜信息后，需要致电到客房确认餐点、房号等信息，进而将信息传递给厨房。客房电视的航班系统则能够展示萧山机场的出发、到达两方面信息，系统自动将整个信息 15 分钟更新一次，界面上同时显示萧山机场的电话号码，从而方便电话询问。客人在酒店只须打开电视即可查询航班信息，若航班延误或取消，则可自行安排时间或行程。

6. 门禁系统

如果有人在房间外按门铃，门外的图像则会跳转到电视屏幕上，进而方便顾客做出开门与否的决定。

7. 客房智能手机

客房内的智能手机解决了国外手机无法直接使用的问题，可以全球拨打，免费接听，当前，酒店已开放部分信号区域。

8. "一键"液晶雾化玻璃

浴室与卧室之间的玻璃如果通过拉帘子通常费事费力，但黄龙饭店安装了"一键"液晶雾化玻璃。浴室与卧室之间安装了液晶雾化玻璃，只须轻点控制面板，透明玻璃即刻产生"雾化"效果，给顾客一个私密的浴室空间。

9. "一转"客房盥洗室音乐系统

客房盥洗室音乐系统拥有四个独立声道，分别用于播放饭店公共区域的背景音乐、客房专属音乐（两个声道）和客房电视正在播放的电视节目声音。在不按一键雾化玻璃的情况下，可以实现一边洗澡一边看电视。

10. 一键拨打服务

在顾客有问题需要处理时，只须拨打"0"，服务员就会接收顾客提出的问题、相应的任务和工作，进而指派其他部门以最快的速度来完成任务。

11. 员工智能管理系统

黄龙饭店为每一个楼层的服务员，以及餐厅的员工配备手持智能终端（i-Touch），通过短信的形式接收楼层服务，不仅能够减少服务差错，还能够为员工绩效考核提供依据。此外，员工的制服内有专业 RFID 标签，在各个分区都有读写器，显示员工定位，基于员工定位的信息，可对员工工作期间的位置进行分析和判断，从而便于员工管理。

12. 固定资产管理系统

主要针对固定资产中的贵重物品，在贵重物品上设置 RFID 标签，当固定资产发生非法移动时，系统即自动报警。

13. 平板电脑点菜

黄龙饭店的每个包厢有一个平板电脑，每一个点菜的平板电脑相对应地配对一个 i-Touch。客人点好菜之后，由服务员进行确认，确认无误后将信息传送给与之相应的 i-Touch，接收到信息的服务员就开始准备这个包厢的菜品。除了具备点菜功能之外，顾客还可在点菜之余使用平板电脑玩玩小游戏。

（二）以街町酒店为代表的微信全自助酒店

街町酒店实现智慧服务主要有四大环节：微信预订、微信开门、微信客服、微信支付。①微信预订，顾客可以在街町酒店的微信公众号上自行看房并选择房间，进而实现预订，然后用微信支付扫码付款。②微信开门，到了目的地城市后，顾客可在微信公众号上自助办理入住手续，通过微信控制客房的智能门锁。③微信客服，通过与酒店客服在微信上互动，可以获得一系列的服务，如信息咨询、客房服务等。④微信支付，通过微信实现付款。由于整个入住的过程可通过微信完成，因而省去了许多烦琐的程序。

第三节　智慧酒店建设的问题与对策

一、智慧酒店建设的现状

随着智慧旅游的发展推进，智慧酒店的发展建设已逐步展开。通过对不同酒店智慧化建设的内容和项目进行比较分析发现，现阶段智慧酒店的发展建设主要集中在提升顾客体验和对接顾客消费方式两个方面。

（一）提升顾客体验

当前，智慧酒店的发展建设，主要以大品牌、高星级酒店为主，其在智慧化建设的过程中，主要以提升顾客体验、优化品牌形象和助力酒店营销为目标，因此，智慧酒店发展建设的项目围绕提升顾客体验而展开，其多数集中于自助入住系统、公共环境控制系统和智能客房系统等方面。

1. 自助入住系统。顾客到达酒店之后，通过酒店提供的自助入住系统，能够自助办理入住手续，包括身份识别、客房选择、便捷支付等内容；或者来到酒店之前，通过智能手机、平板电脑等智能移动终端设备，也可自助办理入住手续。自助入住系统能简化入住程序，避免排队等候，为顾客带来便捷。自助入住系统包含自助退房的功能。

2. 公共环境控制系统。对酒店公共空间的温度、湿度、照明、空气质量等进行智能控制，同时，对公共空间进行智能监控，为顾客创造安全、舒适、温馨的生活和休息环境。

3. 智能客房系统。主要对客房环境、多媒体系统等进行智能控制。以智尚酒店品牌为例，其主打科技、时尚和健康概念，以智能化为主要亮点，强化客房服务体验。顾客在进入客房后，通过智能手机、平板电脑等智能设备扫描房间内的二维码进入酒店客户端，即可对灯光、温度、窗帘、无线网络和娱乐中心屏幕等进行掌上控制，同时，客房内的传感器通过智能感知，自动打开照明系统，在顾客离开时自动关闭照明系统；浴室里的灯光模式（如神秘、浪漫等）也可以通过手机进行智能控制；温馨惬意的唤醒服务，例如，在清晨，按照顾客预设的时间和相应配置，熟睡中的客人不会被急促或刺耳的电话铃声叫醒，取而代之的是较为自然的唤醒方式，如房间的灯光逐渐亮起、新风系统进行换风、遮阳窗帘自动打开、轻柔的虫鸣鸟叫声逐渐响起、电视开始自动播放节目等。通过智能化、人文化的元素，使得酒店服务备显人文关怀和时尚元素，凸显智慧酒店的服务魅力。

在提升顾客体验之外，智能管理系统也是当前智慧酒店发展建设的重要内容。智能管理系统主要实现顾客信息管理、终端设备管理、开房业务管理、营销数据管理等功能。通过顾客信息管理，了解顾客的基本资料、消费特征和个性化需求，从而便于针对性地提供个性化服务；通过终端设备管理，能够查看每台终端设备的运营数据，实时掌握终端设备的运营状况；通过开房业务管理，能够对房间开设、房间退换和房间结账等业务进行管理；通过营销数据管理，能够查阅和掌握系统平台的运营数据，为市场营销提供依据。

（二）对接顾客消费方式

尽管当前智慧酒店的发展建设主要围绕提升顾客体验而展开，但更多的酒店在智慧化建设中，以对接顾客消费方式为重要抓手。随着智能手机、平板电脑等移动终端设备的广泛应用，网上消费、在线支付、手机购买的发展兴盛，微博、微信、空间等自媒体的产生运用，新的消费方式和消费习惯逐渐产生和形成，于是，智慧酒店的发展建设，通过对接顾客消费方式，实现信息推介、智慧营销和顾客关系维护。

智慧酒店的发展建设，需要系统的解决方案，美国国际商用公司（IBM）推出智慧酒店的五大解决方案。

1. 机房集中管理。该方案主要针对连锁酒店，针对连锁酒店中各个酒店建立独立计算机机房造成庞大的人力成本和运营维护成本的现状，机房集中管理将分散在各个酒店的计算机机房集中起来，建设成一个大的计算机机房，各个酒店只须通过网络连接到大的计算机机房，就可以进行正常的酒店业务管理，从而节省人力成本和设备维护成本。

2. 云计算。对酒店数量众多且极度分散的电脑进行集成管理，从而提高管理水平、强化数据保护、简化整体部署、降低运营成本。

3. 自助入住系统。通过自助登记设备办理登记入住和酒店退房手续，如果顾客自驾进入酒店，则可在进入车库登记时同时办理自助入住手续。

4. 无线入住登记。通过酒店提供的无线联网的智能终端设备，如平板电脑，顾客只需在触摸屏上签字或填写信息，即可轻松入住。

5. 融合网络。建设网络，同时支持移动通信、网上消费、管理办公、互动视频等多种业务，避免多网共存、重复建设、维护困难、成本较大的弊端。IBM 推出的智慧酒店解决方案为国内智慧酒店发展建设提供了参考和借鉴。

虽然智慧酒店的发展建设应当是系统的、整体的，但目前智慧酒店项目的建设仍然围绕在特定的少数的项目上。以青岛快乐视界数字传媒有限公司研发的“智慧 e 房”多媒体系统为例，当前该系统已经成功服务于星级酒店、娱乐会所和旅游景区等，并实现规模化应用。以“华讯顾客自主式无线智慧点餐系统”为代表的智慧点餐系统是基于无线网络、物联网和云计算技术为餐饮店量身打造的客户体验式智能管理系统。通信公司将酒店光纤宽带、酒店网关、信息化应用、智能终端进行整合，形成多功能数字化电子商务、多应用宽带互联、多元素信息化管理、多种类网络电视客房娱乐等服务，助推“智慧酒店”信息化建设。在线旅游分销商也从各层面开始对智慧酒店的发展建设提供技术支持。许多公司和企业已经从不同层面介入智慧酒店的发展建设，但智慧酒店发展建设的整体性、联动性和全面性有待加强。

智慧酒店发展建设的良好态势，催生了新的合作形式。例如，手机支付宝与酒店的合作。2013 年 7 月，支付宝钱包安卓版更新，开始向第三方应用全面开放账户体系，布丁酒店成为第一家合作酒店。只要在布丁酒店手机应用中使用支付宝付款，就能在支付宝钱包里"我的旅行"板块看到酒店订单，还可以设置提醒、查看历史行程以及分享行程体验。河南省将"智慧酒店"项目作为河南智慧旅游的重要组成部分来加速推动实施，由省旅游局信息中心与深圳盛阳科技有限公司合作进行项目推进。此外，通信、网络、多媒体、支付平台等主体与酒店的合作也在逐步展开。

目前，智慧酒店发展建设的呼声较高，许多酒店先后开启了智慧化建设，但在规范标准、逻辑思路、体系构建、技术合作、信息共享、模式借鉴等方面仍然存在较多的现实问题。为了推动智慧酒店的发展建设，交流与合作成为发展的必然选择。

2014 年 1 月，中国智慧酒店联盟正式成立。中国智慧酒店联盟由中国电子商务协会企信委、中国智慧酒店联盟筹备组、福建省旅游协会饭店专业委员会联合主办，得到了国家工业与信息化部、国家旅游局、国家工商总局、中国电子商务协会等单位的指导和支持。在成立大会上，国家旅游局信息中心副主任信宏业在致辞中对智慧酒店进行了详细的阐述，指出智慧的核心是思想创新，并评价"智慧酒店联盟的成立是具有里程碑意义的事件"。大会商讨并公布了中国智慧酒店联盟成立倡议书和联盟章程，评选出"2013 中国十大智慧酒店""2013 中国智慧酒店十大金牌服务商"等奖项。（见表 5-2）

表 5-2　中国智慧酒店联盟成立大会上评选和表彰的智慧酒店

序号	2013 中国十大智慧酒店	序号	2013 中国智慧酒店十大金牌服务商
1	沈阳海韵锦江国际酒店	1	成都铁路大酒店
2	辽宁瑞心酒店集团东北大厦	2	西昌锦城观海宾馆
3	广西南宁桂景大酒店	3	雅安雨都饭店
4	四川峨眉山红珠宾馆	4	成都合江亭翰文大酒店

序号	2013 中国十大智慧酒店	序号	2013 中国智慧酒店十大金牌服务商
5	福建索菲斯屏山酒店	5	四川岷山安逸大酒店
6	杭州黄龙饭店	6	中国西部枇杷博览园映月湖酒店
7	Z-HOTELS	7	四川泸州王氏大酒店
8	深圳瑞吉酒店	8	成都天湖宾馆
9	华住酒店管理集团	9	成都寅生国际酒店
10	铂涛菲诺酒店管理集团	10	湖北赤壁印象国际温泉大酒店

注：资料来源于 2014 年 1 月中国智慧酒店联盟成立大会。

2014 年 8 月，2014 中国国际智慧酒店大会、中国智慧酒店联盟理事会扩大会议在北京召开，来自国家工业和信息化部、国家文化部、国家旅游局的领导出席大会。为了激励酒店业向智慧化发展迈进，奖励酒店业在智慧化方面所做出的努力和收获的成果，大会特别组织了主题为"智慧酒店中国梦、与时俱进共转型"的"智慧大奖"颁奖盛典，其中雅安市西康大酒店有限公司等获得"2014 中国酒店业智慧管理奖"，上海同济君禧大酒店等获得"2014 中国酒店业智慧服务奖"，海能达通信股份有限公司等获得"2014 中国智慧酒店最佳产品奖"。（见表 5-3）智慧酒店联盟的成立，将在行业合作、标准制定、信息共享等方面进行合作，从而推动智慧酒店的发展进步。

表 5-3　"智慧酒店中国梦、与时俱进共转型"部分奖项

序号	获奖酒店和企业	奖项名称
1	雅安市西康大酒店有限公司	2014 中国酒店业智慧管理奖
2	德阳天韵休闲酒店	2014 中国酒店业智慧管理奖
3	资阳城市名人酒店	2014 中国酒店业智慧管理奖
4	成都天湖宾馆	2014 中国酒店业智慧管理奖
5	湖北赤壁印象国际大酒店	2014 中国酒店业智慧管理奖
6	成都天府阳光酒店	2014 中国酒店业智慧管理奖

续表

序号	获奖酒店和企业	奖项名称
7	雅安雨都饭店	2014 中国酒店业智慧管理奖
8	绵阳温泉大酒店	2014 中国酒店业智慧管理奖
9	成都太极商务宾馆	2014 中国酒店业智慧管理奖
10	成都铁路宏运宾馆	2014 中国酒店业智慧管理奖
11	四川汇东大酒店管理公司	2014 中国酒店业智慧管理奖
12	成都阳光酒店	2014 中国酒店业智慧管理奖
13	上海银星皇冠假日酒店	2014 中国酒店业智慧管理奖
14	上海同济君禧大酒店	2014 中国酒店业智慧管理奖
15	上海同济君禧大酒店	2014 中国酒店业智慧服务奖
16	上海迎园饭店	2014 中国酒店业智慧服务奖
17	上海皇廷国际大酒店	2014 中国酒店业智慧服务奖
18	海能达通信股份有限公司	2014 中国智慧酒店最佳产品奖
19	善邦电子集团	2014 中国智慧酒店最佳产品奖
20	摩德隆智能科技公司	2014 中国智慧酒店最佳产品奖
21	杭州君瑞科技有限公司	2014 中国智慧酒店最佳产品奖
22	西安狮迈德信息技术有限公司	2014 中国智慧酒店最佳产品奖
23	厦门求实股份有限公司	2014 中国智慧酒店最佳产品奖
24	深圳市简氏优美家居有限公司	2014 中国智慧酒店最佳产品奖
25	成都欧华凯撒石材有限公司	2014 中国智慧酒店最佳产品奖

注：资料来源于 2014 中国国际智慧酒店大会。

二、智慧酒店建设存在的问题

（一）推广力度较弱

2014 年是中国智慧旅游年，虽然国家和政府对智慧旅游发展建设的推广力度较强，但作为智慧旅游的重要组成部分，智慧酒店在许多地区的宣传推广相对较弱，只有少数省份或地区进行大力推广并开启智慧酒店建设。其中，北京市制定《北京智慧饭店建设规范（试行）》，河南省将"智慧酒店"项目作为河南智慧旅游的重要组成部分来加速推动实施，福建省作为国内首个"智慧酒店试点省"与中国智慧酒店联盟签订意向书。部分地区对智慧酒店的发展建设已然重视，但在具体的政策和措施上，如财力支持、技术支持、智力支持的力度并不大。智慧酒店的发展建设，不仅需要市场满足，而且需要政府推动；不仅需要单体的服务商，而且需要总体的统筹协调。只有市场、政府和企业的全面发力，才能真正保障智慧酒店的快速发展。

（二）规范和标准建设不足

智慧酒店的发展建设涉及较多的细节和内容，包括技术标准、设施标准和服务标准等，许多地区或企业进行智慧酒店建设时，缺乏统一的规范和标准，由此使得智慧酒店的发展建设存在较多的差异性和孤立性，尤其是在与旅游目的地范围内的智慧旅游、智慧景区等联通不畅的情况下，很难实现整体上的联动，智慧酒店的功能和服务也将因此受限。部分地区虽然构建智慧酒店发展建设规范，如北京市制定《北京智慧饭店建设规范（试行）》，界定智慧酒店的项目、功能、内容、体系和架构，但对其中的技术标准、设施标准等并没有明确和详细的说明。因此，应当从国家或行业层面，推进智慧酒店的规范化和标准化建设，为智慧酒店的发展建设提供技术依据。

（三）建设内容具有明显的局限性

当前，智慧酒店的发展建设大多不是整体联动的，而是侧重于某几项功能或系统的建设，归结起来，主要有以下几个方面：自助入住系统，顾客可以通过智能移动终端设备实现远程看房、订房、登记、办理入住，也可到酒店后经由自助入住终端设备进行自助登记入住，主要表现为酒店自助入住终端；智慧客房建设，主要内容为客房环境控制系统和客房多媒体建设系统，主要表现为智能电视的应用；智慧餐饮系统，主要表现为应用平板电脑进行点餐，餐饮相关的信息服务、互动功能并未得到有效实现；智慧营销系统，主要表现为利用微信和微博进行信息推介。许多酒店美其名曰"智慧酒店"，宣称有先进的客房智能系统、智慧餐饮系统、智能入住系统等，但相应系统的功能和服务并未得到充分的体现，也没有实现应用的价值，"智慧酒店"仅成为酒店促销的"噱头"，因而在建设的内容、功能、价值上具有明显的局限性，智慧酒店并不"智慧"。

（四）智慧化建设主要集中在高级酒店

从智慧酒店发展建设的主体来看，智慧酒店建设主要集中在高星级酒店（多数在三星级以上）、大规模的酒店企业（集团）等，其智慧化建设的项目和内容也相对较多，而低星级及小规模的酒店进行智慧化建设的较少。很明显，智慧酒店的发展建设需要较大的成本投入，对于那些规模较小、创收不足的酒店，如果进行智慧酒店建设，通常难以承担较大的成本支出，许多酒店甚至根本没有智慧酒店发展建设的动力。实际上，无论是何种质量等级、规模层次的酒店，智慧化建设都将是一种主流趋势，只是不同的酒店应当根据自身发展需要，有针对性地选择建设项目，从而建成不同类型的智慧酒店。

（五）智慧酒店的发展建设缺少长远规划

对于大多数酒店而言，通常已经具备了一定的信息化基础，如智能管理系统和顾客关系系统等，对智慧化建设的需求不是很迫切，因而，在智慧酒店的建设中也就根据酒店发展需要进行局部的建设，这就容易导致长期规划的缺失。在规范化和标准化体系不健全、不完善的情况下，局部建设通常使酒店产生短期行为，不利于智慧酒店的长期发展。

三、智慧酒店的发展趋势及对策建议

（一）政府或行业制定智慧酒店发展建设统一的技术标准

酒店的发展建设通常需要与外界进行对接和联系，这主要包括两个方面的内容：一是酒店在运营过程中与上下游企业的对接。为了实现便捷高效的服务和运营，酒店运营商需要和不同的供应商在技术应用、信息平台上进行对接，因此需要双方在智慧化建设的过程中能够统一对接。如果不同的供应商采用不同的技术手段或标准体系，酒店就难以与各供应商进行统一的对接，这就给酒店的智慧化建设带来困难。二是顾客与外界的对接，包括旅游、交通、市政等信息。这就需要通过相应的技术手段实现酒店信息系统与外界的联动。因此，从国家或行业层面制定智慧旅游发展建设统一的技术标准，在网络、端口、设备等基础设施上进行技术标准化，从而为酒店的智慧化建设及持续扩展建设提供便利和支撑。

（二）重视并制定智慧酒店发展规划

智慧酒店的发展建设通常是一项长期的、庞大的、持续的系统工程，其发展建设不可能一蹴而就，也不可能一劳永逸，为了实现智慧酒店的发展建设并投入运营，需要在建设之前，对智慧酒店做出科学的规划。首先，通过规划，能够辨识酒店智慧化建设的环境和需求，理清发展建设的思路；其次，根据智慧酒店发展建设的现实需要，可以按照需求的轻重缓急，循序推进智慧酒店建设，并且在动态建设中运营使用已建项目，实现建设与使用同步；再次，在科学规划的前提下，通过智慧酒店建设，能够将建设的项目和内容进行不断积累和循序推进，保障已建项目的运营使用和待建项目的拓展对接；最后，经过科学规划而发展建设的项目能够实现长期使用，避免短期行为所造成的资源浪费。

（三）探索多路径的发展策略

由于不同酒店所处的经济条件、发展环境及对智慧化建设的需求不尽相同，智慧酒店发展建设的路径也存在较大的差异。就大型的高星级酒店而言，在资本充足、技术完备的情况下，可从整体上进行智慧酒店建设，全面提升发展运营的智慧能力，促进智慧酒店的跨越式发展；就小规模的中端酒店而言，在财力等受限的情况下，基于国家或行业制定的标准，可以根据酒店发展的现实需要，按照轻重缓急，有目标、分层次、分阶段地进行智慧酒店建设，并在长期发展中逐步扩展和充实；对于新开发的酒店而言，可以通过集中建设和规模发展，实现智慧酒店项目的一步到位；对于具有一定发展历史的酒店而言，其通常具有一定的信息化基础，在改造和升级的过程中，可能需要较大的成本支出，因此可以通过持续改造和优化升级，逐步健全智慧酒店项目。只有允许存在多种路径，并推动各类型智慧酒店的发展建设，才能全方位地提升酒店业的智慧水平。

（四）围绕顾客消费体验和酒店发展需要的现实展开建设

尽管智慧酒店的发展建设是一个系统复杂的工程，但现阶段的发展建设成果主要围绕顾客消费体验和酒店发展需要而展开，并且能够满足顾客和酒店的基本需求。少数酒店在智能客房系统、智慧餐饮系统等进行全方位的建设，但更多的酒店则在网络覆盖、智能监控、电子商务、智能管理系统等方面进行建设，通过网站建设，方便信息查询和在线预订，通过网络覆盖，对接顾客的智能移动终端设备，通过智能管理系统，方便酒店业务管理，通过微博、微信等平台与顾客进行充分互动，现有的智慧酒店发展建设成果已然专注顾客和酒店的需要。随着顾客消费方式、消费习惯和生活方式的改变，智慧酒店的发展建设将呈现出新的状态和特征，并且随着酒店个体自身的发展壮大，其满足顾客和酒店需要的智慧和能力也将逐步增强。

（五）优化智慧酒店运营使用的能力

优秀的智慧酒店在发展运营上将表现出以下特征：

1. 要素整合，提供综合服务。对信息、资源、设施、产品、服务等进行全面整合并实现充分联动，既为顾客提供综合服务，又助力酒店全面管理。

2. 功能完备，满足多方需求。集成智慧服务、智慧管理、智慧运营、智慧营销等方面的多项功能，满足顾客体验和酒店发展的多方需要。

3. 操作便捷，构建"傻瓜"智能。不同年龄阶段、知识水平、能力素质、身体状况的顾客，通过简单的操作，即可享受智能化体验。最大限度地方便顾客使用，是智慧酒店的直接体现。

4. 安全保障，实现用户放心。在功能集成和用户使用的过程中，充分考虑信息安全、设备安全等，避免信息泄露等情况的发生。

5. 易于扩展，注重建设积累。鉴于不同酒店智慧化建设的能力和水平，在发展建设过程中预留拓展空间，便于分期建设、逐步扩展和持续健全。

6. 维护方便，保障发展运营。对智慧酒店设施设备的维护应当简单实用。

7. 持续创新，增强发展动力。随着消费方式、市场环境等因素的变化，智慧酒店应当能够及时对酒店的产品、服务、营销、管理等进行调整和创新，促使酒店紧跟社会和行业发展潮流。通过持续地优化、创新和提升，保障智慧酒店长期健康可持续发展。

第六章　智慧旅游目的地建设实践

第一节　智慧旅游目的地的概念与特征

一、智慧旅游目的地的概念与内涵

旅游目的地是指吸引旅游者专程前来参加观光游览、休闲度假和会议展览等活动的空间区域。旅游目的地具有吸引性、舒适性、可达性的特点以及一系列附属服务，是一个既包括景区（点）、宾馆饭店、餐厅酒吧等接待硬件设施，也包含信息通信、金融邮电、居民好客度、法律环境等现代服务业和软实力在内的一个完善的地域接待系统。

智慧旅游的发展建设涉及整个旅游业，包括景区、酒店、旅行社等，将同一旅游目的地范围内的旅游要素进行统一的智慧旅游建设，便形成了智慧旅游目的地。因此，智慧旅游目的地是基于新一代信息技术，为满足旅游者个性化需求，在旅游目的地范围内为旅游者提供高品质、高满意度服务，并对旅游业相关的各种资源、信息、要素、设施、服务等进行系统化、集约化、智能化的管理变革。

对智慧旅游目的地概念内涵的理解，主要从以下方面展开：

1. 智慧旅游目的地发展建设的基础是新一代信息技术的应用。这种技术包括互联网、云计算、物联网、人工智能、移动通信技术等内容,通过对现代科学技术的综合应用,高效便捷地实现服务、管理、商务、营销等功能。

2.智慧旅游目的地发展建设的主要目标是为旅游者提供高品质、高满意度服务。为了提高服务的质量,就必然涉及智慧管理、智慧营销等内容,因而,智慧服务、智慧管理、智慧政务、智慧商务、智慧营销等内容,最终都围绕服务旅游者,进而实现旅游目的地经济社会发展而展开。

3.智慧旅游目的地是多种旅游要素的综合体。这些要素具体包括景区、酒店、餐饮、交通、旅行社等,某一种或某几种要素的智慧化建设,并不能成就旅游目的地整体的智慧化;只有各要素全面地开展智慧化建设,才能最终构建成为健全完善的智慧旅游目的地。

4.智慧旅游目的地是旅游要素统一结合的有机整体。在旅游目的地范围内,能够实现资源、信息、设施、服务等内容的联动性发展应用,各种要素的联动发展,能够极大地为旅游者开展旅游消费活动提供便利。

5.智慧旅游目的地的发展建设是一个系统化、集约化、智能化的管理变革的过程。智慧旅游目的地的建设不是一蹴而就的,也不是一劳永逸的,而是处于动态发展变化的过程中。随着经济社会发展和消费方式改变,智慧旅游目的地发展建设的内容也不断改变,但其始终是一个系统化、集约化、智能化变革的过程。

二、智慧旅游目的地建设的意义

(一)提升旅游目的地综合服务水平

通常情况下,旅游者到达旅游目的地之后,其旅游消费活动涉及食住行游购娱等各个方面,而并不局限于旅游景区或旅游酒店。为了提升旅游目的地的整体服务水平,就需要对涉及旅游活动的相关服务进行智慧化建设;以全面提升旅游服务水平。单一要素的智慧化建设，并不能最大限度地实现智慧化；只有整体联动和系统构建，才能真正提升智慧化建设水平。假如旅游目的地内只有某个景区进行了智慧化建设，那么，在这个景区范围内，智能门禁系统、智能监控系统、电子导游系统等也能够提升这个景区的服务水平，为旅游者带来方便。但是，当旅游者需要查询交通、门票等信息，需要进行网上预订，需要查询旅游目的地的休闲娱乐设施时，由于智慧景区的信息并非通过智慧平台统一联动，而是将其他信息放置在智慧景区云平台上，信息更新、联动性较差，因而就不能为旅游者提供周到便捷的信息查询、在线预订、即时交互等服务，这就无疑降低了智慧景区的服务水平。因此，只有涉及旅游活动和旅游消费的要素能够整体联动，并进行全面智慧化，才能真正提高旅游体验的智慧化水平。因此，智慧旅游目的地的发展建设也就成为现实的需要。

（二）方便散客、自助游、自驾游等旅游者开展旅游活动

随着经济社会发展和旅游方式的改变，自驾游、自助游等旅游者数量逐渐增多。传统意义上的团队旅游表现为导游引导、司机开路，旅游者无须担心景区、酒店等方面的信息获取，只须"身在其中"即可开展旅游体验。而在当前旅游发展中，大多数旅游者是通过自助查询、对比、分析、评价来开展旅游活动，做出旅游决策的，因此，通过智慧旅游目的地建设对接游客需求成为智慧旅游目的地建设的主要目标。随着智能手机、平板电脑的广泛应用，人们来到旅游目的地后，获得导游、导览、导航、导购等服务，运用手机查询信息、路线导览、线上预订、实时分享等，因此，智慧旅游目的地发展建设应当对接游客需求，只有最大限度地方便游客消费，才能满足消费需求，进而推动旅游目的地经济社会的发展。

（三）树立旅游目的地的良好形象

长期以来，我国许多旅游目的地的发展主要以旅游景区为主，

而在旅游目的地形象的建设上不足，许多旅游目的地可进入性差、经济发展落后，旅游者在到达旅游目的地后，常常需要花费较多的时间和精力寻找景区和酒店等。智慧旅游目的地的发展建设，将目的地范围内的景区、酒店、交通、通信、娱乐、文化等资源和要素整合，为旅游者提供个性化服务，对接旅游者需求，使旅游者在目的地内能够便捷地开展旅游活动。通过智慧旅游目的地系统，能够优化旅游目的地形象，使旅游者获得优质的体验，进而实现口碑传播。此外，依托智慧旅游目的地系统，借助微信、微博、空间、微电影等新媒体和新方式，将旅游目的地的风土人情、旅游资源、优惠信息、生态环境等展示给旅游者，从而提升旅游目的地的良好形象，同时也起到旅游目的地市场营销的作用。

（四）推动旅游目的地经济转型升级

随着中国社会经济的发展，人们收入水平的提高，交通效率的提升，单纯地依靠观光旅游来发展旅游经济的模式已经不能满足现代旅游业的发展；休闲度假旅游者的逐渐增多，使得旅游目的地必须进行转型升级，丰富休闲度假旅游产品，发展旅游产业经济。旅游者在旅游目的地开展休闲度假活动，通常涉及交通、餐饮、住宿、娱乐等内容，旅游者的日常生活悄然走进旅游目的地，因此，旅游目的地必须通过丰富的产品、服务等对接游客需求，发展产业经济。在此基础上，通过智慧旅游目的地的发展建设，将食住行游购娱等要素进行整合，为旅游者查询、导航、预订、支付等提供便利，从而真正促进旅游目的地经济社会的转型升级。

（五）提高旅游管理水平的需要

传统上的旅游管理，主要通过大量的人力劳动进行管理，对旅游企业业务的管理、旅游安全的管理、旅游市场规范的管理等，多是通过实地监督检查、研究分析来进行。这就使得旅游管理需要花费大量的人力、物力和财力，并且管理效率不高。智慧旅游目的地的发展建设，使得许多管理工作和管理内容都可以通过网络、计算机、智能设施来实现，从而直接提高管理效率和管理水平。智慧旅游目的地助力提高管理水平主要体现在以下方面：一是实现网上办公。例如，旅游企业在申请业务、材料上报、信息审核等方面，以前通常是由工作人员将纸质材料进行送往传达，耗时耗力；然而，通过智慧旅游目的地系统，可以直接进行网上递交、查阅和审批，直接在人力、时间等方面提高效率。二是原本不易控制的内容可以实现高效管理。例如，通过公共场所的智能监控体系，对旅游目的地进行安全管理，从而提高旅游目的地的治安水平。又如，通过无所不在的泛在网络，当旅游者遇到险情时，能够及时呼救并传递信息，管理人员可以精准定位，从而展开营救。三是实现旅游要素的综合管理。如智慧景区、智慧酒店的发展建设将有助于提升景区和酒店的管理能力和管理水平。

三、智慧旅游目的地建设的主要目标

（一）无线网络的泛在覆盖

当前，智能手机、平板电脑等智能终端设备已成为社会大众日常生活的重要内容，人们利用智能手机进行信息查询、网上学习、读书娱乐、网上消费等。在身处外地，尤其是旅游者陌生的旅游目的地时，无线网络的使用尤为必要。人们利用自己的智能手机和平板电脑等，能够实时查询信息、网上预订、便捷支付等，获得导游、导览、导购、导航等服务，真正实现一机一网玩遍旅游目的地。因此，无线网络成为智慧旅游目的地发展建设的基础。只有构建了泛在的无线网络，才能实现资源、要素、产品、服务、设施、设备、人员的充分联动。

（二）信息资源的充分整合

对旅游者而言，在旅游目的地进行消费活动，需要获知旅游目的地的各种信息，包括景区门票、交通路线、航班动态、地方

文化等内容；只有充分了解所需信息，旅游者才能安全放心地开展旅游消费活动。对旅游管理者而言，只有明确景区、酒店、旅行社等方面的信息，才能及时地对旅游目的地经济社会运行的状态进行准确判断，从而为发展策略、管理方式的选择提供依据。对旅游企业而言，不同类型的企业将产品和服务在平台和渠道上进行整合，并实现联动运营，既是合作共赢的现实需要，也是提升自身服务功能的理性选择。因此，只有对旅游目的地的信息进行充分整合，才能实现科学合理地利用。值得注意的是，旅游目的地信息的整合应当建立在准确、及时的前提之上，进而实现信息利用的价值。当然，不同的信息具有与之相应的采集主体和管理渠道，信息的管理和获取应当有与之相适的权限主体，只有在合理、合法的原则下，对各类信息进行充分整合，才能实现信息利用的最大价值。

（三）公共服务的健全完善

基于智慧旅游目的地整体要素的视角，在旅游企业之外，政府应当着力进行旅游公共服务建设，为各类旅游者提供周到细致、健全完善的旅游公共服务。旅游目的地公共服务体系主要包括公共信息服务、公共交通服务等内容。就公共信息服务而言，政府应当在主要旅游节点、火车站、汽车站、高铁站、旅游景点、旅游街区等旅游者活动区域提供公共服务，其形式可以是智能信息查询终端、智慧旅游显示屏等内容，通过这些终端，便于旅游者查询相关信息；就旅游公共交通服务而言，应当设立明确、醒目、多语种的交通标识体系，为以不同方式、不同路径到来的旅游者提供准确、周到的公共服务。智慧旅游目的地所提供的公共服务不应当局限于旅游活动集中区和旅游活动主体要素，在一些偏远地区，如驴友开展探险旅游常走的路线、容易发生安全事故的区域，除排除安全隐患、做出提醒警示外，还应当在事故发生后能够及时地提供救援等公共服务。智慧旅游目的地的发展建设应当从各个角度、各个层次、各个区域健全完善公共服务体系，实现公共服务的全时段、全空间供给。

（四）游客体验的智能便捷

除了具备强大的功能之外，游客体验的便捷程度也是智慧旅游目的地发展建设的内在要求。随着大众旅游时代的到来，不同知识水平、认知能力、综合素质的旅游者均能参加旅游活动，这就对智慧旅游体系应用的便捷性提出了要求。如果智慧旅游目的地的发展建设是为了凸显功能强大，在用户体验上却复杂、烦琐，则不是智慧旅游目的地的本真面貌。智慧旅游目的地的游客体验项目，应当有傻瓜式的便捷性，只须简易操作，即可获得相应的产品和服务。因而，无论是公共服务，还是企业服务，智慧旅游目的地发展建设的目标之一即是实现游客体验的智能便捷。

（五）旅游管理的全面提升

智慧旅游目的地的管理首先应当实现旅游企业的管理，包括旅游景区、旅游酒店和旅行社等。旅游景区对游客数量、旅游资源、旅游安全等进行管理，可以最大限度地减少客满为患、旅游资源破坏、旅游安全事故等情况的发生；旅游酒店对员工、餐饮、客房等服务进行管理，可以直接提高顾客的体验和满意度；旅行社对导游、车辆、团队、顾客等进行管理，可以保障旅游活动的顺利开展。在旅游企业各行其职、各履其责的情况下，旅游行政管理部门则对旅游市场秩序、旅游公共环境等进行管理，旅游企业和旅游行政管理部门的共同发力，将促进旅游目的地管理水平的全面提升。

（六）产业经济的协同发展

智慧旅游目的地的发展建设，将旅游经济发展模式定位至产业经济模式，而非传统上许多地区对门票经济的过分依赖。产业经济的协同发展离不开旅游要素的充分联动和互联互通，这就需要酒店、旅行社、旅游景区等协同运作。例如，旅游者在旅游景区开展游览活动的过程中，需要预订酒店客房、景区门票，需要租车等，可以直接通过智慧景区云平台，便捷地进行预订和支付。旅游经济的协同发展，需要各旅游企业与旅游行政管理部门的通力合作，进而实现融合互动和共同发展。

　　智慧旅游目的地的发展建设，将着力于实现上述主要目标，归结起来，即通过智慧旅游目的地的发展建设，吸引旅游者前来开展旅游消费活动，进而提高旅游目的地的经济社会发展水平，实现旅游业发展的经济效益、社会效益和环境效益。

四、智慧旅游目的地的主要特征

　　与智慧景区、智慧酒店等建设不同，智慧旅游目的地的发展建设从整体出发，对旅游目的地进行全面的智慧化建设。智慧旅游目的地的发展建设主要表现出三个特征，即泛在化的公共服务、全面智慧化的旅游要素、充分的互联互通。

　　（一）泛在化的公共服务

　　为了充分实现智慧旅游目的地的发展建设，需要从两个视角提供公共服务：一是为旅游者提供公共服务。这就涉及信息咨询、智能导航、危机预警等各个方面，在旅游者活动区域，为旅游活动和旅游消费提供充分的服务。例如，泛在化的网络覆盖，使旅游者凭借智能手机和平板电脑即可玩转旅游目的地；便捷易得的智能导航系统，使得旅游者在乘坐公交车或自驾车的过程中，能够通过智能导航系统，实时查询路况信息和车辆信息，从而为行车导航提供智能服务。二是为旅游目的地的涉旅企业提供公共服务。例如，从顶层设计的角度，对旅游目的地的景区、酒店、旅行社等进行的智慧化建设提供指导和帮助，对智慧旅游目的地进行规划设计，制定智慧旅游发展建设的规范标准等。为旅游者提供公共服务能够直接方便旅游活动和旅游消费，而为旅游经营者提供公共服务，则能够从长远上，促进智慧旅游目的地的整体建设。

（二）全面智慧化的旅游要素

智慧旅游目的地的发展建设是政府和企业共同作用的结果，只有双方共同发力，才能实现旅游要素的全面智慧化。在分工明确的前提下，政府和企业各司其职、各尽其力，才能构建完善的智慧旅游目的地。政府从旅游目的地发展的视角，统筹制定智慧旅游目的地发展建设规划，对智慧旅游目的地进行顶层设计；在此基础上，政府构建公共服务平台，为旅游企业和旅游者提供服务。公共服务平台具体包括旅游目的地数据库、智能导航系统、无线网络覆盖系统、智能监控系统、安全预警系统和信息发布系统等，同时，智能设施设备的配给等，使得旅游者在目的地范围内能够便捷地开展旅游活动。对于旅游企业而言，政府应当在信息采集、信息沟通、行业协作中发挥统筹协调作用；基于政府所提供的信息平台、建设标准，旅游企业将公共信息等引入企业发展中，并在此基础上，基于企业发展需要，有针对性地进行智慧项目建设。各旅游企业因地制宜地进行智慧旅游建设，最终实现旅游要素的全面智慧化；只有旅游目的地整体的智慧化建设，才能形成健全完善的智慧旅游目的地系统。值得注意的是，智慧旅游云平台等项目的构建、安全预警等公共服务的供给，在发展实践中，本身并非要求完全由政府来构建和实施，也可由企业来运营和管理，但必须在政府的主导和管理下，实现智慧旅游目的地公共服务的供给。

（三）充分的互联互通

公共服务的充分供给与旅游企业的智慧化建设，离不开信息、资源、网络的互联互通，单一要素的智慧化，容易形成信息孤岛，甚至是智慧孤岛，这样必定会限制智慧旅游的水平，也不是智慧旅游目的地的良好形态。智慧旅游目的地的发展运营应当是各种要素、资源、信息等的互联互通，这就涉及旅游者、旅游经营者和旅游行政管理者。旅游者能够便捷地获得政府部门所提供的公共服务，并且将之与旅游企业所提供的服务进行对接，从而联合构成旅游活动的信息和内容，便捷地开展旅游活动；旅游企业则能够获得政府部门所提供的公共服务，并基于公共服务和设施设备等提供与之相适的产品和服务，同时能够获得旅游者信息，进而有针对性地提供个性化服务；旅游行政管理者则能够对旅游者和旅游企业进行综合管理，例如对旅游行为、旅游安全、旅游信息等进行管理，对旅游企业的发展运营进行指导和监管，三者的互动和沟通，将提升智慧旅游目的地发展运作的效率。当然，充分的互联互通并非不设限的全裸式的产品和服务信息，而是具有一定的限制，各方提供和获取的信息、资源等有相应的限度，互联互通的权限也有特定的管制，在既能充分互联互通，而又有权限设置的情况下，保障智慧旅游目的地的有序发展。

第二节　智慧旅游目的地建设的框架体系

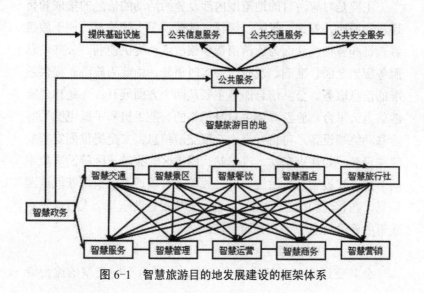

图 6-1　智慧旅游目的地发展建设的框架体系

　　健全完善的智慧旅游目的地系统应当包括公共服务、行业要素和运营体系等三个方面的内容，各方面要素、设施、信息、服务的综合联动（见图6-1），才能实现智慧旅游目的地的发展运营。

一、公共服务

（一）基础设施

　　由于旅游目的地是一个完整的系统，各单元和各要素进行连接和互动，就必然涉及公共基础设施的供给，例如，泛在网络、交通体系、危机预警等方面功能的实现，都需要以健全的基础设施为前提，智慧旅游目的地发展建设的重要前提是提供智慧旅游公共设施。由于智慧旅游目的地的发展建设需要统筹协调和统一管理，在规范标准的制定、统一体系的构建等方面的工作也需要由旅游行政管理部门统筹开展。

（二）公共信息服务

　　主要是对旅游目的地范围内涉及旅游活动的信息的集成和传递，如酒店、餐饮、景区、银行、邮政、卫生等信息，便于旅游者查询和咨询，从而为旅游消费和旅游活动提供便利。公共信息服务应当全面、准确、及时，并实时更新，由此为旅游者提供精准的信息服务。公共信息服务主要从两个方面展开：一是构建旅游信息云平台，旅游者通过自身携带的智能手机和平板电脑等智能移动终端设备，可自行查询获取旅游信息；二是提供固定智能终端设备，如在火车站、汽车站、闹市区、旅游景区等游客集中的节点，建设智慧旅游触摸屏，旅游者可以通过触摸屏获取旅游信息。在相同的信息平台上，通过公共服务设施和个人智能设备获得的旅游信息应当具有同一性。

（三）公共交通服务

　　公共交通服务要解决两个问题，一是为不同类型的旅游者提供服务，二是提供交通服务的具体内容。对于不同类型的旅游者，公共交通服务应当实现旅游目的地范围内的全覆盖，为不同进入方式、不同路径的旅游者提供服务，使得旅游者进入旅游目的地及在旅游目的地开展活动的过程中，通过公共交通服务体系，即能便捷地开展旅游活动，实现旅游交通的流畅通达。在服务内容方面，通过智能交通控制系统，实时对路况、车辆等信息进行更新，便于旅游者及时做出选择。实际上，智慧旅游目的地所提供的公共交通服务，主要包括两个方面：一是公共交通工具和设施的智能，如智能公交系统的应用；二是利用智能技术，提供公共交通信息，如自驾车旅游者可以借助旅游目的地所提供的智能导航信息，实现旅游目的地范围内的自由通行。

（四）公共安全服务

智慧旅游目的地范围内的智能监控、安全预警、应急救援等，这类公共服务为旅游活动的开展保驾护航。

二、行业要素

旅游企业是智慧旅游目的地发展建设的个体要素，旅游企业的智慧化建设与旅游目的地公共服务体系的联动发展，能够实现智慧旅游目的地的发展运营。

（一）智慧景区

在旅游景区内进行智慧化建设，将景区的智慧化与旅游目的地的公共服务对接，使得旅游者既能通过智慧景区的框架体系获得相应的服务，又能借由智慧景区提供的网络平台和终端查询旅游目的地信息，因此满足旅游需求。智慧景区的发展建设着重在于解决和满足自身发展中存在的客满为患、资源保护、电子讲解、智能门禁等问题和需要，景区将自身管理的平台体系与旅游目的地公共服务平台对接，能够实现旅游景区与旅游目的地的协调发展。

（二）智慧酒店

顾客在酒店消费的过程中，通常与在目的地范围内的其他活动联系在一起，因此就有了信息查询、网上预订等方面的需要。这就要求智慧酒店在智慧客房、智能入住系统等体验性项目的发展建设之外，还应当将外界信息咨询及个性化服务引申至酒店，实现智慧酒店与智慧旅游目的地的实时联动。

（三）智慧餐饮

主要对智慧点餐系统、餐饮服务系统等进行建设，例如，顾客通过店铺所提供的平板电脑或自身携带的智能手机和平板电脑等设备，通过连接店铺的无线网络、扫描二维码等方式实现自助点餐。在点餐的过程中，既可以了解菜品的工艺、图片、营养等信息，也可以实现点餐系统与厨房的实时连接、便捷加餐等服务。此外，旅游者还可以提前点餐，如，旅游者在旅游景区观光游览的过程中，即可提前点餐，然后直接到店铺就餐，从而避免到店后的长时间等候。在实现智慧点餐的同时，还可以利用店铺所提供的平板电脑玩一下小游戏，由此丰富餐饮消费的文化和乐趣。

（四）智慧交通

市政部门、出租汽车公司或游船公司等，通过智慧交通的构建，使管理者和旅游者实时了解路况、车辆定位、行车时间等信息，从而为旅游者提供智慧交通服务。例如，出租汽车公司通过智能导航，对旅游车辆进行实时定位，从而避免拉私活等情况的发生；同时，在行车的过程中，司机能够实时了解路况信息，便于做出路线选择和规划。智慧交通的发展建设，既能提供智能的交通导引服务，又能助力车辆公司的管理，还能减少安全隐患，从而为旅游者提供安全放心、快捷高效的交通服务。

（五）智慧旅行社

主要包括旅行社的业务管理系统、导游管理系统、产品组织系统、顾客信息系统等内容。当前智慧旅行社发展建设的内容还主要围绕旅行社业务的线上管理而展开，由于旅行社通常对旅游目的地范围内的景区、酒店、餐饮等要素进行整合，因此，其产品和服务信息可以镶嵌在智慧旅游目的地公共信息服务体系中。

各类企业在智慧化发展建设的过程中，在立足自身建设的同时，应当注重与外界的联系，尤其是与旅游行政管理部门和其他旅游企业的沟通、合作、交流，从而实现信息共享、共同发展。旅游企业与智慧旅游目的地公共服务平台的对接，将自身发展建立在智慧旅游目的地统一的规划和标准之上，能够实现各建设主体的规范化、标准化和持续化发展，从而有利于智慧旅游目的地整体水平的提升。

三、运营体系

（一）智慧服务

智慧服务是智慧旅游发展建设的重要目标，无论是智慧旅游目的地，还是旅游目的地中的智慧景区、智慧酒店等要素，服务都是价值创造的直接来源，其包括智慧旅游目的地的公共服务和智慧旅游企业的有偿服务。通过智慧化建设，提高服务的内涵和品质，从而提升旅游体验，助力旅游企业和旅游目的地发展。

（二）智慧管理

智慧旅游目的地的发展，尤其注重区域内旅游要素的整体联动，通过整体联动，实现智慧管理，能够极大地提高管理效率。首先，对旅游信息、资源、设施等的管理。以旅游信息为例，在传统旅游发展中，旅游信息的传递通常较慢，且在传递过程中具有一定的滞后性，由此使得信息的价值和可靠性受到影响；而通过智慧旅游对信息进行实时采集、处理和利用，能够最大限度地保障信息的时效性、准确性和全面性，从而满足各方需要。其次，对旅游企业进行管理。将繁杂琐碎的管理工作转移到网上，直接实现网上办公，可大幅提高管理效率。再次，对旅游经济运营进行管理。如对旅游市场秩序、导游行为、游客投诉等进行管理，可以通过智慧旅游目的地，及时解决和处理旅游中的各种问题，提高游客满意度。最后，对游客的管理。通过智慧旅游系统，对游客数量、游客行为等进行管理，有利于构建和谐、文明、舒适的旅游环境。

（三）智慧运营

针对旅游企业的发展运营情况，进行智慧化建设，在产品生产、服务供给、企业运作等方面，实现经营运作的智慧化。

（四）智慧商务

从旅游行政管理的角度，统筹进行智慧旅游目的地发展建设，也必然要涉及智慧商务。当然，政府可能不直接从事旅游电子商务的相关工作，而是要提供一个平台，将旅游目的地内的电子商务信息集中到平台之上，如门票、酒店、餐饮、娱乐等的产品、价格信息；通过电子商务平台，旅游者可以直接实现网上预订和线上支付。智慧旅游目的地所提供的电子商务平台，通常具有较高的综合性、可靠性和权威性，因而，智慧商务是智慧旅游目的地发展建设的重要内容。

（五）智慧营销

通过智慧旅游目的地的发展建设，可以提升和优化旅游目的地的整体形象，助力旅游目的地品牌营销和形象宣传；同时，智慧旅游目的地发展建设的成果，又可以通过微博、微信、微电影、智能终端等展示、传播和强化旅游目的地的美好形象。因此，智慧旅游目的地的发展建设将形成智慧营销的良性循环，推动智慧旅游目的地的发展。

第三节　智慧旅游城市建设实践

一、智慧旅游城市概述

城市通常是旅游目的地的范畴，是旅游目的地的重要组成部分，智慧旅游城市是智慧旅游目的地的重要类别。城市在信息、资源、要素、交通、物流、文化等各方面的优势，使其天然具有旅游目的地的属性，目前国内智慧旅游目的地的发展建设也主要围绕智慧旅游城市展开。

智慧旅游城市，单从字面含义来看，既可以理解为"智慧的旅游城市"，也可以理解为"智慧旅游的城市"。"智慧的旅游城市"强调"旅游城市的智慧"，主要体现智慧城市的内涵；"智慧旅游的城市"强调"城市的智慧旅游"，主要体现智慧旅游的内涵。因此，将智慧旅游城市理解为以智慧旅游为特征的城市更为妥帖。

国内智慧旅游城市的发展建设兴起于 2011 年。时任国家旅游局局长的邵琪伟在全国旅游局长研讨班期间提出，我国将争取用 10 年左右时间，使旅游企业经营活动全面信息化，基本把旅游业发展成为高信息含量、知识密集的现代服务业，在我国初步实现基于信息技术的"智慧旅游"。同年，国家旅游局正式函复江苏省人民政府，同意江苏在镇江建设国家智慧旅游服务中心，以推进中国智慧旅游发展。与此同时，国家旅游局拟在全国遴选一批有条件的旅游城市，开展"智慧旅游城市"试点，推进智慧旅游应用，由此，催生了一大批城市进行智慧旅游建设。

2011 年，北京、成都、南京、大连、贵阳、苏州、温州、台州、常熟等地先后开启智慧旅游城市建设，进而引发智慧旅游发展热潮。

　　2012 年，为贯彻落实《国务院关于加快发展旅游业的意见》精神，积极引导和推动全国智慧旅游发展，国家旅游局确定北京等 18 个城市成为国家智慧旅游试点城市（首批）。入选首批国家智慧旅游试点城市中，江苏省有 7 个城市，为试点城市最多的省份；其次是福建省，有福州、厦门和武夷山三个城市。

　　2013 年，国家旅游局在《关于确定天津等 15 个城市为第二批国家智慧旅游试点城市的通知》（旅办发〔2012〕568 号）中公布了第二批国家智慧旅游试点城市。至此，除北京和天津为智慧旅游试点城市外，江苏有 7 个智慧旅游城市，福建有 4 个，浙江有 3 个，山东、河南和贵州各有 2 个，湖北、广东、湖南、四川、河北、辽宁、安徽、吉林、云南、陕西和黑龙江各有 1 个智慧旅游试点城市。（见表 6-1）

表 6-1　国家智慧旅游试点城市

序号	城市	所在省（市）	批次
1	北京市	北　京	第一批
2	武汉市	湖　北	第一批
3	成都市	四　川	第一批
4	南京市	江　苏	第一批
5	福州市	福　建	第一批
6	大连市	辽　宁	第一批
7	厦门市	福　建	第一批
8	苏州市	江　苏	第一批
9	黄山市	安　徽	第一批
10	温州市	浙　江	第一批
11	烟台市	山　东	第一批
12	洛阳市	河　南	第一批
13	无锡市	江　苏	第一批

序号	城市	所在省（市）	批次
14	常州市	江　苏	第一批
15	南通市	江　苏	第一批
16	扬州市	江　苏	第一批
17	镇江市	江　苏	第一批
18	武夷山市	福　建	第一批
19	天津市	天　津	第二批
20	广州市	广　东	第二批
21	杭州市	浙　江	第二批
22	青岛市	山　东	第二批
23	长春市	吉　林	第二批
24	郑州市	河　南	第二批
25	太原市	山　西	第二批
26	昆明市	云　南	第二批
27	贵阳市	贵　州	第二批
28	宁波市	浙　江	第二批
29	秦皇岛市	河　北	第二批
30	湘潭市	湖　南	第二批
31	牡丹江市	黑龙江	第二批
32	铜仁市	贵　州	第二批
33	龙岩市	福　建	第二批

　　智慧旅游城市的发展建设需要政府在基础设施建设、旅游资源整合、公共服务供给等方面发挥主导作用，同时引导民间资本参与智慧旅游发展建设，从而探索构建科学有效的发展模式。但在实际发展中，智慧旅游城市并没有充分表现出"智慧"的状态，其原因如下：

1. 城市通常具有旅游目的地的属性，智慧旅游目的地发展建设的重要内容是构建基础设施和提供公共服务，智慧旅游城市所提供的公共服务，多数停留在网络覆盖、信息供给等浅层面，服务的内容、深度和功能有待强化；

2. 旅游目的地是一个复杂的系统，而智慧旅游城市的发展建设涉及景区、酒店、餐饮、交通等要素，在企业进行智慧化建设的背景下，智慧旅游目的地在构建基础设施、提供公共服务等方面的作用未能充分显现；

3. 智慧城市的发展建设，包含了智慧旅游方面的内容。智慧城市在交通、安全、信息等方面所提供的公共服务具有普遍性，这些服务本身可以方便旅游者开展旅游活动，在智慧旅游与智慧城市没有充分整合的情况下，智慧城市发展建设内容甚至涵盖旅游业需求，由此弱化了城市中的智慧旅游；

4. 智慧旅游城市的发展建设是一个系统复杂的过程，需要长期建设和积累，并且需要较大的成本投入，在建设经验和发展条件不足的现状下，智慧旅游城市发展建设仍然处于初级阶段。

随着经济社会的发展进步和智慧旅游的深入建设，智慧旅游城市的功能、体系、内容也将逐步丰富和健全，从而真正助力城市旅游发展。

二、天津市智慧旅游城市建设实践

2012 年初，在智慧旅游发展建设的大背景下，天津市旅游局根据市旅游业和信息化发展建设现状，明确提出智慧旅游发展建设的总体目标：实现信息化与旅游业的深度融合，到“十二五”期末，基本建立起智慧的旅游服务、旅游管理和旅游营销体系，有效支撑天津旅游业发展，促进旅游业与相关产业融合及区域旅游产业联合。

为了实现智慧旅游总体目标，围绕“以游客为中心”的理念，天津市旅游局确定了智慧旅游"1369 工程"三年建设目标，进而拉开了天津智慧旅游发展建设的序幕。"1369 工程"具体包括："1"个智慧旅游综合数据中心；"3"个数字平台（行业智能管理平台、公共信息服务平台、目的地营销体验平台）；"6"个载体（互联网、移动互联网、12301 旅游服务热线、旅游一卡通、遍布全市的电子触摸屏、人工咨询服务网点）；"9"个智能系统（智能办公自动化管理系统、旅游景区智能管理系统、旅行社智能管理系统、饭店智能管理系统、旅游超市系统、智能行程规划系统、智能信息管理系统、旅游目的地展示营销系统、旅游产业分销系统）。

　　在实际建设过程中，天津智慧旅游项目边建设边投入使用，当前已经完成智慧旅游一期项目建设，具体内容如下。（见表 6-2）

　　1. 建成天津旅游云数据中心。信息数据是智慧旅游的基本内容，权威、准确、及时、全面的信息能够为旅游者获取旅游资讯、做出旅游决策提供重要参考。天津在旅游云数据中心的建设过程中，主要从以下方面展开：首先，制定信息数据采集规范标准。没有章法和标准的信息数据会增加工作人员对信息数据的辨识、编辑等工作内容，且不利于形成系统的整体内容和风格；只有标准化和规范化的数据信息，才能更便捷地导入云数据系统。于是，天津市制定了《天津旅游信息数据采集规范与标准》，规范旅游信息数据，便于统一管理。其次，严格数据信息申报、审核与传播程序，强化信息的准确性。天津市确定旅游企业——区县旅游管理部门——市三级申报、审核、签发机制，确保信息的准确性。再次，实时动态传播旅游信息，为旅游者提供及时、准确、全面的旅游信息。实时在线动态申报、审核和签发旅游数据信息，注重信息的准确性与时效性，为旅游者提供充分的信息服务。

表 6-2 天津市智慧旅游三年建设目标与一期主要成果

建设目标	具体内容	主要成果
"1"个智慧旅游综合数据中心	综合数据中心	1. 制定《天津旅游信息数据采集规范与标准》，建成天津旅游云数据中心 2. 智慧旅游网站群改造升级 3. 天津旅游移动端智慧门户，通过客户端可以获得丰富的天津旅游资讯 4. 升级 12301 旅游热线服务功能 5. 整合开发京津冀旅游一卡通 6. 开发人工咨询网点智能管理与信息查询系统 7. 构建城市旅游地理信息系统触摸屏 8. 开通天津旅游微博群 9. 开发和应用假日旅游统计预报系统、行业交流平台、短信群发系统等十余个行业管理系统 10. 旅游企业积极投入智慧旅游发展建设
"3"个数字平台	行业智能管理平台	
	公共信息服务平台	
	目的地营销体验平台	
"6"个载体	互联网	
	移动互联网	
	12301 旅游服务热线	
	旅游一卡通	
	遍布全市的电子触摸屏	
	人工咨询服务网点	
"9"个智能系统	智能 OA 管理系统	
	旅游景区智能管理系统	
	旅行社智能管理系统	
	饭店智能管理系统	
	旅游超市系统	
	智能行程规划系统	
	智能信息管理系统	
	旅游目的地展示营销系统	
	旅游产业分销系统	

注：表中主要成果截至 2013 年 1 月。

2. 改造升级智慧旅游网站群。一方面，对原有旅游网站进行改造升级，增加综合服务功能，如新版天津旅游资讯网增加行程规划、电商平台板块内容，使得该网站集形象宣传、信息提供、互联营销和商务交互于一体，为旅游者提供权威、准确、全面、及时的信息服务；另一方面，整合构建新型旅游网站，如投入使用蓟县、河西旅游管理部门官方网站。智慧旅游网站群能够一站式解决旅游者常需查询的各种旅游信息，如天气预报、交通路线、景点资讯、线上预订、航班查询等。

3. 开发天津旅游移动端智慧门户。开发苹果和安卓两个版本的客户端，通过客户端可以获得丰富的天津旅游资讯，从而便于旅游者做出旅游决策和消费决策。以盘山客户端为例，该客户端具备360度全景体验、景区导览、二维码验证等功能，使得旅游者持有该客户端即能玩转旅游景区。

4. 升级12301旅游热线服务功能。由云数据中心提供信息支撑，实现12301旅游服务热线与在线旅游服务的信息共享和同步进行。

5. 整合开发京津冀旅游一卡通。通过区域合作，整合旅游资源，并实现旅游与金融的相互融合，使得"京津冀旅游一卡通"具有银行借记卡功能，在区域交通和旅游消费中实现广泛使用并为旅游者提供一定的优惠政策。

6. 开发人工咨询网点智能管理与信息查询系统。汇总游客经常咨询的各种问题，总结其中的特点、难点、规律和主要问题，为全市旅游咨询服务网点提供数据支撑，并对各网点进行动态管理。

7. 构建城市旅游地理信息系统触摸屏。在全市主要的公共场所和旅游者活动集中地，包括全市主要的旅游景区、旅游酒店和交通枢纽等地设立旅游地理信息系统触摸屏，使其兼具信息查询和商业支付功能，为旅游者提供一站式服务。触摸屏与移动端的设置一起，共同为旅游者提供服务，只不过移动端可以实现移动自由的服务，触摸屏则是固定分散的服务。

8. 开通天津旅游微博群。通过新浪、腾讯两大微博平台建立天津旅游微博群，聚集市旅游局、区县旅游管理部门和旅游企业等一批旅游微博，通过微博实现旅游推介、线上服务和互动交流，树立天津旅游的美好形象。

9. 开发行业管理系统。开发和应用假日旅游统计预报系统、行业交流平台、短信群发系统等十余个行业管理系统，提高旅游管理效率。

10. 促进旅游企业积极投入智慧旅游发展建设。和平区五大道旅游区提升官方网站、手机客户端、网络支付、二维码导览等旅游服务设施和功能；蓟县盘山风景区优化完善数字监控、触摸屏、门禁系统等设施、设备和系统；西青区希乐城开发儿童互联网、馆内实时定位、高科技仿真系统等服务内容；天津经典假期国际旅行社自主研发综合业务平台，从报名、操作、结算到客户管理已经全部联网，电子化合同为游客和企业都带来极大的便利。

天津智慧旅游发展建设的功能、体系、内容仍在充实完善，但已经具备了一定的经验积累，为国内其他地区智慧旅游发展建设提供了参考和借鉴。

首先，明确总体目标，制定发展规划。智慧旅游的发展建设能够满足多方需要和提供多种功能，如提升旅游体验、助力旅游管理、实现智慧营销等。不同的发展目标决定了智慧旅游发展建设的侧重点和发展路径不同，因而，智慧旅游的发展建设，首先要认清发展目标，基于发展目标制定发展规划，对智慧旅游发展建设的具体内容、框架体系、步骤阶段进行明确，从而循序推进智慧旅游发展建设，注重智慧建设成果的积累。

其次，确立规范标准，实现统一管理。天津市在智慧旅游发展建设的前期，即制定了《天津旅游信息数据采集规范与标准》，对云平台主体内容进行管理。从旅游目的地视角进行智慧旅游建设，就应当实现统一管理和规范进行，避免各自为政造成的标准不一、对接不易、运营不畅等问题的产生。只有从顶层设计角度，从各个方面，包括技术应用、设备设施、行为方式等进行统一的规范管理，才能实现旅游目的地范围内的统一管理和互联互通。

再次，注重公共服务，循序跟进建设。与旅游企业不同，智慧旅游目的地的发展建设更加注重目的地范围内公共服务的供给，因而在建设的过程中，首先从能够提供公共服务的网络覆盖、智能终端等内容着手建设，在基础服务建设后，即可提供公共服务。同时，各旅游企业也可以自动对接公共服务。由于智慧旅游发展建设涉及面广、成本投入多，智慧旅游发展建设需要分阶段有序推进。天津智慧旅游发展建设首先从公共服务和基础应用着手，例如从旅游网站、智能终端、触摸屏等构建相对容易、旅游发展亟须、面向社会大众的项目着手，在一期工程完成后，再开始推进后期工程，从而逐步实现智慧旅游体系的丰富完善。

最后，实现多方共建，推动企业跟进。天津智慧旅游发展建设中集聚政府部门、科研院所、通信运营商和科技公司等为智慧旅游发展建设群策群力，形成了产学研共同建设智慧旅游的良好局面。在发展建设上，由于政府在财力、技术、智力等方面的不足，将部分的建设项目委托给企业建设或与企业共建，一方面有利于对公共服务项目的管理，另一方面又能够引进资金。在提供公共服务和基础设施的基础上，鼓励企业对接智慧旅游目的地整体框架，进行自主建设，形成政府做足公共服务和基础设施，企业实现特色化建设的良好局面，从而真正推动智慧旅游目的地的发展建设。

三、南京市智慧旅游城市建设实践

2011 年初，南京市在国内率先启动了智慧旅游建设。作为全国著名的旅游城市、首个中国软件名城和国家创新型试点城市，南京市开展智慧旅游建设具有良好的现实基础和优势条件，其智慧旅游的发展实践对国内智慧旅游发展具有良好的借鉴和示范作用。南京智慧旅游建设的重点主要体现在三个方面：旅游服务的智慧化、旅游管理的智慧化和旅游营销的智慧化。就总体构架而言，主要分为前端的应用体系和后端的支撑体系。前端体系主要包括游客和政府，着重体现了智慧旅游对于旅游体验和政府管理的智能服务；后端支撑体系主要由旅游信息资源数据库和基础服务系统两部分组成，统一为前端应用体系提供全面、强大的支撑服务。由此可见，无论是从智慧旅游建设的重点，还是其总体架构，均体现了南京在智慧旅游建设中对社会服务的重视。南京市智慧旅游服务社会主要体现在三个方面：服务行业发展、服务社会管理和服务公众生活。

（一）服务行业发展

1. 游客体验。南京智慧旅游从游客出发，通过科学的信息组织与呈现形式，方便游客获取旅游信息，从而做出旅游决策；游客在获取旅游信息、制定旅游计划、购买旅游产品、享受旅游体验和回顾评价旅游的过程中，均能感受到智慧旅游所带来的全新体验。消费方式的转变，服务品质的提升和旅游体验的升级，提升了游客的舒适度和满意度，从而有力地扩大了南京的旅游品牌。

2. 旅游管理。通过对现代信息技术的运用，实现传统旅游管理方式向现代智慧管理方式的转变，无纸化办公、网络办公的应用，提升了旅游业管理效率；及时获得市场信息和管理信息，实现了对旅游市场的实时监管。同时，智慧旅游体系与公安、卫生、交通、质检等部门联动，实现了旅游中安全、卫生、应急和消防等管理，有力地保障了旅游业的正常运行。

3. 市场运作。南京市鼓励和支持旅游企业通过智慧旅游体系改善经营流程，提高管理水平，实现企业的高效运作。目前，南京智慧旅游体系行业要素中主要包括智慧景区、智慧酒店和智慧旅行社等。智慧景区主要有电子票务系统、基于位置的服务和景区信息发布等系统；智慧酒店则包括数码客房服务系统和酒店运营管理系统等；智慧旅行社则集中了车载监控系统、合同管理系统、团队旅游管理和旅行社信息门户等。智慧旅游在行业内不同部门的应用，提升了行业整体的运营效率。

（二）服务社会管理

1. 资源整合。目前，南京已经实现了电信和移动 4G 网络的全城覆盖，联通实现了道路和城镇区域 4G 网络的覆盖，全市无线网络（Wifi）热点已经超过了 1800 个。同时，通过智能传感技术构成智慧网络，实现景区、酒店、交通和社区等的互联互通，通过智慧感知，获得相关资源信息，进而搭建信息服务公共云平台。在信息资源富集的同时，通过云计算等技术，对信息进行整合分析，从而为社会服务提供信息资源依据。

2. 社会管理。南京在进行智慧旅游建设时，注重与智慧南京建设的结合，智慧南京为南京智慧旅游的发展提供了现实基础，智慧旅游则充实了智慧南京的内涵。智慧旅游的发展需要以社会环境和社会资源为依托，如交通和治安等；同时，智慧旅游又是一个相互关联的完整体系，只有旅游要素及相关要素实现充分智慧化，旅游业才能真正实现智慧化发展。南京正在努力打造以智慧旅游为中心，集智慧交通、智能环保、智慧公共安全和智能灾害防控等为一体的智慧旅游城市。因此，智慧旅游发展推动了交通管理、环境监测、安全保障和灾害防控等，促进了社会管理的智慧化。

（三）服务公众生活

1. 全新的消费体验。游客的移动性使得泛在网无所不在、无处不有，旅游消费的全新体验逐渐推进了现代消费的发展。智慧旅游服务于人们消费方式的转变，人们通过消费卡、触摸屏和智能移动终端等多种方式访问智慧体系，通过系统获取产品和服务信息，进而实现网上消费、远程消费和虚拟消费。

2. 便捷的现代生活。智慧旅游在充实智慧南京的同时，方便了人们的日常生活：通过智能交通系统，随时随地了解交通线路和路况信息；通过智慧餐饮系统，有选择地进行健康饮食；通过智慧社区系统，便捷地缴纳水电等费用。同时，智慧生活还体现在其他方面。智慧旅游推动了智慧体系的完善，智慧体系则直接服务于人们的日常生活。

3. 完善的公共服务。南京智慧旅游在发展实践中与智慧医疗、智慧交通、智能环保、智能灾害防控和智能公共安全等通过信息交互平台密切联系，构建了协同管理机制。随着智慧旅游的发展，其平台和内容不断拓展和增加，智慧旅游体系将会涵盖相关公共服务平台，其服务对象也将由旅游者向社会公众转变，进而实现公共服务的功能。

第四节　智慧旅游目的地建设的问题与对策

一、建设现状

时任国家旅游局局长邵琪伟在 2013 年全国旅游工作会议上强调，"要继续深化智慧旅游试点城市工作，形成国家智慧旅游建设与运营规范，研究推进国家层面智慧旅游公共服务平台建设，加强各级旅游部门信息化建设，继续推进智慧旅游景区、智慧旅游企业建设"，对中国智慧旅游发展提出更高要求。国家政策支持、地方政府配合，以及主体积极应用，使得智慧旅游发展建设迅速推进并逐步提升。中国智慧旅游发展形势良好，各地从不同层面、不同视角有条不紊地推进智慧旅游和智慧景区的发展建设。

（一）发展智慧旅游规划先行

规划工作和行动方案是指导智慧旅游科学发展循序推进的思想纲领，各地在智慧旅游项目启动前编制发展规划，明确发展思路。

福建省旅游局开展智慧旅游总体规划编制调研工作，为编制《福建省智慧旅游总体规划》和《智慧旅游大平台建设总体方案》做准备；辽宁省旅游局采用"大连模式"，启动"全省统一规划、统一架构、统一平台"的智慧旅游省建设工程，形成全省各城市协同合作，资源共享的低成本、高效率的智慧旅游建设局面；浙江省规划通过 3 至 5 年的努力，形成投资、建设、运营、管理、服务模式创新的体制机制，形成一批技术、业务与监管流程融合的国家标准、行业标准和地方标准，形成一批创新能力突出、集聚发展的智慧产业基地；安徽省旅游局组织编制《安徽省旅游信息化建设三年行动计划》（2013—2015），以期实现旅游业管理信息化、旅游企业经营与服务信息化、旅游产品宣传营销信息化，提高旅游业科技含量；四川省测绘地理信息局与旅游局签订战略合作协议，双方从两个方面推进四川"智慧旅游"建设，一是基于"天地图·四川"的旅游政务管理平台、旅游公众服务平台和旅游商务管理平台的开发，二是基于我国"北斗"系统的导航与旅游位置服务，为旅游应急抢险救援、景区流量控制、游客安全监控、游客自助旅游、旅游线路定制等提供导航与位置服务。

丽江市旅游局与纵横壹旅游科技（成都）有限公司签署《丽江智慧旅游战略合作协议》和《丽江智慧旅游触摸屏查询终端安装使用协议》，拟着手建设"云游四海"智慧旅游项目，具体分为"智慧旅游查询平台""壹旅图探索系列——邂逅丽江""壹旅游随身导微信平台""壹旅游随身导景区专属 App"四个部分；淮安市围绕满足公共服务、促进旅游营销、便捷行业管理等目标，启动编制智慧旅游三年行动计划；十堰市构建智慧旅游项目框架，包括一个旅游云计算数据中心、两个网站（十堰旅游政务网和十堰旅游电子商务网）、三个体系（智慧旅游管理体系、智慧旅游服务体系、智慧旅游营销体系）、四个载体（十堰智慧旅游手机客户端、12301 旅游服务热线、"一云多屏"查询平台、智慧旅游监测分析平台），计划用三年时间将十堰建成全国智慧旅游示范城市；湖南凤凰智慧旅游系统签约建设，内容包括电子商务系统、行程单管理系统、游迹溯源系统、景点密集度监测预测系统、旅游车辆调度系统、虚拟展示系统、自导览系统、一卡通系统、自助服务系统、佣金管理系统、统计分析和环境监管等；苏州市稳步推进城市旅游融合发展示范区智慧旅游建设，以无线网络全覆盖先行，以微信公众平台系统重点开发，实现优惠信息汇总、旅游线路规划、景区全景手绘地图三大功能；长春市国家智慧旅游试点城市建设启动，以期全面提升旅游信息化水平。

《西安智慧旅游总体规划》拟通过实施"4+1+1"（"4"个建设核心即智慧旅游营销服务平台、智慧服务应用群、智慧管控系统群和云数据资源中心，"1"个旅游体验入口设计和"1"批示范建设）项目群，建设满足旅游产业转型升级需求的智慧旅游服务体系，助力西安建设国际一流旅游目的地城市；《南充市智慧旅游规划》（2015—2019）通过评审，并启动智慧旅游试点城市建设，规划总投资近3000万元，拟通过建设南充市智慧旅游数据中心、旅游信息感知采集工程、旅游信息网络传输工程和智慧旅游公共信息服务平台、智慧旅游管控平台、旅游行业孵化与电子商务平台等三大平台，以及安全应急管理联动指挥系统、旅游移动端智能服务手机应用、智慧旅游行业管理系统、电子商务应用系统、智慧旅游营销支持系统，整体提升智慧管理、智慧服务和智慧营销水平；柳州市制定《柳州智慧旅游城市规划》，拟搭建旅游公共服务、旅游电子商务、旅游电子政务、旅游项目监管、旅游安全与应急管理、智慧景区管理、智慧饭店管理，以及智慧旅行社管理等八大平台，内容包括网上旅行社线路预订、在线购买旅游特产、景区全景虚拟体验、旅游交通引导等。通过制定发展规划，指导智慧旅游目的地系统建设，有助于循序提升旅游目的地的智慧化水平。

智慧旅游规划工作实际上可以分为两类：一类是基于长期发展，从整体层面进行顶层设计，分期有序地推进智慧旅游项目建设，这类规划以省、直辖市等较大行政单位为主；另一类是基于短期应用，从主体需求层面制定行动方案，分步推进智慧旅游项目落实，这类规划以城市、企业、景区等应用主体为多。

（二）开发建设公共服务平台

开发建设公共信息服务平台，实现多方应用。安徽省岳西县启动"岳西智慧旅游"公共信息移动服务平台开发建设，该平台是以岳西县旅游信息全覆盖、数字化、移动化、智能化、云服务为基础，以移动终端用户体验（即手机应用）为核心，集智能查询、导航导游导购、信息发布、推荐管理、用户记录、游客互动于一体的旅游公共信息移动应用平台；常州市智慧旅游公共服务平台一期项目上线运行，其中包括一期产业数据库、常州旅游网和安卓、苹果系统的智能手机客户端；昆明旅游信息公共服务中心依托昆明"数字旅游"管理平台，以人工、多媒体及网络咨询等形式向市民及国内外游客提供旅游企业及从业人员资质查询、旅游资源和旅游产品信息查询、消费维权指导等全方位旅游咨询服务。

开发建设同业信息服务平台，服务旅游行业。河南旅游同业信息服务平台试用，为景区、酒店、车队、旅行社和旅游管理机构提供服务，通过B2B2C的形式为平台用户提供信息发布及产品交易服务。

基础信息数据采集，满足平台需要。"丽江古城遗产监测预警体系"完成数据采集工作，为实现数据标准加工、数据存储管理、数据共享服务、数据科学分析、预警和应急联动处置提供可靠支持，为遗产保护从传统方法走向现代科技打下基础；河南省启动省级旅游基础信息采集工作，采集范围和对象包括宗教场所、营运性质的旅游车船公司及车船出租公司、中华老字号餐饮企业、文艺演出（文化娱乐）、民俗文化节庆、博物院（馆）文物保护单位等。

开发建设地理信息服务平台，提供地理数据。朔州旅游电子地理信息服务平台初步建成，该平台向普通公众用户提供地图浏览、景区搜索、信息查询等服务。

此外，旅游云平台项目建成运行，也为信息采集、信息发布、信息查询和信息利用等提供数据和平台支持。哈尔滨启动"旅游云"项目，拟建设一个核心（智慧旅游综合数据中心）和四大辅助系统（公众旅游信息咨询系统、行业管理系统、电子商务系统和智慧景区系统）；成都智慧旅游数据中心上线运行，通过该中心应用平台可以为游客提供"一站式"旅游信息资源搜索服务，为旅游行政主管部门、旅游企业提供信息发布的渠道和标准规范的数据交换接口，为有关单位提供信息资源共享载体。

（三）智能终端对接游客需求

以信息发布、景区推荐、线路介绍和手机预订等为主要功能。北京市旅游发展委员会推出"i 游北京"手机应用软件，为旅游者提供导游、导览、导购和导航等服务，该手机应用软件的服务器端集成近 60 万条数据，涵盖全市 672 家景区数据、40 家景区监控数据、畅游商城 3000 条数据、22 家重点景区的导游导览数据、1445 家旅行社数据、6379 个导游数据和 21438 条旅行社团体数据；"智游河南"手机客户端开发上线，具备信息发布、景区推荐、线路介绍等功能，并预设旅游城市客户端独立运行模块；莆田市建立旅游资源手机上网工程，利用手机 GPS 导航功能，在电子地图上呈现各种旅游服务节点，搭建公共服务平台；此外，"无锡智慧旅游"手机应用软件、"i Travels 嘉兴"智能手机应用软件、厦门"智慧旅游"城市建设手机客户端、景德镇市"瓷都智慧旅游"手机应用软件项目等均已上线运行。

另外，一些软件以手机游戏为主要形式，兼顾景区介绍和信息查询等功能。截至 2013 年 9 月,全国首款城市旅游手机游戏"玩转南京"下载量突破 60 万,该款手机游戏不仅是一本非常实用的南京旅游手册,更是一款集游戏娱乐、景区介绍、酒店查询等多功能于一体的智能软件。

二维码技术得到广泛应用。《福州二维码旅游地图》发行,游客通过手机扫描二维码,即可关注福州旅游官方微博,方便快捷地获取福州市 3A 级以上景区、市区内重点景区、观光巴士线路沿途景点的音频解说、文字图片及地理信息等服务。甘肃陇南市首次应用二维码技术开展旅游营销,成为陇南市发展"智慧旅游"的前奏和试点。四川智慧旅游系统 G5 国道示范项目上线,游客只须打开一张可折叠的"壹旅图",通过扫描上面的二维码下载相关软件,就能轻松享受到便捷的旅游信息服务;同时,只要在微信中关注"四川旅游",就可以享受到更完美的资讯服务,"四川旅游"里设有"随身导""画说四川""旅游资讯"等三大功能模块。

（四）旅游卡片承载多项功能

与传统意义上功能单一、区划受限的公交卡、社保卡等不同,智慧旅游背景下的旅游卡片创新发展,功能逐渐增加、支付愈加便捷、使用更加广泛,由此助推智慧旅游发展建设。

功能强大的旅游卡片。黄山旅游发展股份有限公司与海航易生控股有限公司联合推出的"易生旅游黄山卡",集门票、住宿、餐饮、交通、娱乐、购物等多种要素于一体,为旅游者提供丰富的产品选择;在整合各种资源的同时,与商户建立诚信联盟,使旅游消费透明化、规范化和诚信化,促成游线对接、客流互送、利益共享等联盟机制的形成。湖南省推出"锦绣潇湘旅游卡",该卡为非接触式智能芯片卡,与新型的"闪付"银行卡、移动 NFC 手机 SIM 卡（用户身份识别卡）采用同样技术,为各行各业与旅游合作"一卡通"打好基础;同时建设先进的运行管理系统,通过 3G 物联网技术将全省合作景区与系统联网，在旅游卡的绑定及验证过程中，使用"NFC 手机支付技术""自动提取身份证照片技术""多介质验证技术"等先进技术，使得不同的消费群体可以分别采用旅游卡、身份证、银行卡、手机等验卡方式，该卡在全国旅游信息化应用中尚属首创。广西推出智慧旅游积分充值卡，为游客出行提供行程规划和景区门票预订等公共服务。此外，"灵秀湖北旅游卡"实现无障碍旅游，"中国旅游卡·安徽"继续扩容，更多的酒店、旅行社和旅游景区进入该卡业务范围。

互联互通的交通卡片。"泰州通"全国互通卡发行，持有该卡的市民可实现在全国 35 个公交互联互通城市刷卡乘坐公交车。住房和城乡建设部于 2008 年启动"全国城市一卡通互联互通"工程，使所在城市的公交卡能够实现在异地城市刷卡消费，当前，共有上海、无锡等 35 座城市接入该工程。

（五）新型智慧产品不断涌现

1. 在线旅游商店。2013 年 4 月，"多彩贵州旅游馆"在淘宝上线，馆内设立景区门票、酒店、线路和旅游商品等四大类商品，截至 12 月中旬，累计交易额超过 3500 万元；"天猫海南旅游官方旗舰店"为海南旅游互联网营销搭建平台。

2. 智慧旅游体验馆。灵秀湖北旅游形象体验店在台北亮相，该店综合运用 3D 旅游地图、宽屏触摸屏、互动艺术表演等高科技手段，模拟出立体灵秀湖北的山水人文画卷，使人仿佛身临其境；2013 年中国国内旅游交易会贵州旅游馆智慧旅游体验区通过文字、灯箱、弧形主屏幕、二维码、平板电脑通信终端等新技术，展现贵州旅游品牌形象。

3. 智慧旅游社区。上海市旅游局与中国电信上海分公司签订《"十二五"期间智慧旅游建设战略合作协议》，双方就深化手机导游爱旅特（i Travels）酒店版应用、推出交互式网络电视（IPTV）旅游频道、建设面向旅游市场的企业认证平台 B2B、开发银联卡支付服务平台 B2C、完善旅游公共场所无线覆盖、共享旅游公共场所视频监控信息等具体项目提出实施设想和建议。为了丰富智慧社区的信息服务内容，拓宽市民和游客旅游公共信息的获取渠道，上海市旅游局和电信上海分公司共同打造"上海智慧旅游社区"（IPTV）频道。

（六）智慧旅游发展成效初见

2013 年，中国智慧旅游发展成效初见，具体可以分为两类：一类是按照规划方案，完成智慧旅游建设预定目标；另一类是按照功能需求，完成重点建设，满足发展需求。

1. 安徽省智慧旅游成果显著。黄山市积极实施"智慧黄山"精品旅游信息化工程，成功入选"国家智慧旅游试点城市"；宣城市打造"智慧旅游，美好宣城"系统；淮南市编制智慧旅游门户与电子商务系统；霍山县启动"智慧旅游"综合旅游服务管理平台规划工作；蚌埠在酒店、商场、车站等重点区域推出旅游信息发布与触摸系统；安徽省内首家县级智慧旅游服务平台岳西旅游通基本建成；合肥市启动智慧旅游城市建设。

2. 天津市智慧旅游建设项目落到实处。"1 个中心"（智慧旅游综合数据中心）已建成，行业智能管理平台等 3 个平台初步实现，12301 旅游服务热线等 6 个载体已完成建设，旅游景区管理系统等 9 个系统均已开展子项目建设。

3. 福建省武夷山市建成智慧旅游城市框架，具体包括"1 个支撑"（智慧旅游城市建设及运营支撑体系）、"3 个平台"（旅游综合服务平台、旅游云计算平台、智慧旅游物联网平台）、"6 个应用"（智慧景区、智慧交通、智慧乡村旅游、智慧酒店、智慧旅行社、智慧商场等方面的应用）、"9 大看点"（智慧营销、智慧体验、智慧运营、智慧引导、智慧服务、智慧管理、智慧监控、智慧指挥、智慧评估）。

4. 江苏省常州市旅游局对首批智慧旅游试点企业考核验收，

环球恐龙城、淹城春秋乐园在电子商务系统、门禁票务系统、多媒体展示系统、智能化监控系统等方面的建设上均取得良好成效；常州国旅、常州春秋国旅、常州青鸟国旅等积极推行"办公无纸化"和"管理网络化"，并在微博、微信营销方面取得良好效果；常州国旅的大型游客智慧旅游体验中心也即将投入运营；明都紫薇花园的"智慧客房"建设有声有色，可以为顾客提供个性化住宿体验。

此外，其他省市、企业和景区等在智慧旅游建设上也取得了丰硕的成果。例如：湖北省基本实现"一卡玩遍、一机玩转、一键敲定、一厅全看"的旅游信息化建设目标。江苏无锡"智慧旅游数据处理中心"项目通过验收，数据处理中心通过数据采集、数据分析，为无锡旅游公共服务平台和无锡旅游管理平台提供了有效的数据支撑;"扬州市三维数字规划综合平台"成果通过鉴定，通过该系统能够畅游扬城街景。辽宁省内各城市智慧旅游建设采用大连模式，并由大连负责承建，把 15 个城市的旅游企业、旅游资源汇集到大连开发的智慧旅游平台"i 慧游"上，使其成为辽宁省旅游电子商务综合平台。北京市旅游委组织开发的旅游公共服务设施管理系统（一期工程）建设完成，为旅游公共服务设施管理电子化奠定了基础。

对当前智慧旅游目的地发展建设现状进行总结、归纳和分析后发现，现阶段智慧旅游目的地发展建设呈现以下特征：

1. 推动智慧旅游目的地发展建设的主体是政府。与旅游企业的信息化和智慧化建设不同，推动智慧旅游目的地发展建设的主体是政府。纵然智慧旅游目的地必然包括智慧景区、智慧酒店、智慧旅行社等主体要素，但政府在统筹协调布局、制定发展规划、提供公共服务、处理公共关系等方面的优势，使得智慧旅游目的地发展建设的主体是政府。但在具体的项目建设中，也可由政府主导、市场参与，共建智慧旅游目的地。

2. 智慧旅游目的地发展建设的主要内容是公共服务。当前智慧旅游目的地发展建设的内容集中于无线网络的覆盖，智能旅游咨询和旅游查询设施设备的设立，如触摸式智能旅游终端的设置为旅游者和社会大众提供了公共服务。

3. 智慧旅游目的地发展建设的主要功能是实现智慧服务和智慧营销。服务项目以信息服务为主，如旅游景区、旅游消费、旅游文化、天气预报等方面的信息，使得旅游者能够便捷地获得；在传递信息的同时，对旅游目的地的特色资源、风土人情、优美生态等予以展示，通过互动、优惠等方式实现营销。

4. 智慧旅游目的地建设要响应旅游者现实需要。通过公共服务与旅游者的智能移动设备，如智能手机和平板电脑等对接；通过开发手机应用、二维码等，使得旅游者通过下载手机应用或扫描二维码即可获得所需的信息服务。

5. 智慧旅游目的地建设要畅通与旅游者的实时沟通，利用自媒体服务旅游者。充分利用微博、微信、空间、社交网络等平台，在与旅游者或潜在旅游者互动的同时，提供服务，助力营销。

6. 智慧旅游目的地建设要做到支付手段智能化，实现购买便捷化。网上预订、线上购买、便捷支付的建设相对充分，旅游者通过智能手机、平板电脑等移动终端设备，即可实现便捷地旅游消费。

7. 为智慧旅游目的地发展建设提供技术支持的主要是中国移动、中国联通和中国电信等三大通信运营商。由于智慧旅游目的地发展建设的重要任务是实现网络覆盖和互联互通，而三大运营商在移动通信方面的技术优势使其成为智慧旅游发展建设的技术支持主体。

当前，智慧旅游目的地发展建设已经逐步展开，由于没有现成的模式，也没有统一的供应商，智慧旅游目的地的发展建设在探索和实践中进行，因而需要政府、企业、以及个人等在人力、物力、财力、智力等方面的共同支持，只有各方贡献智慧和力量，并形成合力，才能推动智慧旅游目的地的发展提升。

二、存在问题

（一）缺乏科学系统的顶层设计

智慧旅游目的地的发展建设通常涉及面广、成本投入高、影响范围大、建设时间长，因此，智慧旅游目的地的发展建设应当是一个不断积累、循序渐进的过程。这就需要对智慧旅游目的地发展建设进行顶层设计，只有确立长期目标，立足长远发展，才能使得智慧旅游目的地发展建设持续积累和前进。但现实状况是，许多旅游目的地在智慧旅游发展建设中，没有顶层设计，缺乏系统规划，发展建设各行其道，这就不利于智慧旅游发展建设成果的积累和拓展。

（二）政策规范和标准体系建设不足

智慧旅游目的地的发展建设，如果没有统一的规范和标准，将会使得各建设主体各行其道，最终建设出来的成果将是五花八门。例如，对于信息的格式、渠道的联结、技术的尺寸等基本内容，如果不能有效地进行规范和统一，随着发展建设的逐步升级，智慧旅游目的地在项目拓展和互联互通中将面临困难。

（三）智慧化水平较低

当前，一些旅游目的地为了跟随智慧旅游发展建设的热点和潮流，在没有进行科学研究和系统规划的情况下，即进行简单、基础的项目建设，如建设旅游门户网站，开通微信、微博平台，并声称智慧旅游目的地发展建设取得了较好的成果。但实际上，其功能和应用水平较低，所谓的智慧旅游目的地可能徒有虚名。

（四）旅游企业并未充分纳入智慧旅游目的地发展建设

部分旅游目的地在推动智慧旅游发展建设中，片面强调网络覆盖、信息服务、安全预警等方面的建设，缺乏智慧旅游目的地发展规划，没有相应的规范和标准，未构建服务旅游企业的平台，也不对旅游企业的智慧化建设提供指导和帮助，对智慧景区、智慧酒店、智慧餐饮、智慧旅行社等的推动力度明显不足。

（五）重复建设现象严重

许多旅游目的地在智慧旅游发展建设中，由于未能充分实现互联互通，重复建设现象较为普遍。例如，旅游目的地和不同的旅游企业分别开发自己的 App 和二维码等应用，旅游者在旅游活动或旅游消费中，为了获得相应的服务，就必须多次下载和应用不同的客户端，这样的"智慧"反而给旅游者带来麻烦。重复建设也存在于信息收集、平台渠道等方面。智慧旅游目的地的发展建设应当最大限度地实现功能和要素的集成，并提供一站式服务，大量的重复建设将使"智慧"受阻，也会造成资源的浪费。

三、对策建议

（一）着眼长远发展，制定科学规划

从经济社会发展的主流趋势来看，信息化已然成为社会的重要特征，随着中国旅游信息化的优化升级，智慧旅游将是中国旅游的主流趋势。智慧旅游目的地的发展建设应当着眼于长远，谋求智慧旅游目的地的持续发展和改造升级。因此，在智慧旅游发展建设初期，应当确立发展目标、框架体系、主要内容等，对智慧旅游目的地的发展建设进行科学规划，从顶层设计的角度，实现智慧旅游目的地长期健康可持续发展。信息社会发展千变万化，信息技术的应用升级日新月异，如果只是为了跟随智慧旅游的热点和潮流，盲目地进行建设，缺乏系统地定位与思考，那么，从长远来看，将会造成资源的浪费，也不利于智慧旅游发展建设中信息、技术、设备、应用的积累。因此，根据发展规划，循序推进智慧旅游目的地发展建设，才能实现智慧旅游的功能和价值。

（二）统一规范标准，实现整体联动

智慧旅游目的地是一个完备的旅游系统，涉及旅游活动和旅游业的方方面面，如果每个企业依据自身需求，各行其道、各自为政地发展建设，那么，建设成果在发展运用的过程中将会遇到障碍。例如，信息的格式、技术的标准、数据的通联、传播的渠道等，如果不能实现互联互通，那么智慧旅游的发展和应用效率，旅游管理、企业运营等方面就将受到影响。因此，在智慧旅游发展建设的前期，旅游目的地应当制定统一的规范标准，对智慧旅游目的地的发展建设进行统筹指导，在功能集成和运营使用中，实现智慧旅游目的地的联动化和一体化，从而真正为旅游体验、旅游服务、旅游管理和旅游运营带来便捷。

（三）推进公共服务，鼓励企业对接

智慧旅游目的地的发展建设，不是政府的独角戏，而是旅游行业的共同选择。政府在智慧旅游目的地发展建设的过程中，应当起到主导作用、引领作用和推动作用，尤其是在公共服务供给和基础设施构建方面，政府应当搭建平台，鼓励和引导旅游企业进行智慧化建设；在具备网络体系、信息平台等基础设施和公共服务的前提下，旅游企业进行智慧化建设成为理性选择。政府在智慧旅游目的地发展建设中，应当扮演好组织者、协调者、领导者和推动者的角色，从而带动旅游企业参与智慧旅游目的地发展建设。

（四）循序进行建设，解决现实问题

在没有现成模式，也没有范例标准的情况下，智慧旅游目的地的发展建设不可能一蹴而就，也不可能一劳永逸，而是在探索中前行，这就使得智慧旅游目的地的发展建设应当分阶段循序推进。首先，进行智慧旅游基础设施和基本项目建设，如网络覆盖、旅游数据库云平台等，构建智慧旅游发展建设的基础；其次，对接旅游者需求，将智慧旅游的发展建设与旅游活动和旅游消费结合起来，如在微信客户端、线上预订、便捷支付等方面进行建设，以满足旅游者需求；再次，结合当前旅游业发展的热点和难点问题，根据旅游企业和旅游目的地发展的现实情况，有针对性地进行建设，助力解决旅游业出现的景区拥堵、价格欺诈、投诉无门、购买不便、信息孤岛等问题；最后，随着旅游经济发展和社会生活方式的转变，逐步更新升级智慧旅游发展建设的内容，从而丰富和拓展智慧旅游目的地的功能价值和框架体系。

（五）预留拓展空间，随时准备升级

当前，智慧旅游目的地的发展建设处于起步和探索阶段，旅游目的地和旅游企业都在探索智慧旅游建设模式。在智慧旅游目的地发展建设中，将有更多的平台和客户端进入智慧旅游体系，例如，新业态的出现，跨界融合的产生，使得智慧旅游应当与更多的平台和渠道进行对接。因此，在智慧旅游目的地的发展建设中应当预留一定的拓展空间，随时准备优化升级。

第七章　智慧旅行社与旅游电子商务建设实践

第一节　智慧旅行社发展建设现状

智慧旅行社是智慧旅游在旅行社的发展应用。国内关于智慧旅行社发展建设的研究和实践相对较少，但实际上，旅行社信息化已经经历了较长时间的发展，并且集聚了相应的功能和价值。

一、旅行社信息化的主要内容

旅行社信息化发展建设，是实现旅行社运营管理高效化的过程，其发展建设内容主要集中在以下方面：

1. 旅行社呼叫中心系统。旅游者通过呼叫中心可以咨询旅行社的产品、价格、服务等信息，进而做出是否购买旅游产品的决定；旅行社经由呼叫中心系统能够实时便捷地了解旅游者需求，从而提供个性化服务，提高顾客满意度。通过呼叫中心系统进行下单和购买，能够提高旅行社收客效率，同时为旅游者带来便捷。

2. 旅行社业务流程管理系统。一是后台业务处理系统，通过网络进行资源采购、产品设计、线路整合、数据统计、财务管理等方面的业务管理；二是前台收客管理系统，运用网络实现在线咨询、线上收客、订单处理、计调团控、财务结算、服务管理等。通过后台和前台系统的网络化运营，实现旅行社业务流程一体化管理。

3. 旅行社分销管理系统。一是旅行社门店管理系统。该系统主要面向旅行社门店销售人员，门店销售人员可以了解旅行社国内游、出境游等方面的产品、线路、价格、优惠等信息，从而及时为旅游者和购买者提供各方面的咨询服务。旅行社门店管理系统的应用能够提高工作效率，促进产品销售。二是对旅行社产品的批发商、代理商等进行管理和服务。例如，在销售、结算等方面提供服务。

4. 旅行社客户关系管理系统。该系统主要是收集、整理客户信息，实现顾客关系维护。例如，在顾客消费的过程中，了解和记录顾客的基础信息、消费特征等，以备后期为顾客提供服务和信息推介时具有预见性和针对性，从而有利于为顾客提供个性化服务。客户关系管理系统，将有助于旅行社提供个性化服务，提高旅行社的知名度和美誉度，实现顾客忠诚。

5. 旅行社网站管理系统。旅行社将产品、服务等内容向网站转移，实现线上线下联合发展与同步发展。通过网站运营为旅游者提供咨询、购买等服务，不仅为旅游者带来便捷，同时也拓宽了旅行社的销售渠道，为旅行社发展拓展了新的空间。

当前，多数旅行社在信息化方面展开建设，旅行社信息化水平不断提高。随着信息技术的更新升级和广泛应用，许多旅行社已经在新领域利用新技术、新设备和新思维，在原有信息化的基础上，丰富和提升旅行社信息化的水平和功能，并且随着智慧旅游的深入发展，智慧旅行社已经成为旅行社发展的必然趋势。

智慧旅行社的发展建设将表现在不同人员对智慧化项目的应用上。产品专员可以通过业务流程管理系统进行资源采购、产品设计、线路组合和行程报价，提供产品和服务信息；旅游者可以通过呼叫中心、手机短信、B2C 网站等途径实时获得旅行社的产品和服务，如线路安排、产品价格、在线预订、便捷支付等；计调人员可以通过网络开展订单处理、团队控制、在线结算等工作；

管理人员可以通过网络对内部部门、门店销售方面的业务进行监督管理和在线控制；高层管理人员则能够通过智能移动终端，实时掌握企业的财务报表、统计数据等方面的信息，便于管理者及时做出运营管理决策。此外，通过旅行社业务运营系统，财务管理部门能够对旅行社财务进行管理，人力资源部门可以对公司人员进行管理，资产管理部门运用遥感技术可对公司设施设备等进行管理，通过各部门、各单元、各主体的充分联动，实现旅行社智慧运营、智慧管理和智慧服务。

二、智慧旅行社发展建设实践

随着智慧旅游的深入发展，作为旅游业的重要组成部分的智慧旅行社的发展建设正逐步展开；但与智慧景区和智慧酒店的发展建设有所不同，智慧旅行社的发展建设主要是为顾客购买提供服务的，因此，智慧旅行社的建设项目围绕着顾客消费平台渠道和旅行社业务管理而展开。为了充分说明智慧旅行社发展建设的主要内容，我们对《北京智慧旅行社建设规范（试行）》和《山东省智慧旅行社评定标准》展开分析。

2012 年 5 月，北京市旅游委发布《北京智慧旅行社建设规范（试行）》，指出智慧旅行社是利用云计算、物联网等新技术，通过互联网/移动互联网，借助便携的终端上网设备，将旅游资源的组织、游客的招揽和安排、旅游产品开发销售和旅游服务等旅行社各项业务及流程高度信息化和在线化、智能化，达到高效、快捷、便捷和低成本、规模化运行。该规范从业务智慧化、管理智慧化和新技术应用这三个方面对智慧旅行社的发展建设规范进行了阐释，具体包括信息收集与资源采购、产品策划与发布、产品销售、游客服务、订单管理、团队管理、统计结算、内部管理、与行业监管的技术对接、技术应用创新共 10 个方面的内容。该规范在明确智慧旅行社发展建设基本要求和主要内容的基础上，明确北京智慧旅行社建设规范评分细则,细则包括上述 10 个方面的具体内容,总分为 1000 分。从规范和细则内容可知,北京智慧旅行社的发展建设实际上是旅行社信息化的高度化、全面化、便捷化、智慧化发展,同时对接顾客应用,从而更好地为顾客服务,在此过程中实现旅行社的智慧管理和智慧运营。

2014 年 11 月,山东省开展智慧旅行社评定工作。《山东省智慧旅行社评定标准》指出,智慧旅行社是指以旅行社信息化建设为基础,基于互联网和移动互联网渠道,充分利用信息技术,将旅游要素配置、游客招徕、旅游产品开发营销和旅游管理服务等旅行社业务标准化、数字化和智能化,实现高效管理运行和服务的新型旅行社。标准内容包含旅行社信息化基础设施、旅行社信息化系统和软件种类、旅行社网站和电子商务、旅行社网络营销等四部分。山东省智慧旅行社的评定和建设,突显旅行社信息化的发展阶段和发展水平,首先是构建旅行社信息化基础设施,其次是采集运用信息化系统和软件,然后是建立旅行社网站、开展电子商务,最后实现旅行社网上营销。

长期以来,旅行社信息化发展为智慧旅行社建设提供了一定的基础,基于新的发展形势和旅行社发展所面临的现实问题,智慧旅行社发展建设势在必行。在智慧旅游体系中,尽管智慧旅行社的呼声相对较小,但其发展建设已经逐步展开。

由蚌埠市旅游局主导,蚌埠智游公司、蚌埠联通公司共同开发了旅行社智慧营销及管理系统平台;该系统平台包括旅行社智慧微营销系统平台(手机移动营销平台)、旅行社智慧管理平台(业务管理平台)和个性化旅游定制服务等。秦皇岛市推行旅游电子派团单,实现旅游团队的全面上线运行,该电子派团单系统集聚统计分析汇总、简化旅行社业务程序、推进旅行社标准化、加强行业监管和市场监督、拓展智慧旅游发展空间等功能。国旅总社推出的"中国国旅"手机客户端(App),进军移动端旅游市场,通过手机客户端，用户在手机上即可完成线路查询、产品预订、在线支付等操作，享受中国国旅在移动端的各项旅行服务。

上述案例分别从体系构架、办公模块和移动应用等三个方向表现智慧旅行社发展建设的逻辑思路。尽管智慧旅行社的发展建设相对缓慢，但许多旅行社在旅游信息化、智慧旅行社的发展应用中已经取得了一定的成果。2014 年 11 月，在"智慧旅游与大数据·2014 旅游行业高峰论坛"上，全国各地 30 家旅行社被评为"智慧旅行社"。（见表 7-1）

表 7-1 "智慧旅游与大数据·2014 旅游行业高峰论坛"评选的 2014 年度智慧旅行社

序号	旅行社名称	旅行社所获称号
1	上海携程国际旅行社	智慧旅行社卓越成就奖
2	上海春秋国际旅行社（集团）有限公司	
3	北京众信国际旅行社股份有限公司	
4	途牛国际旅行社有限公司	
5	上海锦江国际旅游股份有限公司	
6	重庆海外旅业（旅行社）集团有限公司	
7	中国旅行社总社有限公司	
8	中国国际旅行社总社有限公司	
9	香港中国旅行社有限公司	
10	中青旅控股股份有限公司	
11	广东省中国旅行社股份有限公司	智慧旅行社最佳创新奖
12	常州国旅旅行社	
13	八爪鱼国际旅行社	
14	湖南省亲和力旅游国际旅行社	
15	港中旅国际（山东）旅行社有限公司	
16	上海驴妈妈兴旅国际旅行社有限公司	
17	上海港国际邮轮旅行社有限公司	
18	广州广之旅国际旅行社股份有限公司	
19	中国国旅（广东）国际旅行社股份有限公司	
20	广东南湖国际旅行社有限责任公司	

续表

序号	旅行社名称	旅行社所获称号
21	中国国旅（宁波）国际旅行社有限公司	
22	浙江省中国旅行社集团有限公司	
23	湖南华天国际旅行社有限责任公司	
24	深圳中国国际旅行社有限公司	
25	云南海外国际旅行社有限公司	智慧旅行社最佳应用奖
26	福建省中国旅行社有限公司	
27	无锡市中国旅行社有限责任公司	
28	上海中旅国际旅行社	
29	山东旅游有限公司	
30	宁夏中国国际旅行社	

资料来源：智慧旅游与大数据·2014 旅游行业高峰论坛。

从表 7-1 中可以得出我国智慧旅行社发展的几个特点：

1. 从发展规模来看，智慧旅行社的发展建设多数集中于规模较大、实力雄厚、业务量多、企业历史较长的旅行社，如中国旅行社、中国国际旅行社、广州广之旅国际旅行社等；

2. 从所属地区来看，智慧旅行社的发展建设多数集中于经济发达地区和旅游发达地区，如广东、上海、北京、江苏、浙江、福建、云南等地；

3. 从运营方式来看，智慧旅行社的发展建设多数集中于线上运营较为成熟的旅行社，如上海携程国际旅行社、途牛国际旅行社有限公司、重庆海外旅业（旅行社）集团有限公司、上海驴妈妈兴旅国际旅行社有限公司、八爪鱼国际旅行社等。

为了进一步地探寻智慧旅行社发展建设的规律，我们将表 7-1（"智慧旅游与大数据·2014 旅游行业高峰论坛"评选的 2014 年度智慧旅行社）和表 6-1（国家智慧旅游试点城市）比较可发现，国家智慧旅游试点城市主要集中于江苏、福建、浙江等地，而智慧旅行社主要集中于广东、上海、北京、浙江、江苏等地。

国家智慧旅游试点城市主要表现为旅游目的地，而智慧旅行社发展建设所在地多为旅游集散地；旅游目的地需要对智慧旅游框架体系进行系统地发展建设，而旅游集散地在招徕、接待方面的优势，则使得智慧旅行社的发展建设更为突出。由此可知，智慧旅行社的发展建设主要满足旅行社业务发展需要。

基于解决传统旅行社发展中信息发布不及时、顾客选择性少、互动交流少、价格不透明等现实问题的需要，立足智慧旅行社发展建设实践，未来中国智慧旅行社的发展建设将集中于综合管理平台、旅游电子商务、业务运营系统这三个方面，并且通过不断提升智慧旅行社的智能化、高效化、便捷化、低碳化水平，推动整个旅游业的发展进步。

第二节　旅游电子商务平台发展模式

智慧旅行社的发展建设将集中于综合管理平台、旅游电子商务、业务运营系统等三个方面，而旅游电子商务平台发展模式和在线旅游服务模式正是互联网时代各旅行社和旅游服务商发展的必然选择。因此，旅游电子商务和在线旅游发展是与智慧旅行社的发展建设一脉相承的。

互联网技术的发展促成旅游电子商务的产生。依据世界旅游组织对旅游电子商务的界定，旅游电子商务是通过先进的信息技术手段改进旅游机构内部和对外的联通性（Connectivity），即改进旅游企业之间、旅游企业与供应商之间、旅游企业与旅游者之间的交流与交易，改进企业内部流程，增进知识共享。此概念从广义上强调了旅游电子商务的联通性。

国内学者杜文才在《旅游电子商务》一书中将旅游电子商务定义为："利用互联网和通信技术，实现旅游信息收集与整合，实现旅游业及其相关产业电子化运作和旅游目的地营销的活动，是一种先进的运营模式。旅游电子商务主要包括旅游信息网络宣传，旅游产品在线预订、支付以及旅游企业业务流程的电子化、旅游目的地营销等。"该定义指明了旅游电子商务的功能和作用。

旅游电子商务平台，是基于互联网和通信技术，综合利用数据库、信息技术和多媒体技术等，开展旅游电子商务的系统和平台。在发展和应用实践中，不同旅游企业运营管理和盈利模式具有差异性，由此产生了不同类型的旅游电子商务平台发展模式。目前这些商业模式都处于探索阶段，有的已经陷于破产倒闭的境地，也有的被兼并收购后改变了原有的商业模式。

一、B2B 模式

B2B（Business To Business）是指企业与企业之间通过互联网进行产品、服务及信息的交换。

就运营模式而言，B2B 有三种模式类型。一是垂直模式，企业与企业之间具有典型的上下游关系，如供应商、生产商和经销商之间的营销关系。二是水平模式，将行业中营销关联的企业集中到同一场所，为不同类型的供应商和采购商提供交易平台，这种平台本身不提供产品。三是关联模式，整合垂直模式和水平模式而建立起来的跨行业电子商务平台。就平台内容而言，可以是产品销售、平台服务和信息提供；就盈利模式而言，通过产品销售、增值服务、佣金、广告费、会员费等方式获得收入。

下面介绍一下旅游电子商务平台 B2B 模式的典型案例。

1. 八爪鱼在线。它是为上游旅游产品供应商和下游旅行社提供旅游产品交易的 B2B 平台，具备国内短线、国内长线、出境旅游、自由行、机票预定、租车、门票等全线旅游产品，旅游产品供应商登录该平台发布产品信息，旅行社实时获得旅游产品信息，进而实现自助交易。八爪鱼在线搭建了"旅游产品供应商——旅行社"交易平台。

2. 驰誉旅游网。它是为中小旅行社提供旅游产品交易的 B2B 旅游电子商务平台。在该网站上，旅游线路是主要产品，卖家是提供旅游线路产品、进行地接服务的地接社，买家是招徕和组织游客的组团社。在交易过程中，组团社挑选产品并直接下单，地接社确认订单，完成支付即达成交易，整个过程安全、便捷。该网站明确显示组团社、地接社、产品、订单量、成交额等信息，搭建了"组团社——地接社"交易平台。

3. 捷旅假期网。深圳捷旅假期——房掌柜酒店分销系统是 B2B 预付酒店分销平台，"捷旅房掌柜"与酒店的合作主要为预付模式，在与酒店签订的预付底价基础上适度加价，再通过捷旅假期网销售给同业客户，包括中小旅行社、商旅服务公司、机票代理人等。捷旅假期搭建了预付酒店分销平台。

此外，B2B 模式旅游电子商务平台还有旅游圈、欣旅通、旅景同业交易平台、乐游天下旅游同业分销平台、旅程港、中国好导游网等。B2B 模式在快速交易、互联互通、开放共享、公平中立方面的优势和理念，将促使产生更多创新应用的旅游电子商务 B2B 平台。

二、B2C 模式

B2C（Business To Customer）是指企业通过互联网直接向消费者销售产品和服务。B2C 模式在企业和消费者之间能够实现充分地互动沟通、便捷地购买交易、快速地物流配送、高效地业务运营，因而在各行各业得到广泛应用。B2C 催生了新的购物平台和购物环境——网上商城，消费者通过网络实现购买和支付。

1. 就网上商城卖家数量和产品服务类型而言，主要有以下类别：①综合商城，跨行业产品和服务极为丰富，集聚大量的卖家与买家；②行业商城，集聚同一行业大量的卖家，提供同一行业相关的产品和服务；③百货商店，一个卖家，具有丰富的产品和服务；④专营商店，一个卖家，提供同一行业大量相近的产品和服务；⑤单一商店，一个卖家，提供少数几种产品和服务。

2. 就运营模式而言，主要有三种类型：一是综合平台，集聚卖家和买家，卖家在该平台上销售产品和服务，平台本身不销售产品和服务；二是自建平台，企业在自建平台上销售自身产品和服务；三是导购引擎平台，消费者通过该平台，获得其他不同平台同种产品和服务的市场信息，如比价服务。

3. 就产品和服务供给机制而言，主要有两种类型：一是直接销售已经生产的产品和服务，二是订制产品和服务。

4. 就平台内容而言，可以是各种类型的产品和服务。

5. 就盈利模式而言，通过产品和服务销售、增值服务、佣金、广告费、会员费等方式获得收入。

下面介绍一下旅游电子商务平台 B2C 模式的典型案例。

1. 春秋旅游网。它是以上海春秋国际旅行社（集团）有限公司（简称春秋国旅）为实体基础的，通过互联网方式，整合公司实体资源，向消费者提供旅游、度假、酒店等产品和服务的电子商务网站。春秋旅游网自建 B2C 平台，在平台上销售自身产品和服务。

2. 阿里旅行·去啊。它是阿里巴巴旗下的综合性旅游出行服务平台，集聚机票代理商、航空公司、旅行社、旅行代理商等旅游企业，为消费者提供机票、酒店、景点门票、度假、租车、邮轮等旅游产品和服务。阿里旅行·去啊是 B2C 综合平台，集聚大量卖家和买家，提供综合性产品和服务。

3. 去哪儿。去哪儿是导购引擎类 B2C 平台。通过智能搜索技术对互联网上的旅行信息进行整合，为消费者提供机票、酒店、度假等产品信息的深度搜索服务，便于消费者进行产品查询和信息比较，从而做出消费决策。

B2C 模式旅游电子商务平台数量较多，如遨游网、携程旅行网、艺龙旅行网、途牛旅游网、悠哉旅游网、驴妈妈旅游网等。不同种类的 B2C 旅游电子商务平台，为旅游者提供了大量的产品和服务，便于旅游者选择，满足旅游消费需求。

三、B2B2C 模式

B2B2C（Business To Business To Customer）来源于 B2B 和 B2C 模式的发展演变，是指企业通过互联网将供应商、经销商和消费者联系在一起，并实现网上交易。B2B2C 中，第一个 B 是供应商或生产商，第二个 B 是经销商或分销商，C 是消费者，由此构建"供应商—经销商（也为生产商）—消费者"和"生产商（也为供应商）—分销商—消费者"体系，提供系统的产品和服务。

下面介绍一下是旅游电子商务平台 B2B2C 模式的典型案例。

1. 厦门欣欣。它是一家面向旅游行业的互联网技术开发公司，旗下主要运营 B2B 平台系统"欣旅通"和 B2C 平台系统"欣欣旅游"，通过"B2B+B2C"打通旅游供应链，发展形成融同业采购、网上商铺、在线收客于一体的旅游电子商务 B2B2C 平台（见图 7-1）。

2. 信游网、搜客旅游等也是典型的 B2B2C 模式旅游电子商务平台。这些平台将旅游产品供应商、旅游产品生产商、旅游产品分销商、旅游消费者集中在同一场所，通过缩短销售链，并建立完善的物流体系，实现旅游产品和旅游服务生产、销售一体化，从而满足各方需要。B2B2C 旅游电子商务模式，符合旅游市场发展需要，具有较高的商业价值。

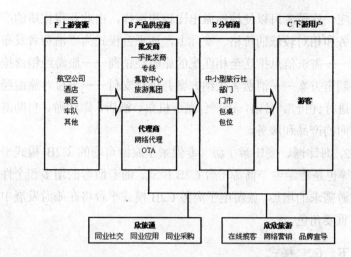

资料来源：欣欣旅游网。

图 7-1　厦门欣欣 B2B2C 平台主要业务

四、C2B 模式

C2B（Customer To Business）是指企业基于消费者需求组织生产和服务。通过 C2B 电子商务平台，企业获得消费者需求，在消费者预订之后，企业组织生产和服务。

就运营模式而言，主要有两种类型：一是中立平台模式，提供开放的 C2B 平台，集聚大量的卖家，消费者在该平台发布需求信息后，卖家与消费者联系洽谈，达成协议后，卖家组织生产和服务，平台本身并不参与生产；二是企业平台模式，平台本身就是产品和服务的提供商，消费者直接通过 C2B 平台预订产品和服务。

下面介绍一下旅游电子商务平台 C2B 模式的典型案例。

1. 游必应。是一款旅游自助下单工具和平台。旅游消费者通过该平台提出和发布旅游消费需求，平台集聚的众多的旅游同业机构响应消费者需求，在消费者与商户进行洽谈商定之后，实现在线交易。对于同一个旅游消费者的需求，有众多的旅游商户进行响应，旅游者可以便捷地做出比较和选择，由此获得优质的产品服务和相对较低的价格。实际上，该平台模式为"消费者发布需求——需求信息推送至相匹配的旅游经销商——旅游经销商抢单并制定方案——消费者采纳方案并进行支付——平台对旅游经销商进行评价"。目前，该平台涵盖机票、酒店、跟团游、自助游等方面的产品和服务。

2. 海比网、麦田亲子游（专做亲子旅游市场的 C2B 模式平台）等也是旅游电子商务平台 C2B 模式。随着散客的增多和个性化旅游需求的增加，旅游电子商务 C2B 模式平台将在旅游发展中扮演重要角色。

五、C2C 模式

C2C（Customer To Customer）是指消费者与消费者之间的电子商务。通过 C2C 电子商务平台，消费者搜寻相关产品和服务，进而实现线上交易。这种平台集聚大量的消费者，消费者既可以是卖家，也可以是买家，通过该平台，实现产品和服务的双向流通。同时，C2C 平台通过建立完善的搜索技术、信用机制、安全支付等保障平台的正常运营。

就盈利模式而言，C2C 平台主要通过广告费、会员费、交易提成、搜索排名竞价、支付业务（如支付担保公司根据成交额收取一定比例的手续费）、附加服务等方式获得收入。

下面介绍一下旅游电子商务平台 C2C 模式的典型案例。

1. 同游网。是为游客和"城市达人"提供交易场所的第三方平台。交易的内容是"城市达人"提供的服务，平台上的消费者在一地可能是"城市达人"，在另一地则可能是游客，由此产生游客对"城市达人"的服务需求。根据"城市达人"的基本信息、服务价格、交易记录等，游客可以自主选择"城市达人"，并进行线上交易。实际上，同游网是一个联结游客和当地人"导游"的旅游 C2C 平台。

2. C2C 酒店网。是以客房住宿权为主要交易内容的 C2C 平台。通过该平台，业主和会员可以实现自主销售和交换客房住宿权。

当前，中国旅游电子商务 C2C 模式平台还处于起步阶段，且交易内容主要为导游、陪游等地接服务，如"丸子地球"以服务出境旅游者为特色、"收留我"以旅游顾问为特色。随着中国旅游业的发展升级，我们期待更多创新应用的旅游电子商务 C2C 平台发展运营，并充分服务广大的旅游者群体。

六、O2O 模式

O2O（Online To Offline）是指运用互联网，将线下商务机会与线上平台渠道有机整合，实现线上线下经营运作一体化。通常情况下，O2O 平台是将线下商务机会整合到线上，将线上平台打造成为线下交易的前台，使消费者实现网上购买和在线支付，而销售者在线下提供服务体验。

就运营模式而言，主要有三种类型。

1. 实体企业自建在线官方商城。消费者直接在官方商城购买，在线下获得产品和服务。

2. 借助第三方平台。消费者在第三方平台上实现购买，在线下获得产品和服务。

3. 基于自媒体平台实现线上线下一体化。例如，经销商通过微信朋友圈实现线上销售，消费者在线下获得产品和服务。

旅游电子商务平台 O2O 模式的典型案例是"来这游旅行网"，这是以目的地旅游服务为主要内容的 O2O 平台，实现线上商城与线下服务的一体化。该 O2O 平台将线上订单与线下服务相结合，为旅游消费者提供优质的产品和服务。

虽然国内旅游电子商务平台 B2C 模式已经经历长期发展，但旅游电子商务平台 O2O 模式仍然处于起步阶段，由于 O2O 模式在价格便宜、购买便捷、信息透明、精准营销等方面的优势，已经有较多的在线旅游运营商探索和发展旅游电子商务平台 O2O 模式。

第三节　在线旅游服务商

一、在线旅游服务商的概念界定

在线旅游服务商，是指依托互联网技术，为旅游者提供信息查询、产品预订和评价分享等旅游消费和旅游服务的电子商务平台。其具体包括景区、酒店、交通等旅游供应商和在线旅行社（Online Travel Agency，OTA）、搜索引擎、旅游社区网站等在线旅游服务平台。

对在线旅游服务商概念的理解主要从以下方面展开：

1. 在线旅游服务商，主要是依托互联网技术，通过网络提供相关的信息、产品和服务，从而方便旅游者开展旅游消费活动。

2. 在线旅游服务商，主要提供三个层次的服务，具体为信息查询、产品预订和评价分享。在旅游决策前，为旅游者提供旅游活动所需的相关产品、服务、文化、攻略等信息，旅游者在对旅游目的地和旅游产品具有一定的了解后，可以通过网上实现预订；在旅游活动结束后，能够对旅游产品和服务做出评价，也能够分享自己的旅游经历。

3. 不同的在线旅游服务商提供差异化的产品和服务，如有的提供机票服务、有的提供酒店服务，还有的提供机票和酒店双重服务等。

4. 在线旅游服务商的运营模式可能并不相同，例如，有的是实体旅行社的线上服务，有的是 OTA、垂直搜索引擎，还有的是旅游社区网站。尽管其主要产品、发展模式并不相同，但均能够提供一定的产品和服务。

5. 值得注意的是，在线旅游服务商不是通过网络开展旅游活动，而是通过网络提供旅游相关的产品和服务，从而方便旅游消费和旅游活动的开展。

6. 在线旅游服务商是旅游电子商务的范畴，依据世界旅游组织对旅游电子商务的界定，"旅游电子商务是通过先进的信息技术手段改进旅游机构内部和对外的联通性（Connectivity），即改进旅游企业之间、旅游企业与供应商之间、旅游企业与旅游者之间的交流与交易，改进企业内部流程，增进知识共享"。因此，旅游电子商务表示的是旅游企业发展运营的一种信息化状态，在线旅游服务则表示旅游业运营服务的互联网状态；前者侧重旅游企业自身的电子商务建设，后者强调通过互联网为旅游者提供产品和服务。

从广义上讲，在线旅游服务商是指通过网络为旅游者和旅游经营者提供各种旅游产品和旅游服务的电子商务平台，在线旅游服务商包括旅游供应商、旅游生产商和旅游经销商。

由于前文已经对智慧景区、智慧酒店、智慧旅游目的地和智慧旅行社等进行了阐述，对景区、酒店和旅游目的地等通过建设官方网站开展旅游电子商务也有一定的介绍，因此，本节主要对面向旅游消费者的OTA、搜索引擎、旅游社区网站等在线旅游运营商进行比较和分析。

二、在线旅游服务商的功能作用

1. 提供信息查询。旅游者在做出旅游决策前，需要了解各方面的信息，包括旅游目的地信息、旅游景区介绍、旅游产品价格、旅游服务类别等，这都是旅游者在开展旅游活动中可能需要了解的信息。只有全面、及时、准确的信息，才能为旅游者的消费决策提供重要参考，这就对信息的准确性、权威性、时效性提出了要求。为了能够为旅游者提供可靠的服务，在线旅游服务商必须能够为旅游者提供各方面的信息服务，包括景区、酒店、交通等。此外，这些信息的来源和渠道可能并不相同，例如，有的信息来源于官方发布、有的信息可能是旅游服务商整合提供的，还有的信息可能是旅游者在游览结束后分享的心得体会。尽管信息的来源、权威性、时效性并不相同，但其都将成为旅游者查询和获知的重要内容。

2. 方便产品预订。在获得充分的信息后，旅游者需要通过网上实现预订，即在网络上对酒店、线路、交通等进行预订。由于不同的在线旅游服务商提供的产品、服务各不相同，因而，其产品类别、预订方式也不尽相同，例如，有的提供酒店产品预订、有的提供门票产品预订、有的提供租车产品预订等。此外，还有的服务商推出组合型旅游产品和增值服务，如机票和酒店产品的预订、门票和酒店产品的预订等。网上预订和在线支付的渠道，有的是通过直销实现预订，有的是通过搜索引擎实现预订，产品种类和购买方式的不同，为旅游者提供了多样化选择。在线旅游服务商也呈现出较多的类别形式。

3. 实现评价分享。旅游过程中或者旅游结束后，旅游者通常获得了相应的心得体会，他们将自己旅游途中拍摄的精美图片、旅游中发生的有趣故事，或者旅游服务中的不满因素通过在线旅游服务平台分享给更多的旅游者。通过分享经历，旅游者能够获得在线旅游服务商提供的服务和优惠。因此，实现评价分享成为在线旅游服务商的重要功能作用，同时，随着这些心得体会的逐步增多，其说服力、准确性、参考性也得到增强。许多旅游社区网站通常是聚集评价和分享内容的在线旅游服务平台。

三、在线旅游服务商的主要类别

1. 实体旅游企业的网上商务。这类在线旅游服务商发展运营始于实体的企业，如景区、酒店、车船等，在最初发展中，主要产品和服务集中于线下；但随着其业务发展需要，将部分产品和服务转移到网上，实现线上和线下共同服务。例如，旅游景区开通景区网站，旅游者可以在景区售票点购票，也可以通过旅游景区的官方网站购买。

2. 旅游目的地网站的商务部分。旅游目的地建立门户网站，在网站上聚集部分旅游服务商，提供旅游目的地范围内的餐饮、住宿、景区、租车等产品和服务，通过该网站即可实现信息查询、产品预订等。通常情况下，旅游目的地官方网站上的旅游服务商的数量是有限的，旅游服务商只是网站众多内容的一个镶嵌部分，主要功能在于为旅游目的地官网提供辅助性的商务服务，以丰富旅游目的地官网功能。

3. 资讯类网站上的旅游产品预订。部分提供新闻、资讯、信息等内容的网站，同时具有旅游产品和服务预订功能。

4. 在线旅行社。这是在线旅游服务商的典型代表，将原来传统的旅行社销售模式放到网络平台上，通过网上运营，便捷地为消费者提供产品和服务。

5. 旅游社区网站。以旅游为主题，以网上社区交往为特征，兼具旅游出行和旅游社区交往的旅游电子商务平台。评价、分享和攻略等信息是旅游社区网站的主要内容。通过网络平台聚集会员，通过会员创造商业价值，再通过商业价值为会员带来实惠，是旅游社区网站发展运营的主要模式。

6. 综合性电子商务平台中的旅游业务。以大众化的综合性商品为主要产品，旅游产品和服务只是其中的一个部分，如京东商城中的旅游业务。

四、在线旅游服务商经营模式比较

2003 年，携程旅行网在美国纳斯达克的成功上市，标志着"在线旅游"作为一个新的服务业态发展成型。同时，艺龙旅行网、去哪儿网、驴妈妈旅游网、途牛旅游网、蚂蜂窝、面包旅行等网站的出现，标志着中国在线旅游服务商多种模式的共存。这里对中国在线旅游服务商的典型案例和模式做一简要比较。

（一）携程旅行网

1. 公司概况。携程旅行网创立于 1999 年，总部设在中国上海，员工 3 万余人，公司已在全国数十个城市设立分支机构；2003 年 12 月，携程旅行网在美国纳斯达克成功上市；携程旅行网是中国综合性旅行服务公司。

2. 运营模式。携程旅行网构建互联网信息服务平台，通过商务合作，将有资质的酒店、机票代理机构和旅行社所提供的旅游产品及信息汇集于携程旅行网的平台上，用户通过该平台查询酒店、机票代理机构、旅行社等提供的旅游产品和服务项目，进而做出消费决策。携程旅行网还提供图片、评价、攻略等信息，用户可以基于这些信息做出购买和消费决策。

3. 业务内容。主要包括酒店（国内酒店、国际酒店、团购、特卖酒店、途家公寓、"酒店＋景点"、客栈民宿）、旅游（周末游、跟团游、自由行、邮轮、侧重自驾游的"酒店＋景点"、当地玩乐、游学、签证、公司旅游、顶级游、爱玩户外、保险、特卖汇）、机票（国内机票、国际机票、"机＋酒"、航班动态、值机选座、退票改签、机场攻略、机场巴士）、火车（国内火车票、国际火车票）、汽车票（汽车票、机场巴士）、用车（国内接送机/专车、海外接送机、国内自驾、海外自驾）、门票（国内门票、海外门票、当地玩乐、周末游）、团购（酒店客房、美食娱乐、旅游出行、门票）等板块和内容，此外，还包括攻略、全球购和礼品卡（资料来源于携程旅行网）。携程旅行网所提供的产品和服务，已经涵盖了国内旅游、入境旅游、出境旅游中的食、住、行、游、购、娱等诸多要素，因此能够为旅游消费者提供一站式解决方案，满足旅游者消费者综合需求。

（二）去哪儿网

1. 公司概况。去哪儿网上线于 2005 年，公司总部位于中国北京；2013 年 11 月，去哪儿网在美国纳斯达克成功上市；去哪儿网是中国第一个旅游搜索引擎，旅游消费者可以通过去哪儿网在线比较酒店、机票等产品的价格和服务。

2. 运营模式。作为旅游搜索引擎，去哪儿网集聚了一定数量的旅游产品供应商，在对搜索引擎技术进行充分开发应用的基础上，用户通过去哪儿网，能够对酒店、机票等旅游供应商所提供产品的价格和服务做出比较，从而做出旅游消费决策。用户在浏览去哪儿网上的产品和服务信息时，如果决定在线购买，点击后支付页面会进入旅游供应商网站，进而实现购买支付。为了实现安全有保障的在同一个平台支付，去哪儿网开发结算系统（TTS, Total Solution），实现在去哪儿网上"查找—购买—支付"一站式解决。去哪儿网通过点击付费、销售付费和广告费等方式获得收入。与其他模式相比，去哪儿网的旅游搜索引擎模式具有全网覆盖，易于聚合市场资源和价格的优势。

3. 业务内容。主要包括机票（国内机票、国际机票、特价机票）、酒店（酒店、客栈民宿、酒店团购、公寓短租、高端酒店、夜总会）、团购（酒店、周边休闲、门票、长线游、美食）、度假（出境游、国内游、签证、周边游、邮轮、机酒自由行、特价）、门票（港澳台门票、玩转海外、诗画浙江）、火车票、攻略、公寓、当地人、车车（接送专车、国内自驾）等板块和内容（资料来源于去哪儿网）。通过智能搜索技术，去哪儿网提供丰富的旅游产品和服务，帮助旅行者找到性价比最高的产品和最优质的信息，满足社会大众的旅游出行需求。

（三）蚂蜂窝

1. 公司概况。蚂蜂窝上线于 2006 年，是一个旅游社交网站，集聚大量的旅游目的地的攻略和指南。

2. 运营模式。蚂蜂窝建立旅游社区网站，集聚大量的爱户外、爱旅行、爱自驾、爱摄影的旅游者群体，这些旅游者来自全国各地；旅游者将自身在旅游途中的见闻以文字、图片等形式发布在蚂蜂窝上，即用户通过交互生成内容；蚂蜂窝将这些大量的数据、信息和资料进行整合、挖掘，从而形成结构化的旅游攻略和旅游指南，旅游者可以对这些攻略和指南进行应用；基于结构化的旅游攻略和旅游指南，通过对旅游者的深入分析，蚂蜂窝根据旅游者偏好，对接提供个性化的旅游产品和服务；通过攻略制作和精准推送，旅游者和蚂蜂窝各获所需，从而维护蚂蜂窝的运营发展。蚂蜂窝实际上是一种"一次购买—分享评价—信息整合—促成新的购买"的"撮合交易"模式。蚂蜂窝的盈利来源主要是广告费、攻略植入等。

3. 业务内容。主要包括旅游攻略（国内攻略、国外攻略、主题攻略）、目的地（当季热门目的地、国内旅游目的地、出境旅游目的地、周边游目的地）、问答（我的问答、指路人、蜂蜜商城）、酒店预订、机票（国内机票、国际机票、港澳台机票）、自由行（机票、酒店、"机票＋酒店"）；手机应用包括旅游攻略、蚂蜂窝特价、嗡嗡、旅行翻译官、游记；此外，蚂蜂窝上还有其他的社区活动。截至 2014 年 12 月，蚂蜂窝网内容覆盖全球 200 多个国家和地区，内含 5000 万旅行者，60 万家国际酒店，1600 万条真实点评，2.2 亿次攻略下载（资料来源于蚂蜂窝网）。蚂蜂窝业务内容已基本覆盖旅游者旅游活动的前、中、后三个阶段。

（四）阿里旅行·去啊

1. 公司概况。是阿里巴巴旗下的综合性旅游出行服务平台，集聚大量卖家和买家，提供综合性产品和服务。其前身是淘宝旅行。

2. 运营模式。集聚大量的卖家与买家，通过便捷的支付方式、完善的店铺功能、海量的淘宝会员，为商家入驻和店铺设立提供平台和技术支撑，买家在该平台上能够购买卖家所提供的各种旅游产品和服务。"阿里旅行·去啊"通过导入流量、广告收入、搜索竞价、技术服务等方式获得收入。

3. 业务内容。国内机票、国际和港澳台机票、酒店、旅游度假、景点门票、客栈公寓、火车票等旅游产品和服务。

上述四家在线旅游服务商分别代表了在线旅游发展运营的四种主要模式。除此之外，提供酒店、景点门票、旅游度假等团购产品的美团网，为个人和企业用户提供综合租车服务的一嗨租车、神州租车，提供航班跟踪服务的飞常准，在移动端提供机票、酒店等信息查询和预订服务的航空管家、酒店达人，专注于日本旅游行程定制及信息展示服务的逸行，以智能化旅游行程规划为主要内容的妙计旅行、以国内邮轮出境旅游为特色的游够旅行等都在各自的模式下有序运营。实际上，由于平台类型、业务内容、盈利模式、主要特征和应用方式等的不同，在线旅游服务商呈现出不同的发展运营模式。（见表7-2）在互联网思维下，只有通过平台建设、模式创新、市场细分和服务升级，在线旅游服务商才能找寻蓝色市场，获得发展机遇。

表7-2 部分在线旅游服务商主要发展运营模式的比较分析

旅游企业	类型	业务内容	盈利模式	主要特征	应用方式	备注
携程旅行网	OTA	酒店、旅游、机票、火车票、汽车票、用车、景区（景点）门票等	佣金收入、服务增值、广告收入	综合性旅游产品和服务，旅游消费一站式解决方案；酒店和机票业务	网上预订、手机预订、呼叫中心	创立于1999年；2003年12月，在美国纳斯达克成功上市

旅游企业	类型	业务内容	盈利模式	主要特征	应用方式	备注
艺龙旅行网	OTA	国内酒店、团购、国际酒店、短租公寓、机票、火车票等	佣金收入、广告收入	中国领先的在线住宿服务提供商，酒店业务	网上预订、手机和平板电脑预订、24小时预订热线	成立于1999年；2004年10月，在美国纳斯达克成功上市
途牛旅游网	OTA	跟团游、自助游、邮轮、门票、自驾游、酒店、交通等	产品差价、广告收入	休闲度假类综合性产品；旅游线路，出境游和跟团游；线下门市点众多	网上预订、手机预订、24小时预订热线、服务中心	创立于2006年；2014年5月，在美国纳斯达克成功上市
悠哉旅游网	OTA	出境游、国内游、周边游、自由行、公司游、邮轮等	旅游产品销售	休闲旅游度假、旅游线路产品，注重内容与服务，类似传统旅行社的线上分销	网上预订、移动端预订、电话预订、门店体验	成立于2004年
同程旅游	OTA	酒店、机票、火车票、景点门票、周边游（酒店＋景区）、长线游、出境游、邮轮、签证、团购、攻略等	产品销售、会员加盟、广告收入	休闲旅游、景点门票预订行业领先	网上预订、手机预订、24小时预订热线	创立于2004年
驴妈妈旅游网	OTA	景点门票、周边游、国内游、出境游、邮轮、酒店、度假酒店、机票、定制游等	佣金收入、网络营销、会员费	自助游资讯及预订平台、自助游、门票分销、网络营销	网上预订、手机预订、24小时预订热线	创立于2008年
去哪儿网	旅游搜索引擎	机票、酒店、团购、度假、门票、火车票、公寓、当地人、租车车等	点击收费、销售收费、广告收入	旅游产品深度搜索和信息比较、机票、酒店	网上预订、手机预订	上线于2005年；2013年11月，在美国纳斯达克成功上市
酷讯旅游网	旅游搜索引擎	机票、酒店、火车票、度假、一起玩等	点击收费、销售收费、广告收入	酷讯机票搜索是专业机票搜索引擎	网上预订、手机预订	创立于2006年
蚂蜂窝	旅游社区网站	旅游攻略、目的地、问答、酒店预订、机票、自由行等	广告收入、攻略植入	旅游目的地攻略、旅游社交、"撮合交易"	网上预订、手机预订	上线于2006年

续表

旅游企业	类型	业务内容	盈利模式	主要特征	应用方式	备注
穷游网	旅游社区网站	目的地、锦囊（旅行指南）、行程助手、社区、折扣、酒店、预订等	流量导入、品牌广告、佣金收入	出境旅行指南、穷游折扣	网上预订、手机预订	创建于2004年
在路上旅行网	旅游社区网站	旅游攻略、论坛、游戏、酒店、家园、部落、行走榜、背包等	广告收入、佣金收入	旅游互动社区、交流平台、旅行记录分享、图文游记	网上预订、手机预订	上线于2010年
面包旅行	旅游社交应用（手机应用、移动社区）	游记、目的地攻略等	广告收入、自营旅行产品	移动互联网客户端、旅途中的手机应用、记录旅行轨迹	手机应用	上线于2012年
蝉游记	旅游社区网站	旅行口袋书、发现好游记、蝉游攻略、手机应用等	旅游产品推荐	游记工具、旅行指南、目的地资讯	网上应用、手机应用	上线于2012年
游多多旅行网	旅游社区网站	目的地、结伴、社区、预订、游多多客栈等	广告收入、多多驿站	自助服务社区、客栈	网上预订、手机预订	创立于2006年
到到网	旅游社区网站	酒店、旅游攻略、问答、机票、餐馆、旅行者之选等	点击收费、合作酒店直销年费、广告收费	酒店点评、旅游点评、旅游建议	网上应用、手机应用	上线于2009年
阿里旅行·去啊	第三方平台	国内机票、国际港澳台机票、酒店、旅游度假、景点门票、客栈公寓、火车票等	"商场柜台"、导入流量、广告收入、搜索竞价、技术服务	商家入驻、产品销售、便捷支付、店铺完善、海量会员	网上预订、手机预订	成立于2014年

第四节　旅游电子商务

一、旅游电子商务发展的宏观环境和现状

根据 2014 年中国互联网络信息中心（CNNIC）发布的《第33 次中国互联网络发展状况统计报告》《2012～2013 年中国在线

旅游预订行业发展报告》和 2011 年中国旅游研究院（CTA）发布的《中国旅游电子商务发展报告》等，我们可以总结出当前旅游电子商务的发展环境和特征是：

1. 网民数量尤其是手机网民数量的快速增长，为旅游电子商务发展提供了庞大的消费者群体。截至 2013 年 12 月，中国网民规模达 6.18 亿，手机网民规模达 5 亿。

2. 网络购物用户规模的快速增长，为旅游电子商务发展提供了充分的市场机遇。2013 年，中国网络购物用户规模达 3.02 亿人。

3. 旅游电子商务发展迅速且市场广阔。根据艾瑞咨询数据，2013 年中国旅游电子商务市场交易规模达到 2205 亿元，同比增长 29%。火车票、机票、酒店和旅游行程是在线旅游预订的主要产品。据 CNNIC 统计：截至 2013 年 12 月，在网上预订过机票、酒店、火车票或旅行行程的网民规模达到 1.81 亿，年增长 6910 万人，增幅为 61.9%。

4. 智能手机的应用和购物体验的完善，使得手机购物将成为线上购物的潮流。旅游消费和旅游活动中对信息的应用，将促进手机等智能移动终端在旅游消费中的应用。同时，旅游类手机应用（App）的应用有重要前景，根据劲旅咨询监测的 2014 年 3 月旅游类 App 下载数据，去哪儿网、携程旅行网 App 下载量保持领先地位，其在机票、酒店等产品的优势地位，在 App 得到应用和体现；面包旅行、在路上等旅游创业公司 App 的下载量超过驴妈妈旅游网、穷游网等，充分证实了 App 在旅游中广阔的应用前景。（见表 7-3）

表 7-3　2014 年 3 月国内旅游类 App 运营商总下载量排名

排名	运营商	总下载量（万次）	手机应用（App）数量
1	去哪儿网	8687.5	6
2	携程旅行网	7352.2	3
3	北京活力天汇	6783.2	4
4	小桔科技	4043.3	1

续表

排名	运营商	总下载量（万次）	手机应用（App）数量
5	杭州泛城	3310.9	1
6	艺龙旅行网	2695.2	2
7	蚂蜂窝旅行网	2392.5	6
8	同程网	1869.4	5
9	号百信息	1718.6	2
10	酷讯旅游网	1516.1	5
11	北京驿动网	1440.6	1
12	广州天趣	1404.2	1
13	大拇指旅行	1192.2	1
14	到到网	1144.1	1
15	面包旅行	1109.3	1
16	蒜芽工作室	1067.9	1
17	百度旅游	1012.3	1
18	福州佳软科技	757.5	1
19	飞友科技	743.7	1
20	7天连锁酒店	742.6	1
21	TouchChina	736.0	2
22	住哪网	735.1	1
23	铁友旅行网	632.1	1
24	在路上	608.5	1
25	中航信	483.6	1
26	深圳马途	392.9	1
27	玲珑	384.5	1
28	北京东方车云	370.4	1
29	驴妈妈旅游网	367.0	1
30	穷游网	334.0	4

注：仅统计安卓系统。

资料来源：劲旅咨询——劲旅智库。

此外，2013 年中国在线旅游市场交易规模达 2181.2 亿元，同比增长 27.7%，其中，在线机票市场交易规模达 1318.3 亿元，在线饭店市场规模 485.4 亿元，在线度假市场交易规模 303.0 亿元，在线旅游渗透率为 7.7%。携程在旅游电子商务运营商中占有明显的优势地位。(见表 7-4)据艾瑞移动端监测数据产品 mUserTracker 数据显示，2013 年 12 月在线旅游服务移动端月度覆盖人数 9305.6 万人，环比增长 22.3%，同比增长高达 110.5%。

表 7-4 2013 年中国在线旅游市场情况

在线运营商类型	在线旅游渠道商	市场份额（%）
在线机票销售	携程旅行网	30.3
	去哪儿平台商户	19.1
	航空公司官网	15.0
	淘宝旅行平台商户	7.8
	同程网	6.1
	腾邦国际	5.2
	酷讯网平台商户	3.9
	号码百事通	2.9
	芒果网	2.4
	艺龙旅行网	2.1
	其他	5.3
在线饭店销售	携程旅行网	28.7
	经济型饭店官网	28.6
	艺龙旅行网	14.1
	去哪儿平台商户	4.4
	美团网	2.9
	号码百事通	2.8
	同程网	2.1
	淘宝旅行平台商户	1.7
	住哪网	1.7
	酷讯网平台商户	0.7
	其他	12.0

在线运营商类型	在线旅游渠道商	市场份额（%）
在线度假产品销售	携程旅行网	23.3
	途牛旅游网	9.8
	驴妈妈旅游网	3.4
	同程网	2.6
	悠哉旅游网	2.2
	遨游网	1.2
	芒果网	1.0
	其他	56.6

注：原淘宝旅行现已改名为"阿里旅行·去啊"。

资料来源：劲旅咨询，http://www.ctcnn.com。

二、旅游电子商务发展趋势

中国旅游电子商务发展呈现以下基本特征和发展趋势。

（一）加强资源整合，延伸产业链条

随着在线旅游服务商市场的进一步细化，各种模式的旅游电子商务平台的出现，将在机票、酒店、门票、度假、租车等方面展开竞争，并且进一步摊薄利润，在线旅游服务商面临着竞争加剧、风险增多，其对旅游供应商等合作方的稳定性、可靠性、安全性提出了更高的要求，于是，通过资源整合来延伸产业链条、完善产品体系、保障持续发展成为必要。整合的资源既包括平台、渠道等载体，又包括旅游供应商、旅游分销商，还包括机票、酒店等旅游产品。在整合的过程中，达到降低运营风险、减少经营成本、延长产业链条、保障产品质量、实现综合管理等目标。去哪儿网获得百度的战略投资实现搜索渠道的保障，携程2亿美元投资同程旅游意图拓展门票业务，厦门欣欣B2B2C的构建，驴妈妈并购上海兴旅获得出境游经营资质，蚂蜂窝对用户生成内容的整理制作，均是资源整合不同类型的典型应用。随着在线旅游市场的深入发展，资源整合将成为常态，但其主要目标和特征表现

即通过延伸产业链条保障发展运营。

（二）线上线下联动，促进综合发展

传统的线下经营存在着信息传递不畅、价格不透明、运营效率低等方面的劣势，使得酒店、景区、旅行社等通过线上运营来便捷大众消费需求。然而，网上购买和在线支付中消费者对安全、旅游产品和服务质量、投诉处理等方面的担心，使得在线旅游的接受度仍存在提升的空间。为了实现资源整合、保障质量、双向发展，线上线下联动（旅游电子商务平台 O2O 模式）是重要趋势。通过线上服务为消费者提供便捷、准确、丰富、标准的产品，通过线下服务为消费者提供个性化服务，线上线下的充分结合，能够按照消费者需求提供综合的个性化产品。2014 年，携程旅游黄山服务平台成立，即为线上线下联动发展的探索和实践，线上消费预订与线下服务体验的完美对接，能够助力提供更优质的服务。

（三）注重市场细分，找寻蓝色空间

旅游电子商务的发展，已经不是一家独大或者一种模式的单独存在，而是分工逐渐明确，各在线旅游服务商选择相应的板块和内容，作为自身独特的和具有较强竞争力的产品。就旅游业务的分区而言，有的专注国内旅游，有的专注出境旅游；就旅游六要素而言，有的在门票方面出众，有的在酒店方面具有较强竞争力，有的则推行"机票＋酒店"或"门票＋酒店"等模式，即产品组合不同；就旅游消费的层次而言，有的运营商做高端旅游，有的做中低端旅游；就出游方式而言，有的做团队旅游，有的做散客游，还有的做自驾游等。即使在同一旅游类型内，也有更具体的细分，如出境旅游服务商中，有的专注出境旅游中的邮轮业务，有的专注出境旅游中的日本线路。平台模式、业内范围、目标顾客、盈利来源等的不同，使得在线旅游服务商对市场进一步细分，从而找寻蓝色空间，形成核心竞争力。同时，互联网思维和大数据的应用，也将催生出更多的旅游创新创业公司。

（四）提供配套方案，实现一站式服务

当前，许多在线旅游服务商不能完全从旅游产业链的角度组合产品和解决旅游问题。有的在线旅游服务商主要提供酒店和机票产品，但顾客若要购买景区门票等，还需到其他服务商找寻产品和服务，即在线旅游服务商解决了旅行问题，但没有解决旅游问题。同样，有的在线旅游服务商只解决门票问题，但不解决餐饮住宿等问题。因此，部分在线旅游服务商在专注自身擅长的业务领域时，并没有考虑顾客的总体需求，由此使得消费者难以实现一站式购买。但实际上，实现一站式服务是主流趋势。在线旅游发展的初级阶段，服务商为了获得一定的发展空间，或在经济实力不足的情况下，可能专注于自身核心竞争力的建设，由此忽视了消费者的总体需求；但随着旅游的发展，旅游消费和旅游活动的多元化，促使在线旅游服务商向一站式服务转化，从而满足旅游消费者的综合需求。因此，在线旅游服务商的发展必将经历"核心能力培养—实现一站服务"的过程。

（五）优化移动终端，强化功能集成

个性化定制时代的到来、智能手机和平板电脑等移动终端的广泛应用，为在线旅游发展和创业提供了重要的机遇，移动互联网已经成为旅游产品预订和体验的重要渠道。去哪儿网、携程旅行网等客户端的巨额成交量，在路上、面包旅行等旅游创业公司的迅速发展充分说明，移动互联网将引领旅游业新的变革。在 PC 端向移动端转移的过程中，需要从以下方面优化旅游移动终端：一是凸显核心功能，实现使用价值，例如，从功能集成、价格优惠、智能体验、便捷应用等方面，赢得旅游消费者的青睐；二是增强用户黏性，建立运营商与用户的亲密关系；三是必须以安全、可靠、稳定为前提，免除用户担忧，这就需要从品牌建设、信用机制、支付保障等方面，对移动终端进行优化。安全、实用、智能、交互、能为用户创造价值的旅游移动终端，也必将为旅游服务商带来巨大的经济效益。

旅游电子商务企业也是资本市场上最活跃的成员。各大旅游电子商务公司在资本运作层面，盘根错节，合纵连横。截至2015年5月，携程以2.28亿美元的现金投资同程网，占30%的股份，成为仅次于同程管理层团队的第二大股东。携程还投资途牛3000万美元，占4.6%股份；京东斥资3.5亿美元战略投资途牛。而腾讯又是京东的投资方，腾讯还投资了同程；2015年7月，万达文化集团战略斥资35.8亿元投资同程旅游，同程旅游同时还获得腾讯产业共赢基金和中信资本等多家机构的共同投资，投资总额达到了60亿元，成为国内在线旅游企业获得单笔最大的投资额；百度投资去哪儿3.06亿美元，百度将成为去哪儿网第一大机构股，占51%。目前在美国纳斯达克上市的携程、去哪儿、途牛和艺龙都已位列前十大在线旅游公司。（见表7-5）

表7-5　TOP10 纳斯达克在线旅游上市公司

排名	上市公司	市值（亿美元）
1	Priceline	627.69
2	携程	114.52
3	Expedia	104.75
4	Tripadvisor	104.46
5	去哪儿	59.70
6	Homeaway	28.80
7	Orbitz	13.0
8	途牛	9.57
9	Makemytrip	9.21
10	艺龙	7.73

资料截止时间：2015年5月22日16:00。

随着旅游电子商务网站的竞争日趋白热化，市场份额的争夺也异常激烈，自2014年第四季度起，在美国纳斯达克上市的四大

在线旅行社都处于亏损经营，且亏损额呈增大趋势。（见表7-6）

表 7-6　2015 年第一季度四大在线旅游上市公司营收情况

单位：亿元人民币

上市公司	当期收入	去年同期收入	当期利润	去年同期利润
携　程	23.0	16.0	-1.260	1.150
艺　龙	2.120	2.460	-1.807	-0.354
去哪儿	6.711	3.355	-4.112	-1.741
途　牛	12.482	5.820	-2.331	-0.627

资料来源：上市公司 2014 年和 2015 年的第一季度财报。

第八章 现代科学技术在智慧旅游中的应用

第一节 现阶段智慧旅游的核心技术依托

旅游对信息技术的应用，已经有了较大地拓展。传统上主要是进行网上电子商务，在其他方面的应用较少，随着智慧旅游的提出，信息技术主要表现出以下几个方面的应用：在要素类别上，主要表现为信息技术在旅游景区、酒店、城市和旅游目的地的应用；在应用范围上，主要为网上交易、公共服务、行业管理等，应用范围已经有了较大的拓展，并且随着社会和技术的发展，信息技术在旅游业的应用将会越来越广。

目前旅游业对信息系统的应用还比较低，还主要侧重于满足基本功能。例如，在不少旅游景区，虽然进行了信息化运作，但这些景区主要是一些较为知名的、大型的、财力比较雄厚的景区或企业，信息技术的纵深应用没有普及。目前信息技术的应用主要集中于一些高星级酒店和高等级的旅游景区，以及一些主要的旅游城市，部分旅游企业的信息化水平还较低。信息技术的应用只有从高端独享走向大众化，才能真正实现旅游信息化的广泛应用。

目前我国旅游信息化的应用水平不高。例如，在旅游景区，主要体现在智能门禁、电子导游、视频监控等功能，以及区域联动、资源保护等的应用不到位；在旅游酒店，主要表现为一些基本的信息获取，便捷的使用终端，智能的客房控制等应用不到位；在旅游目的地，主要集中于景区门户网站的建立、导航系统的建立、信息发布和传递等，这与智慧旅游的建成仍然有较大的距离。总体而言，我国旅游信息化水平并不高。

智慧旅游的发展建设需要各种技术的综合应用，基于当前智慧旅游发展建设的现状，这里对智慧旅游中的若干核心技术进行介绍。通过对这些技术发展应用的阐述，为其他新技术、新思维、新方法在智慧旅游中的发展应用提供思路。

一、物联网技术

（一）概念内涵

2005 年，在突尼斯举行的信息社会世界峰会（WSIS）上，国际电信联盟（ITU）发布了《ITU 互联网报告 2005：物联网》，正式提出了"物联网"的概念。

物联网是指通过各种信息技术和传感设备，如射频识别技术（RFID）、全球定位系统、传感器、红外线感应器、激光扫描器和气体感应器等技术与设备，实时观察和监控相互联接的物体，采集其声、光、热、电、力学、化学、生物、位置等各种需要的信息，从而与互联网结合形成的一个巨大网络。其目的是实现物与物、物与人以及所有物品与网络的连接，从而方便识别、管理与控制。

定义主要从以下方面对物联网进行了界定和解释：首先，物联网是以现代技术和设备为基础的。就技术而言，主要有传感技术、射频识别技术等；就设备而言，主要有传感器和激光扫描器等。其次，物联网是一个采集、监控、连接和互动信息的过程。采集的信息种类各种各样，如位置、性能等方面。再次，物联网能够实现物与物、物与人，以及物与网络的连接。最后，物联网便于信息识别、管理和控制。其中，技术设备是基础，物人互联是核心，管理控制是目的。

互联网与物联网有着本质的区别。互联网主要解决信息问题，注重实现信息的互联互通和共享，解决的是人与人之间的信息沟通问题；物联网则解决的是物与物、物与人的问题，其主要内容是信息化时代下人对物的管理和控制问题。在终端系统接入方式上，互联网是通过系统的服务器、台式机、笔记本和移动终端实现人与人之间的信息通联，人们可以通过终端访问互联网上的资源；物联网则必须根据需要，选择无线传感器网络等应用系统，将其接入互联网，进而将感知的数据信息通过互联网进行传递和应用，因而，物联网必须依托于互联网的存在而发展。

（二）基本特征

从上文可以看出，物联网与互联网有着较大的区别，物联网有着显著的特征，主要表现在以下方面：

1. 物联网是对各种感知技术的应用。在物联网上部署了各类信息感知终端，即各种类型的传感器，不同终端收集的信息是不同的，需要将海量的信息进行收集、整理和传递；同时，为了实现信息的通畅传递和运用，这些收集到的信息需要具备一定的格式和编码。因而，遵循共同的网络协议，从而实现各类信息的互通互联。

2. 物联网是建立在互联网基础上的泛在网络。互联网上的感知终端通过各种渠道收集到信息后，必须通过互联网进行传递和利用。这些海量的信息经由互联网时，必须遵循一定的规则，因而，需要遵循互联网的运行规律进行传递；同时，这些信息只有经过互联网，才能更大程度地实现物与人的连接。

3. 物联网不仅实现了各种传感器终端的连接，同时也能够实现一定的智能化操作。物联网能够通过智能处理，将收集到的信息进行分析、整合与处理，转变成人们所需要的有用信息。对不同的数据做不同的处理，能够实现不同的用途。

（三）运行原理

物联网是在计算机互联网的基础上，运用 RFID、移动通信技术、无线数据通信等技术，构造一个联系万事万物的网络"Internet of Things"。在这个网络中，物品能够彼此进行互通互联。其实质是利用射频自动识别（RFID）技术，通过互联网实现物品的自动识别和信息的互联共享。

在物联网的构造中，RFID 标签中存储着规范且具有互用性的信息，通过无线数据通信网络把它们自动汇集到中央信息系统，实现物品的识别，进而通过开放性的计算机网络实现信息交换与共享。

（四）类别划分

1. 私有物联网：一般面向单一机构内部提供服务，其使用范围较小，且物联范围有限。

2. 公有物联网：基于互联网向公众或大型用户群体提供服务，其使用范围较大；物联的范围可以是某一方面的，也可以是全方位的。

3. 社区物联网：向一个关联的"社区"或机构群体（如一个城市政府下属的各委办局，如公安局、交通局、环保局、城管局等）提供服务，其可以是私有物联网或公有物联网的一种形式。

4. 混合物联网：是上述两种或两种以上的物联网的组合，但后台有统一运作的实体。

（五）关键技术

1. 传感器技术。传感器技术是一种能够实现测量和自动控制的技术，在一定的时间和空间内，能够将收到的信息进行分析和整理并转化为另一种信息进行传递。物联网通过对不同物体的感知，将这些感知的信息加以分析和应用，从而满足不同的需求。

2. RFID 标签技术。通常也被称为电子标签、无线射频识别，是一种通信技术，可以通过无线电讯号识别特定的目标并读写相关数据，而无须识别系统与特定目标之间建立的接触关系。

（六）应用情况

物联网在实际应用中需要各行各业的广泛接触，其具有分布范围广、行业应用多等特点。由于技术的限制，目前对物联网的应用还主要局限于行业内部的应用，并没有形成全方位的对社会整体的应用。

物联网的开展应用主要有以下三个步骤：

1. 标识物体属性。属性有静态和动态之分，静态属性可以直接存储在标签中，动态属性则需由传感器进行实时探测。

2. 读取物体属性。识别设备完成对物体属性的读取，并将信息转换为适合网络传输的数据格式。

3. 传输处理信息。将已读取的物体信息通过网络传输到信息处理中心（处理中心可能是分布式的，如个人电脑或手机；也可能是集中式的，如中国移动的 IDC），由处理中心完成物体通信的相关计算程序。

（七）旅游应用

在旅游发展中需要对物联网进行应用，物联网在旅游业的应用需要着实解决以下问题：

1. 感知旅游要素。通过对相关要素的感知，获得旅游相关信息。

2. 读取旅游信息。读取动态和静态的旅游信息并分析整合。

3. 实现信息利用。对信息进行加工处理，实现一定的管理和控制职能。

目前物联网在旅游业主要应用于以下系统：

1. 资源勘查系统。对旅游规划中的各种资源要素进行采集并加以分析，为旅游资源的开发与旅游规划提供依据。

2. 景区管理系统。对旅游景区中的客流、景点、资源和环境进行实时数据采集，助力景区管理。

3. 智能服务系统。旅游目的地有着较多的智能服务设施，如智能触摸屏、智能导航设备等，其在提供服务的过程中具有一定的属性，通过对智能服务系统的运营状况进行跟踪监测，有利于保障智能服务系统的正常运营。

随着技术的逐渐普及、行业的不断发展，物联网技术将会深入到旅游发展的各个角落，从而真正促进旅游业持续健康的发展。

二、移动通信技术

（一）概念内涵

移动通信是指移动体之间的通信，或者移动体与固定体之间的通信，移动体可以是人，也可以是处于移动状态中的物体。移动通信技术主要包括两个系统：一个是空间系统，主要是系统信息进行传递的过程中所经历的空间范围；一个是地面系统，即进行信息传递和信息接收的终端系统。

（二）基本特征

1. 主体的移动性。信息主体处于不断的移动状态中，信息的使用必须是无线的，或者是无线与有线的结合。

2. 传播的复杂性。由于信息的使用和接收主体处于不断的移动状态中，因而，信息传播相当复杂，就区域划分而言，可能是不同区域之间的移动；就信息接收方而言，可能处于不同的自然环境中，既可能置于深山，也可能处于海洋，只要移动体到达的地方，就应当或可能成为信息传播的区域。移动的不确定性使得信息的覆盖更加复杂。

3. 干扰的多样性。不同的环境会对信息传递造成不同的影响，首先，就移动体所处的环境而言，可能是嘈杂的街道，也可能是偏僻的山林，其影响既有人的因素，也有物的因素；就传播渠道而言，可能是传播媒介自身的因素，也可能是其他的因素，如其他无线电对信号的干扰、传播渠道自身存在的问题，都可能对通信产生影响。

4. 结构的严整性。一个完整的通信系统涉及不同的区域、不同的设备、不同的主体同时使用一个共同的网络,因而对网络的严整性提出了较高的要求,不同的区域如何进行信息和技术的共享、设备的同时使用、标准的共同遵循,众多的顾客群体如何实现通信方信息的畅通交流、相互之间互不影响、保障信息网络的安全,这都要求移动通信网络具有足够的严整性。同时也对设备的使用提出了更高的要求,即提高设备在不同环境中的使用性能。

(三) 运行原理

移动通信系统由移动台、基台、移动交换局组成。若要同某移动台通信,移动台向移动交换局发出信号,移动交换局通过各基台向全网发出呼叫;被叫台收到后发出应答信号,移动交换局收到应答信号后分配一个信道给该移动台并从此话路信道中传送信号使其振铃,移动台收到信号后则能实现通信。

(四) 类别划分

移动通信的种类众多,按使用要求和工作场合不同,可以分为以下几种:

1. 集群移动通信:也称大区制移动通信,使用多个无线信道为众多的用户服务,把有限的信道自动地、迅速地、最优地分配给系统的所有用户,以实现对系统信道频率资源的充分利用。集群移动通信的特点是只有一个基站,天线高度为几十米至百余米,覆盖半径为 30 千米,发射机功率可高达 200 瓦,用户数约为几十至几百,可以是车载台,也可以是手持台。它们可以与基站通信,也可通过基站与其他移动台及市话用户通信,基站与市站通过有线网连接。

2. 蜂窝移动通信:也称小区制移动通信,是采用无线组网方式,将移动终端与网络设备通过无线通道连接起来,进而实现用户在移动状态下相互通信。其特点是将整个大范围的服务区划分成许多小区，每个小区设置一个基站，负责本小区各个移动台的联络与控制，各基站通过移动交换中心相互联系，并与市话局连接。超短波电波传播距离有限，频率资源可以充分利用，每个小区的用户在 1000 以上，全部覆盖区最终的容量可达 100 万用户。蜂窝移动通信的主要优势在于终端的可移动性，并具有跨区切换和跨本地网自动漫游功能。

3. 卫星移动通信：是将赤道或中低轨道卫星作为中继站，实现区域乃至全球的移动通信。其主要由卫星、地面站和移动用户终端构成。卫星移动通信的优势在于覆盖区域大、通信距离远、通信灵活机动和线路稳定可靠。

4. 无绳电话：是无线电台与有线市话系统及逻辑控制电路的有机结合，它能够在有效的空间范围内通过无线电波媒介，实现主机与副机的无绳联系，主机与市话网用户通过电话线连接，副机则通过无线电信号与主机保持通信，不受传统电话机手柄话绳的限制。

（五）关键技术

1. 功率控制技术

功率控制技术是移动通信和码分多址（CDMA）系统的核心技术。CDMA 系统是一个自干扰系统，即系统内部自身发生相互干扰。由于系统内所有移动用户都占用相同的频率，因此需要某种机制使得各移动台信号到达基站的功率基本处于同一水平，否则离基站近的移动台发射的信号很容易盖过离基站较远的移动台的信号，影响信号传递。码分多址（CDMA）功率控制的目的是使系统既能维护高质量通信，又减轻对其他用户产生的干扰。功率控制分为前向功率控制和反向功率控制，反向功率控制又可分为仅由移动台参与的开环功率控制和移动台、基站同时参与的闭环功率控制。

（1）前向功率控制，基站根据移动台提供的测量结果，调整对每个移动台的发射功率，对靠近基站和路径衰落小的移动台分配较小的前向链路功率，而对远离基站和误码率高的移动台则分配较大的前向链路功率，由此减轻因为距离产生的信号干扰。

（2）反向开环功率控制，移动台根据接收功率的变化，调节其发射功率以使得所有的移动台发出的信号在基站的功率都相同，其主要作用是补偿阴影、拐弯等效应。

（3）反向闭环功率控制，是为了使基站对移动台的开环功率迅速做出纠正和修复，以使移动台保持最理想的发射功率。

2. 码技术

PN 码是 CDMA 系统中的关键技术，是区分 CDMA 信道的主要依据，其选择直接影响到 CDMA 系统的容量、抗干扰能力、接入和切换速度等性能，因而，PN 码应具有自相关性强、互相关性弱，实现和编码方案简单等特点。

3. Rake 接收技术

Rake 接收技术就是充分利用传输中的多径信号能量，以改善信号传输的可靠性。其工作原理为：发射机发出扩频信号，在传输的过程中由于障碍物的存在，信号到达接收机时，波束受到不同程度的影响，形成多径信号，如果不同路径信号的延迟超过一个伪码的码片时延，则在接收端可将不同的波束区别开来，由此可将原来的干扰信号转化为有用信号。一般地，Rake 接收机由搜索器（Searcher）、解调器（Finger）和合并器（Combiner）等三个模块组成。

4. 软切换技术

移动台从一个基站覆盖区域进入另一个基站覆盖区域，在两个基站的边缘，移动台先建立与新基站的通信，直至接收到原基站信号低于一个门限值时，再切断与原基站的通信的切换方式；更软切换是指在同一个基站覆盖区域，两条不同信号之间进行的切换。软切换和更软切换均是为了实现移动服务的连续性，提高用户满意度。

5. 语音编码技术

语音编码是信源编码,模拟语音信号并使其转化为数字信号,以便在信道中传输。其主要目的是在保持一定的准确程度和通信时延的情况下,占用较少的通信容量,传递较高质量的语音,因而,语音编码决定了接收到的语音质量和系统容量。语音编码可以分为以下三大类。

(1)波形编码。对语音波形信号进行量化、编码,从而形成数字语音。为了保证数字语音技术解码后的高保真度,波形编码需要较高的编码速率。波形编码的优点在于适用语音特性范围广,易于保持稳定性。

(2)参量编码。基于人类语言的发声机理,找出表征语音的特征变量并对特征变量进行编码的方法。在接收端,可根据所接收语音的特征参量信息,恢复出原来的语音。由于参量编码只须传送语音特征参数,因而可实现低速率的语音编码。参量编码的优点是编码的低速率,缺点在于语音质量只能达到中等水平,不能满足商用语音通信的要求。

(3)混合编码。综合了波形编码的高质量和参量编码的低速率的优点而发展的一类新编码技术。混合编码信号中既具有波形编码信息,又包含语音特征参量,且语音质量可达到商用语音通信标准的要求,因而混合编码技术在数字移动通信中得到了广泛的应用。

6. 旅游应用

目前移动通信技术主要运用于满足客户的通信方面,但是,对通信在某一行业的具体应用并不十分成熟。

旅游行业对移动通信技术的应用,可以助力旅游业的发展。首先,在刺激消费需求上,通过便捷地大众消费方式,引导人们进行旅游消费,从而促进旅游消费需求的发展;其次,在行业发展上，通过移动通信技术实现服务产品的供给，满足企业营销的需求，从而促进旅游业的发展；再次，就行业管理而言，移动通信技术的应用，节省了人力物力，迎合了低碳经济的发展要求；最后，从社会建设的角度而言，移动通信技术可以促进智慧旅游的发展，而智慧旅游的发展将会推动旅游公共服务体系的构建，有利于服务型政府的建设，同时也有益于公共服务体系的完善。

三、云计算技术

（一）概念内涵

云计算是以虚拟化技术为基础，以网络为平台，以满足用户需求为目的，能够高度整合、共享大量计算资源并进行协同工作的新型计算模式。在这个模式中，原本存储于个人电脑和移动设备等上的大量资源集中在一起，形成规模强大且虚拟化的 IT 资源库，应用、数据和 IT 资源则以服务的方式通过网络提供给用户，从而满足用户需求。用户无须了解云内部的细节，也不必具有云内部的专业知识或基础设施。云计算涉及基础设施和服务的交付，通过网络，以按需、易扩展的方式获得所需资源和服务。这种资源和服务可以是 IT、软件和互联网相关，也可以是其他服务，因而，云计算能力可以作为商品，通过互联网进行流通。

云计算包括互联网上各种服务形式的应用，具体表现为设施即服务（IaaS）、平台即服务（PaaS）和软件即服务（SaaS）以及其他依赖于互联网满足客户计算需求的技术趋势。

云计算是分布式计算（Distributed Computing）、网格计算（Grid Computing）和并行计算（Parallel Computing）的最新发展，因而与相关计算方式有着一定的区别和联系。

1. 云计算与分布式计算

分布式计算是指在一定的约束条件下，使用一个硬件或软件系统处理任务，这个系统含有多个处理器单元和并发程序，一个程序可以分成多个部分，然后把这些部分分配给多个计算机进行处理，最后对各部分结果进行综合，以得到最终结果。云计算属于分布式计算的范畴，是以提供对外服务为导向的分布式计算形式。云计算把应用和系统建立在大规模的服务器集群之上，协同构建基础设施与上层应用程序，既实现了最大效率利用硬件资源的目的，又能通过软件容忍多个节点的错误，因而具备了分布式计算系统可扩展性和可靠性两个优点。

2. 云计算与网格计算

伊安·福斯特将网格定义为："网格将高速互联网、高性能计算机、大型数据库、传感器、远程设备等融为一体，为用户提供更多的资源、功能和服务。"就概念而言，云计算与网格计算有着较大的相似性，但在实际应用中，网格计算强调的是将多个机构组成一个虚拟组织，云计算则主要是聚合虚拟服务器以形成同质服务，更强调机构内部分布式计算资源的共享。与网格计算相比，云计算的优势是在网络环境下能够将一个处理程序分解为较多的子程序，在不同的资源上进行处理。在商业模式、作业调度、资源分配方式和服务提供等方面，云计算与网格计算的差异还是比较明显的。

3. 云计算与并行计算

并行计算是在串行计算的基础上演变而来的，用来处理一个序列中同时发生的、复杂且相关的事务。并行计算可以分为时间和空间两个维度，时间上并行就是指流水线技术，空间上并行则是指多个处理器并发执行的计算。云计算是对并行计算的发展和升级，其对服务器端的并行计算要求增强。云计算给用户的工作方式和商业模式带来了根本性的改变，同时也对并行计算技术提出了新要求。谷歌（Google）利用计算机网络的这一分治算法原理开发出 MapReduce 工具，将复杂的大问题分解成许多小问题分别求解，然后再把小问题的解合并成原始问题的解。

4. 云计算与效用计算

效用计算是一种基于计算资源使用量付费的商业模式，用户从计算资源供应商获取和使用计算资源并基于实际使用的资源付费。云计算以服务的形式提供计算、存储和资源，其灵活性和伸缩性较大，服务提供商可以便捷地扩展虚拟环境，以提供更多的计算资源。效用计算可以获得云计算类似基础设施的支持，在云计算基础上，则可以进行效用计算。

（二）基本特征

与传统单机和网络应用模式相比，云计算主要具有以下特征：

1. 虚拟化技术。云计算是以虚拟化技术为基础的，在云计算系统内部，根据对象不同，主要实现存储虚拟化、操作系统虚拟化和应用虚拟化等。

2. 动态易扩展。计算资源和设施服务是动态的，可以根据用户需求扩展和延伸其处理能力。

3. 网络调用。用户使用各种客户端软件，通过网络，调用云计算资源和服务。

4. 高可靠性。能够保证向用户提供可靠的服务，自动检测失效节点，自动配置硬件、软件和存储资源。

5. 可度量性。服务资源的使用可以被监控，且能报告给服务提供商和用户，因而能够进行商业运作。

（三）运行原理

1. 云计算技术能够将原本存储于个人电脑和移动设备等上的大量资源集中在一起，形成规模强大且虚拟化的 IT 资源库。

2. 通过计算机网络强大的计算处理能力，根据用户需求将待处理程序自动分成若干个较小的子程序。

3. 子程序由多部服务器组成的庞大复杂的运算系统进行搜索、计算和分析。

4. 对各子程序生成的结果进行综合，得到最终结果并回传给用户。在云计算模式下，终端的运算能力、存储能力和负载能力均交给网络中超大规模的"云"来完成，以此实现资源共享和网络协同，进而提高网络资源的利用率。

（四）关键技术

1. 虚拟化技术。这是一个广义的术语，在云计算中，虚拟化技术将实物资源进行了转化，呈现给用户的是与实物资源具有相同功能的虚拟资源。

2. 弹性规模扩展技术。云计算提供了一个巨大的资源库，但用户需求并不总能实现对所有资源的利用，因而，实现对资源的动态管理有益于提高云计算的效率。弹性规模扩展技术为不同的应用架构设定不同的集群类型，每一种集群类型都有特定的扩展方式，通过监控负载的动态变化，自动为应用集群增加或减少资源，从而提高资源的利用率。

3. 分布式存储技术。对存储资源进行抽象表示和统一管理，在保证数据读写和操作的安全性与可靠性等要求的前提下，利用多台服务器的存储资源来满足单台服务器所不能满足的存储需求。

4. 分布式计算技术。将整体任务分解为多个子任务，这些子任务分布在不同的计算机节点上进行计算和操作，最后将各部分计算结果综合起来得到最终结果，从而实现在云平台上对海量数据的处理。

5. 多租户技术。又称多重租赁技术，是一种软件架构技术，其主要是为了实现多用户共用相同的软硬件资源，每个用户按需使用资源，而不影响其他用户的使用。多租户技术的核心包括数据隔离、按需配置、性能定制和架构扩展。

（五）应用概况

1. 物联网。随着物联网业务的发展，其对数据存储和计算能力的要求逐渐提高，而云计算能够满足物联网发展的需要。在物联网发展的初级阶段，云计算主要应用于数据计算和存储；在物联网发展的高级阶段，将会出现类似 MVNO/MMO 运营商，需要应用虚拟化技术和 SOA 等技术，实现物联网的泛在服务。

2. 云安全。通过网状的大量客户端对网络中的软件行为进行监测，获取网络中存在的安全隐患，如木马和恶意程序等，将其推送到服务端进行自动分析和处理，然后将解决方案分发到每一个客户端，由此维护网络安全。

3. 云存储。通过集群应用和网络技术将网络中各种不同类型的存储设备和应用软件集合起来进行协同工作，以实现数据存储和业务访问功能。云存储是以数据存储和管理为核心的云计算系统。

4. 云视频。其是基于云计算商业模式应用的视频网络服务平台。在云视频平台上，大量的视频策划商、制作商、供应商、服务商、行业协会、管理机构、媒体等集合在一起，构成云视频资源池，各类资源相互展示和互动，自由交流、自主管理，进而降低商业成本，提高流通效率。

5. 云游戏。其是以云计算为基础的游戏方式。在云游戏的运行模式下，所有游戏都在服务器端运行，游戏画面被压缩后可以通过网络传送给用户；在客户端，用户的游戏设备只须具备基本的视频解压能力，就能运行游戏。

（六）旅游应用

云计算在智慧旅游中的应用，根据应用范围不同，可以分为以下三个层次。

1. 单一旅游要素。对旅游发展中的某一单项要素进行云计算处理，如旅游景区资源、餐饮资源和住宿资源等；对其相关资源进行聚合，形成景区资源库、餐饮资源库和住宿资源库等，从而实现单向要素的云处理。

2. 单体旅游组织。是指旅游企业等组织对组织内的各类资源进行整合，从而实现云计算技术在组织内的运用，如旅游企业将自身产品、人力和财务等信息进行整合，转化为庞大的计算资源，实现企业内云计算的应用。

3. 行业综合应用。对某一旅游目的地或旅游区域内的旅游及其相关资源、设施和服务等进行整合，形成庞大的计算资源，从而实现旅游行业内资源的充分利用，提高行业运作效率。

四、人工智能技术

（一）概念内涵

对人工智能的理解，可以从以下方面展开：从科学的角度，人工智能是研究怎样标识知识、获得知识和使用知识的科学；从技术的角度，人工智能是研究、开发、模拟、延伸和扩展人类智能的理论、方法和技术；从功能的角度，人工智能是由智能机器来执行与人类智能有关的任务。

人工智能研究和应用的主要内容包括知识表示、推理判断、自动搜索、机器学习、知识获取、知识处理、语言理解、视觉识别、智能机器人和自动程序设计等方面。

（二）基本特征

1. 综合能力强。人工智能能够对各种信息进行综合、整理并加以运用。在信息不完全、不确定的情况下，人工智能应用模糊逻辑，能够进行推理和判断。

2. 符号处理。在进行符号处理时，利用系统信息，将人工智能技术与数值方程结合起来，建立一个高效能的"符号——数值"耦合系统，这个耦合系统能够解决一些一般方法难以解决的问题。

3. 知识继承。一些专门知识和技术常常为少数专家所掌握，难以广泛利用，人工智能技术便于积累和总结经验，从而有利于知识的继承。

（三）运行原理

人工智能技术综合运用哲学、数学、信息论、控制论、自动化、仿生学、生物学、心理学和计算机科学等研究方法和内容，使机器具备逻辑思维、形象思维和灵感思维能力，进而能够胜任一些通过人类智能才能完成的复杂工作。

（四）关键技术

1. 专家系统技术。完整的计算机程序通常包括三个部分：有专家知识子集的数据结构，操纵数据结构的算法和用户界面，专家系统则是应用计算机程序，提供专家意见。

2. 遗传算法技术。以遗传变化和生物演化过程为基础，通过模拟自然进化过程，搜索最优解。

3. 模糊控制技术。对于未知模型或非确定性描述系统，应用模糊集合与模糊规则进行推理，表达过渡性界限或知识经验，模拟人脑方式进行模糊综合判断。

4. 人工神经网络技术。通过模拟人的神经网络行为特征，达到信息处理的目的。

在不同的应用领域，人工智能技术还与其他技术相互交叉融合。

（五）应用情况

在应用实践中，人工智能存在于较多的行业领域，如专家系统、智能控制、机器翻译、机器人学、自动程序设计、语言和图像理解等，因此，人工智能的应用是与具体领域相结合进行的。

（六）旅游应用

旅游业对人工智能技术的应用主要表现在以下方面：

1. 智能控制，对智慧旅游体系中的智能设备进行管理。

2. 专家系统，自动为旅游主管部门和旅游企业进行智能决策。

3. 语言识别，对不同语言群体间的交流，对旅游公共标识中的语言文字，进行智能识别和机器翻译。

4. 机器人服务，在旅行社、旅游酒店等场所，由机器人提供旅游服务。

5. 旅游发展中其他应用，如智能结算体系、智能顾客识别等。

物联网技术、移动通信技术、云计算技术和人工智能技术只是智慧旅游体系中众多技术的微观和缩影，在实际发展中，只有多媒体技术、移动互联网技术等的综合应用，才能实现智慧旅游的整体性智慧。并且，随着现代科学技术的更新进步与智慧旅游的深入发展，将有更多的创新技术应用到旅游发展中，从而助力实现真正的"智慧旅游"。

第二节　智慧景区对信息技术的应用

智慧景区对信息技术的应用主要集中于景区综合管理、智能门禁系统、电子导览系统和对客互动体验等方面。

一、景区综合管理中的信息技术

（一）视频监控技术

视频监控技术是集探测和监视设防区域、实时显示和记录现场图像、检索和显示历史图像等功能为一体的网络系统。视频监控技术的发展主要经历了模拟视频监控、数字视频监控和智能视频监控等三个阶段。

1. 模拟视频监控。该系统依赖摄像机、线缆、录像机和监视器等专用设备，其应用主要存在监控能力有限（只支持本地监控，受模拟视频缆传输长度和缆放大器限制）、可扩展性受限（容量限制）、录像质量不高、录像不易保存等缺点。

2. 数字视频监控。是以数字硬盘录像机为核心的半模拟—半数字系统。与模拟视频监控相比，该系统主要具有录像时间长、支持音视频数量多、录像质量相对稳定、功能丰富、联网能力强等优点；但仍然存在布线复杂、可扩展性受限、可管理性受限、控制能力受限、录像易于丢失等缺陷。

3. 智能视频监控。是全（网络之间互连协议，Internet Protocol）视频监控系统，可供任何经授权客户机从网络中任何位置访问、监视、记录并打印。该系统集合智能视频分析服务器（JIVS）和智能监控管理主机（JIVM）两大组成部分。集聚资源管理、存储管理、告警服务、用户服务等功能，主要具有操作简便、中心控制、易于升级、全面扩展、远程监视、存储稳定等优势。该技术已广泛应用于金融、公安、交通、电力等部门和行业。

旅游景区视频监控应当全面覆盖景区，同时在重要景点、客流集中地段、事故多发地段等实现重点监控。监视界面应能实时清晰地显示在智能设备上，同时具备闯入告警等功能，监控图像数据的存储应当具备易于保存、方便调取等优点。因此，智能视频监控成为智慧景区的重要组成部分。

旅游景区中，智能视频监控将在以下方面发挥作用。

1. 物体识别。能够识别出移动物体的类别，例如，是旅游大巴还是小汽车，是人还是景区中的动物等。

2. 越界识别。在视频画面上人为地画一道界线，识别出人或物体穿越界线的行为，进而做出是否告警的判断和提示。例如，旅游景区中对重点文物划定保护范围，防止游客进入而导致文物破坏，在视频界面上画出禁止游客进入的界线，一旦有游客越过界线，系统将会自动报警。

3. 行为识别。旅游景区中可能出现资源破坏、不文明旅游、甚至犯罪等行为，智能视频监控能够及时发现人和物体的异常行为，如突然奔跑、追打等，能够及时提醒景区管理人员。对游客行为的识别可以包括涂鸦识别、固定资产移动识别等。

4. 轨迹跟踪。在识别出移动的人或物体之后，能够对移动元素的运动轨迹和经过场所进行记录。例如，当系统识别出游客在景区中出现偷窃、行凶等行为时，在自动报警的同时，能够对该游客的运动轨迹和行走路线进行显示和记录。

5. 流量统计。能够对游客数量、过往车辆等进行识别和统计。例如，在景区入口处，对游客数量进行统计，同时可以记录游客进入景区的主要时间段、游客特征等；在停车场，能够对车辆数量、类型、车牌号、车辆进入景区的时间等进行统计；在旅游景点，能够记录游客的停留时间等。通过流量统计，为景区管理和决策提供现实依据。

利用智能视频监控，还可以在旅游景区中实现其他管理和服务，例如失物识别、安全管理等。

实际上，智能视频监控在旅游景区的应用，能够实现全方位、全时段的显示、记录、存储、识别、告警、追踪等功能，在此基础上，延伸出资源保护、安全管理、流量统计等功能，从而助力景区综合管理。

（二）电子票务系统

随着智慧旅游的发展建设，旅游景区对电子票务系统的载体、形式、功能等提出了新的要求，在最大程度方便游客需求和获取游客信息的基础上，助力景区发展成为智慧景区中电子票务系统的现实诉求。

智慧景区电子票务系统主要包括以下类型。（见表8-1）

1. 条形码电子门票。是指将条形码打印在纸质门票上。在检票时，运用红外线对条码进行读取。条形码门票通常制作成本较低，操作方便，因而得到了广泛的应用，如景区、动物园、游乐场等。这种门票主要适用于票型较少的旅游景区。由于这种纸质门票的设计具有较大的自主性，因而，它常常拥有精美的画面、响亮的口号、实用的地图、温馨的提醒等信息，因而成为旅游景区形象传播和市场营销的工具。

2. 二维码电子门票。是指将二维码打印在纸质门票上。在检票时，将二维码对准验票终端机进行扫描和读取，从而实现便捷通行。二维码电子门票具有操作简单、成本低廉、信息存储量大、加密性能好等优点。

3. IC 卡电子门票。是指利用 IC 卡作为门票。这类门票的制作成本较高，通常需要进行回收，并且实现重复利用。IC 卡集存储、消费、防伪、会员管理、优惠信息、对客服务等多项功能于一体，因而成为批量购买的首选，旅行社是 IC 卡电子门票的主要购买者。此外，在旅游目的地范围内，将诸多景区的门票集中于同一张 IC 卡，减少旅游者购买程序，同时便于联合促销。因此，在门票组合上，IC 卡电子门票主要适用于景区相对集中的旅游目的地；在门票购买上，旅行社成为 IC 卡电子门票的主要购买者。

4. RFID 电子门票。是指将 RFID 芯片封装在纸质门票中。RFID 电子门票的芯片代码具有全球唯一性，因而具有较强的防伪功能。这类门票通常应用于门票价格较高的旅游景区。此外，也有旅游景区将 RFID 芯片封装在 DVD 或 VCD 光盘中，形成所谓的"光盘门票"，使得该电子门票既具有门禁功能，又包含旅游视频宣传功能。

5. 身份证电子门票。是指将旅游者身份证与旅游景区门票系统绑定。旅游者在进入景区时刷身份证即可。这种类型的门票集聚便捷、环保、防伪等多种功能，同时，旅游景区可以自动获得游客性别、年龄、居住地等信息，从而便于有针对性地开展市场营销。

6. 指纹电子门票。是指将游客的指纹扫描至景区门票，验票时通过指纹扫描仪对游客指纹进行扫描比对，从而确定持票人与购票人身份信息的一致性。这种门票的典型特征是能够防止他人冒用或代用购买者门票，因而这种门票尤其适用于旅游景区的年票销售，例如，旅游景区向目的地居民销售的年票、城市公园和城市旅游景区向市民销售的年票等。由于需要预先录入指纹信息，而旅游消费通常具有异地性，所以这种门票的使用并不广泛。

表 8-1　旅游景区电子票务系统主要门票类型比较分析

电子票务类别	优势	局限	消费者群体
条形码电子门票	成本较低，操作方便，制作精美，较为实用	易于假冒伪造，大量印制将导致资源浪费	大众旅游群体
二维码电子门票	操作简单，成本低廉，信息量大，加密性好	对验票终端机的效率提出较高的要求	大众消费群体，尤其是网络消费者、移动客户端消费者
IC 卡电子门票	重复利用，集存储、消费、防伪、会员管理、优惠信息、对客服务等多项功能于一体	制作成本较高，主要侧重于批量购买	旅行社、导游，主要运用于景区相对集中的旅游目的地
RFID 电子门票	较强的防伪功能	通常应用于门票价格较高的旅游景区	大众旅游群体，高端旅游群体
身份证电子门票	便捷、环保、防伪，助力景区开展市场营销	涵盖的信息量有限	大众旅游群体
指纹电子门票	确定持票人与购票人信息的一致性，防止冒用或代用	预先录入指纹信息，再进行比对和确认	城市公园、旅游景区等年票购买群体

　　旅游景区电子票务系统通常与智能门禁系统相关联，在硬件设备方面，智能门禁系统包括自助售票机，台式检票机、立式检票机、无线手持检票机、身份验证智能检票机，三辊闸，二维码扫描仪等，保障游客顺利便捷地进入旅游景区。在旅游景区经营运作的实践中，通常数种门票同时使用，例如条形码、二维码电子门票用于散客购买，IC 卡电子门票用于旅行社购买等。多种门

票技术策略的综合应用，既能提高通行效率，又能实现游客管理，还能助力景区营销。

智慧景区电子票务系统的重要功能在于"联网"。在售票和验票过程中，通过电子票务系统，自动记录和存储旅游消费者的信息、交易信息等，从而为景区综合管理提供依据。这主要体现在两个方面：一是购买环节，通过对消费者个人信息（性别、年龄、区域等）和交易记录（购买时间、支付平台、交易数量、依托工具等）的存储和分析，对旅游消费者行为进行研究，从而为旅游景区市场营销策略的制定提供依据；二是验票通行，通过对旅游者进入景区的时间、人数等的记录，实时统计景区游客量，在与智能视频监控等技术连接的情况下，为景区流量控制提供依据。同时，经过电子票务系统，旅游者也可以实时查阅景区内的客流量，从而做出是否前往景区的决策。

二、景区对客服务中的信息技术

（一）智能导览系统

智能导览系统，也称为智能导游系统、电子导览系统、电子导游系统，其主要采用 RFID 技术，构建系统主控模块、音频处理模块、视频显示模块、远程控制模块、键盘输入模块、智能识别模块和电源管理模块等，通过自主接触控制，使游客在运用电子导览终端机的过程中，能够实现自助游览。在自助导览中能够获得导游讲解、视频播放、道路指示等服务。

应用成熟的智能导览系统主要具备以下特征：

1. 多语种导览。提供多语种的导览讲解服务，满足不同语种的旅游者需求。

2. 自动导览。旅游者无须进行调控和查询，智能导览终端通过自动感知，获取旅游景点和交通节点等信息，进而提供景点讲解和道路指示等服务。

3. 音频和视频同步播放。智能导览终端机在讲解的同时，自动播放精美的视频、图片等，给旅游者充分的视听选择。

4. 自助选择与查询。在自动导览之外，旅游者可以经由智能导览系统查询景区基础设施和相关服务信息，如附近的商店和厕所等。既体现智能化，又体现人文关怀。

5. 高可靠性。智能导览终端机所提供的信息充分、准确、可靠，不受气候条件、游览路线等的限制，旅游者完全自主选择，智能导览终端机随时随地感知和服务。

6. 精巧便捷。智能导览终端机精巧美观，易于携带，服务便捷。

目前多数景区在智能导览系统的构建中，主要体现的是"无线导览系统"，又称无线导游系统、语音导览系统、语音导游系统，即采用 RFID 技术，将导游或讲解员的声音清晰地传送到每位游客的耳朵里。无线导览系统抗干扰性强、声音质量好、传输距离远，它实际上解决的是听不见和听不清的问题；而智能导览系统解决的是智能化导览、导航和导游的问题。在无线导览系统和智能导览系统之间，有半智能化的"二维码导览系统"，即运用二维码技术实现自助导览。

二维码导览系统，即游客进入景区后，通过智能手机和平板电脑等终端设备，扫描景区提供的二维码，得到相应的解说信息，进而实现自助导览。二维码导览系统将网络、二维码和旅游者的智能终端设备进行连接，为旅游者提供导览服务。

按照扫描次数的多寡，二维码导览系统主要有两种类型：一是一次扫描全程导览，即游客在进入景区后，只须扫描一次二维码，即可获得全部景点的讲解信息，旅游者只须在到达特定景点后，手动控制相应操作，并将景点与讲解信息对应，即可获得讲解服务；二是多次扫描多次导览，即景区在不同的景点提供不同的二维码，游客每需要一次讲解，就需要进行一次相应的扫描。

从服务游客的角度，前者明显具有优越性。但尽管如此，在信息查询、道路指引、视频播放等方面，二维码导览系统仍然存在较多的问题，并未实现充分的智能化。

旅游景区导览系统已然从无线导览系统向二维码导览系统和智能导览系统升级，随着智慧旅游的进一步发展，旅游景区智能导览系统将逐步实现集成化、自动化和智能化。

（二）虚拟旅游

虚拟旅游是指建立在现实旅游景观基础之上，利用虚拟现实技术，通过三维模拟和实景呈现，构建虚拟的三维立体旅游环境，旅游者经由智能设备和实施，即可实现旅游观览。虚拟旅游实际上是利用计算机来处理旅游景区和旅游景观中的图形、图像、视频、声音、动画等，将三维旅游实体和三维旅游环境以虚拟现实的形式逼真地表现出来。因此，"虚拟旅游"既可做名词来解释，即一种特殊的旅游形式；又可做动词来解释，即一种虚拟的旅游状态。为了进一步地解释虚拟旅游，有必要对虚拟旅游中的关键技术予以阐释。

1. 三维可视化。原本是用于描述和理解地面和地下诸多地质特征的工具，后来发展成为描绘和理解模型的手段，是数据的表征形式，即通过三维空间的大量数据，实现三维可视。三维可视化是一种解释和表达工具。

2. 虚拟现实。虚拟现实是一种模拟技术。指利用计算机模拟产生一个三维空间的虚拟世界，并且提供视觉、听觉和触觉等感官模拟，使人们获得身临其境的感受。

3. 3D 互联网。是指在互联网上具有连续独立统一编址的 3D 空间，人们借助 3D 虚拟形象可在 3D 空间中实现漫游。3D 互联网以场所的方式组织单元结构，为虚拟旅游提供 3D 互联网平台。

虚拟旅游通过模拟三维立体空间，通常以精美的画面、动人的音乐、立体的空间，给人以身临其境的美感，其主要具有以下优点：①引发旅游需求。虚拟旅游难以替代现场的真实体验，通过虚拟旅游"预体验"，吸引人们前往旅游景区进行现场体验。②优化景区形象。通过场景模拟，呈现出景区良好的生态、优美的景观、丰富的文化。③助力景区营销，通过虚拟旅游，扩大旅游景区的知名度和美誉度。

对当前智慧景区中虚拟旅游发展建设现状分析发现，其主要存在以下问题：

首先，虚拟的"真实感"不强。许多旅游景区声称建成虚拟旅游系统，但虚拟的空间仅仅是画面的简单呈现，动感、立体感、现场感不强。

其次，虚拟空间过于狭小。部分景区的虚拟旅游空间极小，通常是几个景点的独立立体空间，空间狭小、元素单一且各空间没有连续性，由此使得"虚拟旅游"丧失趣味性。个别景区所谓的虚拟旅游甚至仅仅是景区大门口的立体空间呈现，根本没有进入"景区"，何来"虚拟旅游"。

最后，虚拟旅游的发展建设目标不明确。某些景区在景区内具有虚拟旅游体验的设施设备，在景区网站等平台却没有虚拟旅游项目，虚拟旅游的营销宣传、形象展示等功能没有得到充分的发挥。

国内虚拟旅游的发展建设仍然处于起步和探索阶段，由于对虚拟旅游的功能和作用缺乏系统地评估，加之虚拟旅游开发建设需要较大的成本，因此，虚拟旅游发展建设缓慢。但是，随着信息技术的进一步发展和人们对旅游趣味性需求的增强，虚拟旅游将在形象展示、市场营销、游客参与、互动体验等方面发挥积极作用。

第三节　智慧酒店对信息技术的应用

长期以来，中国酒店业信息化水平有了较快的发展，各种计算机、办公软件、现代技术等的广泛应用，有力推动了酒店业的发展。随着智慧旅游的发展建设和旅游消费的优化升级，酒店对新兴技术的应用需求增加，由此推动了智慧酒店的发展建设。

一、酒店顾客体验中的信息技术和智能设备

（一）自助开退房机

与银行部门的自助存取款机、电信部门的自助缴费查询机等一样，酒店有新兴时尚的自助开退房机。自助开退房机在外观时尚前卫、设计精美质感的基础上，通常内置 LAN 和 WiFi 接口，配合定制的人体感应套件、人脸识别模块等配件，加之高背光液晶显示技术等，使得外设操作与机柜形态完美融合，顾客可以通过自助开退房机实现选房、开房和退房。

与传统的前台开退房相比，自助开退房机能够给顾客带来更大的自主性和选择性，从而为顾客节省时间、使消费更便捷。在体验经济时代，通过智能设备提升顾客体验，本身就是酒店消费的一大亮点。在选房、入住、退房、结算等基本功能之外，自助开退房机还能动态地进行广告宣传，通过精美的图片和视频、温馨的提醒服务等，展示酒店的美好形象，从而助力酒店营销。

（二）智能门禁系统

旅游景区智能门禁系统主要侧重许可性、防止违规，起到阻挡作用；而酒店客房智能门禁系统则更注重安全性、可靠性、便捷性、私密性，起到保护作用。（见表 8-2）因此，酒店客房智能门禁系统的设计、安装、技术、成本等要求更高，按照信息识别

方式来划分，常见的酒店客房智能门禁系统主要有密码识别、卡片识别、生物识别等类型。（见表 8-3）

表 8-2 旅游景区与酒店客房智能门禁系统的区别与联系

主要内容	旅游景区智能门禁系统	酒店客房智能门禁系统
空间位置	一般为景区大门或景区入口	酒店内客房门禁
入口数量	通常为一个或几个	数量众多，通常达到数十个甚至上百个
功能要求	防止违规、阻止进入，具有屏障性质，门禁系统旁通常有工作人员和监控设备	安全、可靠、便捷，起保护作用，门禁系统旁一般没有工作人员，但有监控设备
设备形态	数量少、技术相对简单，侧重信息验证	精巧、数量多、技术较为复杂，信息验证高度准确
安装成本	相对较低	相对较高
共性特征	智能化、便捷化、高可靠性、信息验证、联网、自动保存门禁记录，通常与视频监控技术协作	

表 8-3 不同识别方式的酒店客房智能门禁系统比较分析

识别方式	优点	不足	应用实践
密码识别	操作简单，成本低廉	密码容易泄露，安全性较差，没有进出记录	较少
磁卡识别	操作简单，成本低廉，连接计算机，有开门记录	易于磨损和被其他磁场干扰，使用寿命短	较多
RFID卡识别	无接触开门，识别速度快，数据容量大，安全性较高，使用寿命长，连接计算机，有开门记录	成本较高	较多
指纹识别	安全性极好，扫描速度快、使用方便、成本较低	某些人指纹特征不明显，登记和识别烦琐	较少
人脸识别	安全性极好	技术应用成本高、对环境要求高，使用不方便	较少
虹膜识别	安全性极好	技术应用成本高，对环境要求高	较少

1. 密码识别。通过输入密码来确认是否获得进入权限。这种类型的门禁系统操作简单，只须设定密码即可，并且成本较低。但是，由于同一客房在不同时间可能有多位顾客，由此使得门禁密码容易泄露，这就使得安全性较差。此外，这种类型的门禁没有进出记录，不利于顾客和客房管理。

2. 磁卡识别。通过读取磁卡或"磁卡＋密码"的方式来确认是否获得进入权限。"一房一卡"的安装设计，使得酒店客房门禁系统成本较低、使用方便。由于"凭卡进入"，没有身份识别，这就容易产生"冒充"刷卡进房的风险，因而其安全性一般。磁卡识别可与计算机连接，有开门记录。但是，磁卡识别也存在容易磨损和被其他磁场干扰的缺点。

3. RFID 卡识别。是指将 RFID 芯片封装在卡片中，应用 RFID 阅读器和软件系统来确认是否获得进入权限。RFID 卡可实现无接触开门，识别速度快，数据容量大，安全性较高，使用寿命长，且与计算机连接，有开门记录。但是，RFID 卡的应用成本较高。

4. 指纹识别。是指通过比较不同指纹的细节特征来确认是否获得进入权限。指纹识别的安全性极好，且扫描速度快，使用非常方便。但是，由于某些人的指纹特征少，成像较难，登记和识别也存在困难。

5. 人脸识别。基于人的脸部特征信息进行身份识别，以此确认是否获得进入权限。人脸识别的安全性极好，且具有自然性和不被被测个体察觉的优势。但是，由于人脸的相似性和易变性，及其使用环境要求高（例如安装高度一定，但使用者的身高不同）和技术应用成本较高，其在酒店智能门禁中的应用不多。

6. 虹膜识别。基于人的眼睛中的虹膜进行身份识别，以此确认是否获得进入权限。其主要应用于高度保密需求的场所，在酒店客房智能门禁系统中的应用较少。

实际上，指纹识别、人脸识别和虹膜识别均为生物识别的范畴，但由于使用方便、成本较低、安全性高的优点，指纹识别在酒店智能门禁系统中的应用将是主流趋势。但就现阶段而言，酒店客房智能门禁系统仍然以磁卡识别和 RFID 卡识别为多。

（三）多媒体技术

多媒体技术是利用计算机对文本、图形、图像、声音、动画、视频等多种信息进行综合处理、建立逻辑关系和实现人机交互的技术。多媒体技术是酒店客房多媒体系统的核心技术。

多媒体技术包含两层含义：一是媒体的内容和形式，在计算机行业里，媒体主要指传播信息的载体，如文本、图形、图像、声音、动画、视频等；二是计算机对各种媒体的集成、整合与联通，实现各种媒体和设备交互运行与便捷切换。在酒店消费和旅游生活中，文本、图像、声音、视频等媒体无处不在，但它们通常是相互独立且分散存在的，如客房的电视机、电脑等，各自独立操作和运行，这就造成操作烦琐，设备的功能和作用也未能得到最大限度地发挥。

多媒体技术在客房的应用主要表现在三个方面：一是对客房多媒体的整合，如将电视、电脑、通信设备等进行串接，实现便捷切换。例如将电脑视频导入电视界面，给顾客提供大屏观影体验；将可视电话切换至电视界面，通过电视实现远程视频通话。二是客房多媒体与客房环境控制系统的集成，将多媒体控制与客房环境控制集中在一个操作平台或设备上，顾客只须简易操作，即可自主设定客房环境。例如，将电视遥控器、电脑操作键盘、空调遥控器等整合为统一的遥控器，实现对客房灯光、湿度、温度、音乐、视频、游戏、通话等的全面智能化控制。三是客房多媒体系统与游客自带终端设备的串接。随着智能手机和平板电脑等智能终端设备的广泛应用，人们习惯于用自带设备观影、听音乐、游戏、视频等，但是又希望将自带设备串接到客房多媒体平台，以获得智能时尚的消费体验，如客房高清液晶大型显示屏带来的酷炫体验，因此，客房多媒体系统应当在设计过程中为顾客预留接口。

随着音频技术、视频技术、图像技术等的发展提升，智能电视等设备的广泛应用，多媒体技术将在酒店客房中发挥更加重要的作用。

二、酒店综合管理中的信息技术

（一）近场通信技术

近场通信技术（Near Field Communication，NFC），是一种短距高频的无线电技术，在 13.56MHz 频率运行于 20 厘米距离内。NFC 提供一种无线、轻松、安全、迅速的通信和连接，NFC 信息通过频谱中无线频率部分的电磁感应耦合方式传递，可在 PC、移动设备、智能控件和消费类电子产品等工具间进行近距离无线通信、数据交换和智能识别。

支持 NFC 的设备可在主动和被动模式进行数据交换。以被动模式为例，NFC 发起设备在整个通信过程中提供射频场，并以一定速度将数据发送到 NFC 目标设备；目标设备不必产生射频场，而是使用负载调制技术，以相同速度将数据传递给发起设备，进而建立联系和实现通信。NFC 发起设备和目标设备建立联系、实现通信的耦合过程，即为其工作原理。

NFC 的工作模式主要有三种：

1. 识读模式。主要指 NFC 识读设备，从 NFC 芯片或标签中采集数据，然后根据应用要求，结合网络交互，进行处理完成。

2. 被读模式。比较典型的是卡片模式，在卡片、手机或相关设备中置入 NFC 芯片或 NFC 标签，实现近距离无线通信。例如，支持该技术的手机可在公交、地铁和超市等场所进行刷"卡"消费，也可用作门禁系统等。

3. 点对点模式。即两个具备 NFC 功能的设备连接，能实现点对点数据传输，如下载音乐、交换图片等，但传输距离较短。

就应用程序而言，NFC 应用主要有四种类型：

1. 接触—完成。用户只须将 NFC 被读设备靠近识读设备，即可完成通信。其应用主要有智能门禁、景区门票、活动检票、身份识别、员工考勤、市政公交等。

2. 接触—确认。用户在将 NFC 被读设备靠近识读设备之后，需要输入密码，才能确认交易。这类应用主要存在于一些付费项目，例如应用 NFC 手机或 NFC 卡片在超市进行刷卡消费。

3. 接触—浏览。主要指 NFC 手机应用。用户在将 NFC 手机靠近具有 NFC 功能的海报、宣传册、智能显示屏等之后，获得网址、图片等信息，进而实现手机浏览。

4. 接触—连接。两台 NFC 设备在靠近之后进行连接，实现点对点数据传输。如下载音乐、交换图片等。

由于 NFC 卡具有使用便捷、成本低廉、安全性好等优点，其在酒店综合管理和对客服务中具有广阔的应用前景，具体包括身份识别、员工考勤、客房门禁、消费支付等。

（二）射频识别技术

射频识别技术（Radio Frequency Identification，RFID）是通过无线电讯号识别特定目标并读写相关数据的短距离无线通信技术。RFID 无须识别系统与特定目标之间建立的机械或光学接触。

一套完整的 RFID 系统主要由解读器、应答器和应用软件系统等三部分构成。解读器由天线、耦合元件和芯片组成，它是读取芯片或标签的设备，在实际应用中，主要有移动（或手持）解读器和固定解读器两种；应答器一般是指芯片或标签，每个标签具有唯一的电子编码，附着在物体上标识目标对象；应用软件系统是根据用户需求对数据进行分析处理。

RFID 系统的工作原理相对简单：首先，解读器发射特定频率的射频信号；之后，应答器（电子标签）进入磁场，接收解读器发出的射频信号，并向解读器发送储存在芯片或标签中的信息；最后，解读器读取信息并解码，送至中央信息系统进行数据处理。

RFID 技术应用主要有三种产品类型。

1. 无源 RFID 产品。主要是指无源电子标签，也称被动标签。无源电子标签没有内装电池，在阅读器的识读范围之外时，电子标签处于无源状态；在阅读器的识读范围之内时，电子标签从解读器发出的射频能量中获取其工作所需的电源。无源 RFID 产品主要表现为近距离接触式识别，内存可反复擦写 10 万次以上。在 RFID 产品中，无源 RFID 产品发展的最早，应用最为成熟，已广泛应用于公交、地铁、银行卡、食堂餐卡和酒店门禁卡以及第二代身份证等，同时，在生产线管理、停车场管理、产品防伪检测等方面也有重要应用。

2. 有源 RFID 产品。主要指有源电子标签，也称主动标签。有源电子标签有内装电池，标签按照预设规则进行信号发射，当有源电子标签进入解读器的作用区域后，解读器获取到标签发射出来的信息，即实现对标签的识别。有源电子标签通常支持远距离识别，因而在智慧酒店、智能停车场等方面有广泛的应用前景。

3. 半有源 RFID 产品。集成无源 RFID 产品和有源 RFID 产品的优势，实现近距离精确定位、远距离识别和上传数据。

RFID 产品在应用实践中，主要具有使用便捷性、数据容量大、识别速度快、安全性能高、使用寿命长等优点，因而在智能门禁、旅游消费、电子票务、交通系统中具有广泛的应用。

NFC 和 RFID 在旅游业和酒店业的应用的不同之处有以下几方面。（见表 8-4）

1. 就功能属性而言，NFC 强调信息交互，RFID 则只能实现信息的读取和判定。

2. 就传输范围而言，NFC 传输范围较小，通常在 20 厘米距离内；RFID 传输范围相对较大。

3. 就应用方向而言，NFC 当前更多应用于消费类电子设备相互通讯，在门禁、公交、手机支付等领域发挥重大作用；RFID 更多应用于资产管理、生产线管理、停车场管理、产品防伪检测等领域。

4. 就载体形式而言，NFC 主要以卡片、钥匙和手机等形式呈现；RFID 主要以腕带、封条、标签等形式呈现。

表 8-4 NFC 和 RFID 的比较分析

比较对象	NFC	RFID
功能属性	信息交互	信息读取和判定
传输范围	较小，通常在 20 厘米距离内	较大，可达到几米、甚至几十米
应用方向	消费类电子设备相互通讯及门禁、公交、手机支付等领域	资产管理、生产线管理、停车场管理、产品防伪检测等领域
载体形式	卡片、钥匙和手机等形式	腕带、封条、标签等形式
旅游应用	酒店（客房）智能门禁、公交、地铁、手机支付等	电子门票、酒店固定资产管理、酒店和博物馆等员工管理、停车场管理等

基于以上分析可知：NFC 的发展应用注重信息交互，具备支付、门禁等功能，因而在公交地铁、旅游消费、手机支付、酒店客房智能门禁等方面具有重要应用；RFID 注重识别、判定和跟踪等功能，因而在停车场管理、景区电子门票、酒店固定资产管理、酒店和博物馆员工管理等方面具有重要应用。在实际应用中，NFC 和 RFID 并非完全孤立存在，有时甚至是协同发挥作用。以旅游景区电子门票为例，对于旅行社和导游而言，利用 NFC 卡购票和通行，既能获得批量优惠，又能在旅游团队进入景区时节省时间；对于散客旅游者而言，购买 RFID 电子门票，既能高度防伪，又能便捷地通行。NFC 和 RFID 的协同运作，有利于旅游景区智能门禁系统的通畅和高效运行。

第四节 智慧旅游目的地对信息技术的应用

旅游目的地对信息技术的应用，集中表现在两个层面：一是为旅游者和旅游企业提供公共服务；二是实现高效、快捷、智慧的旅游目的地管理。从公共服务视角，旅游目的地的主要职责在于构建泛在网络和智能交通，在此基础上，建立旅游信息发布系统、旅游危机应急系统等，从而为旅游者、旅游企业和旅游行政管理提供智慧服务。

一、旅游目的地公共服务中的泛在网络

泛在网络是一种广泛存在的网络，置身其中的人和物能够在任何时间、任何地点基于网络设施和技术设备实现信息交换。泛在网络主要实现人与人、人与物、物与物之间的信息交换。当前，支持泛在网络应用概念的主要有移动通信网、M2M、传感器网络、物联网、NFC、RFID 等。

（一）宽带网

宽带网是一种局域网络，信号在不同的入境和出境频道上以射电频率信号形式进行传输。宽带网分为有线宽带（单一用户可使用调制解调器访问互联网，局域网多用户可使用调制解调器＋路由器访问互联网）和无线宽带（内置或外接无线网卡）两种类型。宽带网的运营商主要有中国移动、中国联通和中国电信等。

（二）无线网络（WiFi）

WiFi 是可以将个人电脑、智能设备（如智能手机、平板电脑）等终端以无线方式互相连接的技术，WiFi 是无线局域网的重要组成部分。实际上，利用无线路由器，WiFi 将有线网络信号转换成无线网络信号，在无线路由器电波覆盖的有效范围内，支持 WiFi 连接功能的设备可以采用 WiFi 方式进行联网。使用 WiFi 上网，

安全健康、费用低廉、数据传输速度快、不受布线条件限制，非常适合用户在移动状态下和特定空间中使用，因而能够满足个人和社会的信息化需求。随着信息化发展和智能终端设备的应用普及，WiFi 网络覆盖范围在国内越来越广泛，餐厅、酒店、银行、学校、社区、商店、机场、火车站、公交车、咖啡厅、旅游景区等休闲、消费、公共服务场所，已有较大范围的 WiFi 网络覆盖。

（三）移动通信网

移动通信网是使用户在移动状态下进行通信的网络。当前覆盖和应用较为广泛的是 CDMA 制式移动电话网和全球通（GSM）数字移动电话网。由于个人和终端处于不断的移动状态中，这就对通信网络的信号强度和信号稳定性提出了要求。这种网络由移动通信公司（如中国移动、中国联通和中国电信）构建和提供，其主要实现人与人的通信。

（四）M2M（Machine to Machine）

M2M 是指数据从一台终端传送到另一台终端，也就是机器与机器的联结和通信。在系统组建和程序设定的前提下，实现机器与机器的联结，根据既定程序，即使没有人为实时控制，机器也能够实现数据收集、指令发送和信息传递等。M2M 替代人力操作和控制，能够实现设备的智能管理和控制。M2M 实现物与物的通信。

（五）传感器网络

传感器网络是由许多在空间上分布的传感器组成的计算机网络。利用传感器网络可以协作监控不同时间不同位置的物理状态和环境状况，如温度、声音、光照、振动、压力、运动等。传感器网络综合传感器技术、嵌入式计算技术、分布式信息处理技术和无线通信技术等，其工作程序如下。

（1）监测感知，通过各类传感器对监测对象进行感知并采集数据。

（2）数据处理，对监测采集的数据进行分析处理。

（3）信息传递，按照预设程序模式，将监测信息传递到终端用户。由于传感器网络既可实现机器与机器的通信，又可实现机器与人的信息传递，因而，传感器网络能够实现物与物、物与人的通信。当前，传感器网络已广泛应用于交通控制、生态监测、健康监护和家庭自动化等领域。

（六）物联网

物联网是指综合利用传感器、控制器、计算机、互联网、无线通信等技术和设备，实现物物通联的网络。物联网主要有两层含义：一是物联网依托于互联网，没有互联网，物联网也就不复存在；二是物联网注重实现物物相连，使互联网用户端由人延伸到物。在工作原理上，物联网与传感器网络类似，即完成"监测感知——数据处理——信息传递——指令执行"等过程，进而实现智能化识别、定位、跟踪、监控和管理等功能，实际上，M2M、NFC、RFID、传感器网络等均是物联网中的重要技术。与互联网不同，物联网常常应用于一个地区、一个部门、一个企业、一栋大楼，甚至是一个家庭，因此物联网应用更注重个性化和模块化。

各种网络技术和通信技术有其自身的优点和问题（见表 8-5），在旅游业发展实践中，只有取长补短，协同发挥作用，构建泛在网络，才能实现旅游业中人与人、人与物、物与物的互联互通。

二、旅游目的地智能导航系统

（一）全球定位系统（Global Positioning System，GPS）

GPS 是利用 GPS 定位卫星，在全球范围内实时进行定位、导航的系统。该系统测出已知位置的卫星到用户接收机之间的距离，然后综合多颗卫星的数据，采用空间距离后方交会的方法，即可确定接收机的具体位置。GPS 主要具备定位、测距、导航和授时功能，能够实现全时段全天候定位，定位精度高，接收仪器操作简单，因而在民用领域应用广泛。

表8-5　泛在网络的主体构成及其比较分析

网络类型	功能作用	主要优点	现存问题	应用实践	旅游应用
宽带网	基础网络覆盖	数据传输快，适用高速操作，无线宽带具有便携性，操作简单	价格昂贵，有线宽带安装困难	主要为中国移动、中国联通和中国电信三大运营商	酒店、旅行社、旅游景区等网络应用
WiFi	基础网络覆盖	安全健康、数据传输速度较快、不受布线条件限制，非常适合用户在移动状态和特定空间使用	数据传输质量一般，安全性能一般	餐厅、酒店、银行、学校、社区、商店、机场、火车站、公交车、咖啡厅、旅游景区等休闲、消费、公共服务场所，已有较大范围的WiFi网络覆盖	对接旅游消费者笔记本、智能手机、平板电脑等终端设备，餐厅、酒店、旅行社、旅游景区、交通节点等消费场所、休闲空间和公共服务亟须WiFi覆盖
移动通信网	人与人通信	远距离移动通信	通话质量容易受到地形、位置等因素影响	主要为中国移动、中国联通和中国电信三大运营商	尤其应提升山岳、峡谷等类型景区的信号质量
M2M	物与物通信	数据收集、指令发送和信息传递，无人状态下实现设备的智能管理和控制	当前主要侧重信息传递，交互性不足	安全监测、机械服务、公共交通、车队管理等	如智慧旅游云计算中心平台对智能终端的指令和控制，智能终端将信息传递给云计算中心平台等
传感器网络	物与物、人与物通信	高可靠性，可独立运行，可远程访问，任意时间、任意地点数据的采集、处理、分析和传递	数据传输速度一般	交通控制、生态监测、健康监护和家庭自动化等领域	如通过对温度、声音、光照、振动、压力、运动、气体等的监控，实现景区环境监测、文物保护、综合管理，实现酒店公共环境和客房环境控制，酒店综合管理等
物联网	物与物、人与物通信	综合利用传感器、控制器、计算机、互联网、无线通信等技术和设备，智能化识别、定位、跟踪、监控和管理	曲解物联网的应用，过分强调全面物联	常常应用于一个地区、一个部门、一个企业、一栋大楼，甚至是一个家庭，注重个性化和模块化	如景区中文物与环境联系，实现文物保护；地质与气象联系，实现灾害预警；酒店中水电与客房联系，倡导绿色消费等

在旅游活动中，全球定位系统（GPS），应用主要体现在导航仪中，其具备三大功能：

1. 地图查询。既可以搜索旅游者所要去的目的地位置，如旅游景区；又可以查看旅游者所在地周边环境、设施、场所等，如银行、酒店、厕所、加油站、取款机、公交站、地铁站等。旅游者通过地图查询，能够在城市、景区、旅游目的地等处便捷地获得信息，如通行时间、通行距离等，从而有助于自助游、自由行等活动的开展。

2. 路线规划。自助设定起始点和目的地，全球定位系统（GPS）能够自动规划一条线路，结合公交车、地铁运行图，能够给出数条乘车方案；基于出租车收费标准，能够测算距离和估算费用；通过路况分析，能够为自驾车旅游者提供便捷的通行方案，从而避开高峰和繁忙路段；在路线规划中，也可以预先设定是否必须经过某些站点。自驾车旅游者利用 GPS 实现路线规划，从而为自驾车旅游保驾领航。

3. 自动导航。通过用户接收机实现语音导航、画面导航、实时导航和重新规划线路。

当前，世界范围内主要有四大导航系统（见表 8-6），其他三大导航系统是俄罗斯格洛纳斯卫星导航系统、欧洲伽利略卫星导航系统和中国北斗卫星导航系统。

（二）格洛纳斯卫星导航系统

格洛纳斯卫星导航系统最早开发于苏联时期，后由俄罗斯继续开发，2007 年该系统开始运行并提供俄罗斯境内卫星定位和导航服务，2009 年该系统服务范围扩展至全球，2011 年该系统在全球正式运行。格洛纳斯卫星导航系统可实现军民两用，能够全天候提供定位、测速、导航和授时服务。

（三）伽利略卫星导航系统

伽利略卫星导航系统是由欧盟研制和建立的全球卫星导航系

统，意在摆脱欧洲对美国全球定位系统的依赖，打破其垄断地位。该系统是第一个基于民用的全球卫星导航定位系统，与 GPS 相比，伽利略卫星导航系统定位精度高、误差不超过 1 米，因而更先进、可靠。

表 8-6　全球四大卫星导航系统比较分析

卫星导航系统	隶属国家或组织	功能特征	应用局限
全球定位系统（GPS）	美国	军民两用，覆盖全球，世界范围内应用广泛，向别国提供的信号精度约为 10 米，仪器操作简单，用户数量不受限制	码分多址体制使其抗干扰能力相对较差
格洛纳斯卫星导航系统	俄罗斯	军民两用，频分多址体制使其具备更强的抗干扰能力	卫星工作寿命短，用户设备发展缓慢，普及情况较低
伽利略卫星导航系统	欧盟	第一个基于民用的全球卫星导航定位系统，定位精度高、误差不超过 1 米，与 GPS 相比更先进、可靠	由于经济和政治原因，建设进度缓慢，运行和应用并未成熟
北斗卫星导航系统	中国	军民两用，"北斗一号"精度在 10 米之内，"北斗二号"在技术上比"伽利略"更先进，定位精度可到厘米之内，打破了 GPS 垄断市场的局面，已成功应用于测绘、通信、水利、交通和公共安全等领域	产业链尚未形成，相关配套产品供给不足

（四）北斗卫星导航系统

北斗卫星导航系统是中国自行研制的全球卫星导航系统，也是世界上继美国全球定位系统、俄罗斯格洛纳斯卫星导航系统之后的第三个成熟的卫星导航系统，在军用和民用方面有重要功能，当前主要覆盖亚太地区，计划 2020 年左右，建成覆盖全球的北斗卫星导航系统。在民用方面，主要用于气象分析预报、个人位置服务、智能交通管理、灾害应急救援等。2012 年 12 月，国家正式宣布北斗卫星导航系统试运行启动；2014 年 11 月，国家发改委批复 2014 年北斗卫星导航产业区域重大应用示范发展专项，成都市、绵阳市等入选国家首批北斗卫星导航产业区域重大应用示范城市。随着中国北斗系统进入全球无线电导航系统，北斗卫星导航系统将在旅游业和国民经济发展中发挥重大作用。

（五）"3S" 技术

全球定位系统（Global Positioning System, GPS）等定位导航系统能够全天候、全时段地提供定位、测距、导航等服务，但在旅游业发展应用中，其通常与遥感技术（Remote Sensing, RS）、地理信息系统（Geographical information System, GIS）等协同发挥作用，即形成优势互补的 "3S" 技术。在其发展应用中它们扮演着不同角色：全球定位系统（GPS）重在定位导航，遥感技术（RS）重在信息采集，地理信息系统（GIS）重在分析描述。三者构成一体化的技术系统，通过优势互补与协同运作，将在国民经济与社会发展中发挥更大作用，也将推进旅游服务、旅游开发和旅游管理的优化升级。

（六）遥感技术（RS）

遥感技术是根据电磁波理论，应用各种传感仪器对远距离目标所辐射和反射的电磁波信息进行收集、处理和成像，进而对地面物体进行探测和识别的综合技术。

遥感技术的工作原理和过程如下：任何物体都有不同的电磁波反射和辐射特征，为了获得这些特征信息，可将各种遥感器（如照相机、摄像机、微波辐射计、成像光谱仪、多光谱扫描仪、合成孔径雷达等）安装在飞行器（如飞机、高空气球、人造卫星等）上，飞行器在运行过程中可从不同高度、不同角度、不同广度进行快速感测并获取大量信息，信息传输设备将已经收集到的大量信息传递到地面接收设备，图像处理设备则基于已经获得的大量信息进行成像、识别和判断。因此，完整的遥感技术系统由遥感器、飞行器、信息传输设备、信息接收设备和图像处理设备等组成。通常所指的遥感技术主要是航空遥感，目前已广泛应用于气象观测、资源考察、地图测绘和军事侦察等领域。

遥感技术探测范围大、获取信息快、受地面条件限制少，因而在旅游目的地得到广泛应用。它主要表现在两个方面：一是在旅游目的地农业、林业、地质、地理、水文、气象等生产生活中的应用；二是在旅游业发展中的应用，如旅游气象观测、旅游资源开发、旅游用地规划、环境污染监测等。遥感技术的应用，将助力旅游资源开发，提升旅游管理水平，保障旅游活动的有序开展。

（七）地理信息系统（GIS）

地理信息系统是在计算机硬件和软件系统支持下，综合利用地理学、地图学、遥感技术和计算机科学等理论和技术，对地球表层空间的地理数据进行采集、存储、分析和描述的技术系统。

地理信息系统的工作原理和过程如下：①程序预设。明确GIS将执行的各种任务，开发应用程序。②数据存储。对已有数据（系统采集或系统导入）进行存储和管理，以便查询和调取。③数据传输，通常对硬件的性能要求较高，因为其影响数据处理速度。④数据处理，应用GIS、统计、绘图、数据库、影像处理等软件和程序，对数据进行分析处理。当前，GIS已广泛应用于资源管理、发展规划、地理绘图、科学调查等领域。

地理信息系统开发应用的基础是地理数据，主要包括三种类型：一是空间位置数据，既包括绝对位置数据，如经度和纬度；又包括相对位置数据，如空间相邻。二是属性特征数据，是描述地理要素的定性和定量数据，如公路等级、宽度等。三是时域特征数据，指地理数据采集的时间或时段数据。只有对各种数据进行综合处理和应用，才能获得充分的地理信息。

地理信息系统在空间分析和动态预测等方面的强大能力，使其在旅游业中得到重要应用，当前主要集中于旅游地理分析、旅游空间分析、旅游气象预测、旅游规划设计和旅游目的地基础设施建设。实际上，广义地理信息技术是"3S"技术的核心。

（八）基于位置的服务（Location Based Service, LBS）

它是是全球定位系统（GPS）与地理信息系统（GIS）联动应用的典型。基于位置的服务，是通过电信移动运营商的无线通信网络或外部定位方式（如 GPS），获取移动终端用户的位置信息，在地理信息系统平台的支持下，为用户提供增值服务。其主要包括两层含义：一是定位，确定用户位置；二是服务，主要是信息服务，如定位用户位置周边的酒店、景区、影院、银行、厕所、图书馆、加油站等信息。

基于位置的服务在发展应用中主要有以下特征：

1. "主被"兼顾。终端用户可以主动发送服务请求，服务提供者再向用户传递服务；服务提供者也可在用户被动的情况下，主动提供服务，如信息推送、应急救援等。

2. 交叉服务。服务请求者的位置的同时可以为服务请求者和其他用户提供服务。

3. 面向应用。服务提供者利用技术设备和应用程序为用户提供服务，用户可以自主选择和获得相关服务，如用户利用智能手机自主查询位置周边的设施场馆等信息。

根据基于位置的服务的功能特征，其在发展应用中主要有两种类型：一是生活服务，应用较多的是将生活信息类网站与位置服务相关联，这类服务信息量大、覆盖面广，大众点评网即是其中的典型代表；二是社交服务，基于地理位置，构建"小型社区"，进行地点交友，实现即时通信，获得用户分享等。

旅游消费异地性和旅游生活的移动性，使得旅游与基于位置的服务结合密切，基于位置的服务在旅游中的应用主要在以下方面：

1. 签到服务。旅游者到达不同的酒店、景区、旅游目的地后，可以通过手机、应用程序等将位置信息签到至网站、工具和系统中，进而与他人联系。

2. 旅游分享。将旅游途中的所观所感，通过位置信息和位置服务进行发布和分享。

3. 搜索服务。基于地理位置，旅游者搜索周边的旅游设施和旅游服务信息，如酒店、景区、影院、道路、厕所、车站、机场、银行、停车场、加油站等各类信息。

4. 车队管理。对车辆进行跟踪、定位，进而提供行车服务，如路况信息、交通设施信息、应急救援与服务等。

5. 资产管理。主要是对旅游景区、旅游目的地中旅游资源、基础设施等的定位、服务和管理。

6. 应急救援。在出现旅游安全事故后，迅速锁定地理位置，进而有针对性地提供服务。

7. 信息推送。基于地理位置，设定推送距离，服务提供者将旅游消费信息、安全提示信息、旅游动态资讯等推送给特定位置的移动客户端。

8. 其他服务。在旅游休闲娱乐等方面应用基于位置的服务。

定位导航系统、"3S"技术和基于位置的服务的综合应用，将助力实现智能导航体系的构建。智能导航是将定位导航、传感技术、信息技术、控制技术、计算机技术等集成运用于地面交通管理系统，进而实现准确、高效、实时、智能的交通运输管理。

为了实现智能导航的功能目标，可从车辆、道路、管理这三重视角构建智能导航体系：就车辆而言，在驾驶员的控制下，车辆能够智能地进行导航和行驶，这就需要其具备自动导航、路线规划、远程监控等功能；就道路而言，能够智能统计、分析和调整交通流量，同时，道路信息、交通标识、配套服务等能够实时为车辆提供服务和保障；就管理而言，交通管理部门和管理人们能够通过广泛存在的物联网、监控系统、传感器网络、通信系统等对道路状况和车辆行踪进行实时监测。实际上，智能导航是一个信息采集、传递、处理和应用的智能化过程。

旅游目的地智能导航系统的构建，主要包括以下组成部分。

1. 交通信息系统。在交通节点、重点路段、旅游景区、主要停车场等，布置足够的传感器、监控设备和传输设备等，实时将车辆信息、路况信息、统计数据等发送至交通信息中心；交通信息中心在将数据处理之后，将有效的、可直接利用的交通信息发送给车辆和旅游者，并给出行车建议，从而调节流量和路况，提高通行效率。此外，利用交通信息系统，车辆能够实时查询加油站、停车场、旅游景区等信息，从而方便旅游出行。

2. 公共交通系统。在公交站、地铁站等处通过电视、显示屏、计算机等为候车人员提供车辆运行实时信息，如下一班车与本站的空间距离、下一班车将在多长时间后到达本站；在车厢内设置无线网络，为旅游者浏览网页、娱乐休闲等提供网络支持，同时，通过自动感应报站和提醒，为旅游者提供周到服务。

3. 交通管理系统。建立交通管理中心与道路、车辆和驾驶员之间的联系，对交通环境、气象环境、道路状况、交通流量、交通事故等进行监控，利用通信技术、计算机技术等对交通进行引导和控制，如超速警示、道路管制、信号灯控制，并发布引导信息，进行应急处理和救援等。此外，智能便捷的电子收费系统，如 ETC 不停车电子收费系统，也是交通管理智能化的重要体现。

4. 车辆控制系统。主要是帮助驾驶员实施车辆控制，当前主要应用在三个方面：一是车速控制，当车速超过规定的速度时，系统会自动发出警告；二是障碍提醒，在行车过程中，如遇特殊路段或交通管制，系统会自动提醒，从而预防事故发生；三是轨迹跟踪，这主要侧重于旅游车队公司对旅游用车的控制，如在旅游线路和旅游行程已知的情况下，根据行车轨迹，车队公司可以判断驾驶员是否存在"公车私用"的问题。

随着射频识别技术、全球定位系统、传感器、物联网、视频监控、移动通信、计算机技术等的进一步深化应用，智能交通将得到进一步优化升级，旅游目的地交通运行也将更加安全、高效、智能和快捷。

第五节　智慧旅行社和在线旅游服务商中的电子支付

与酒店和旅游景区等注重空间性的体验不同，智慧旅行社和在线旅游服务商在智慧旅游发展建设中更加注重产品和服务销售，因此，支付方式成为智慧旅行社和在线旅游服务商发展应用的关键技术，而电子支付已然成为旅游消费的重要支付方式。

依据中国人民银行《电子支付指引（第一号）》对电子支付的定义，电子支付是指单位、个人直接或授权他人通过电子终端发出支付指令，实现货币支付与资金转移的行为。

电子支付主要有三个构成要件：发起行，是指接受客户委托发出电子支付指令的银行；接收行，是指电子支付指令确定的资金汇入银行，一般是指电子支付指令接收人的开户银行；电子终端，是指客户可用以发起电子支付指令的计算机、电话、销售点终端、自动柜员机、移动通信工具或其他电子设备。在电子支付的过程中，发起行发出支付指令，客户通过约定的认证方式（如密码、密钥、数字证书、电子签名等）予以确认，进而实现货币支付与资金转移。

按照电子支付指令发起方式，电子支付可分为网上支付、移动支付、电话支付、销售点终端交易、自动柜员机交易等类型。（见表8-7）

1. 网上支付。网上支付是通过第三方提供的与银行之间的支付平台进行的即时支付。支付过程是将资金从用户账户转账到网络账户，汇款即时到账，不需人工确认，汇款成功即为支付结束。与银行之间的转账汇款不同，银行之间的转账汇款可能存在时滞，不能马上到账，而网上支付可以实现即时到账。用户与商家之间可用银行卡、电子钱包、电子支票和电子现金等方式进行支付。

表 8-7　几种主要电子支付方式的比较分析

支付方式	主要优点	存在局限	应用实践
网上支付	支付便捷、安全性高，有利于处理支付结算纠纷	支持网上支付的银行卡数量和种类通常受限，对平台信用要求较高	广泛应用于 B2B 和 B2C 电子商务
移动支付	支付便捷，成本较低，不受时间、地点限制，近场支付可集多种消费于一体	远程支付对网络依赖性较强，安全性有待提高	移动电子商务，乘坐公交地铁等实现"刷卡支付"
电话支付	安全、便捷、成本较低，支付业务扩展性较强	电话须保持开通状态，并且通常只能使用与银行卡捆绑的电话	缴纳水、电、煤气等费用，信用卡还款、跨行转账，以及机票、火车票预订等
销售点终端支付	安全、快捷、可靠、清算容易，无线 POS 机体积小、支付地点自由	无线 POS 机通信信号不稳定、数据易丢失，固定 POS 机移动性较差	零售业支付，无线 POS 机适用于多地点收款，如快递货到付款；固定 POS 机适用于超市等固定消费场所
自动柜员机支付	安全性高	依赖自动柜员机支付，灵活性较差，易于产生支付成本	大额支付

2. 移动支付。移动支付是通过移动终端或近距传感发送支付指令并产生货币支付与资金转移的过程。移动支付主要有近场支付和远程支付两种类型：近场支付是指利用近场通信技术、射频识别技术等实现"刷卡支付"，如手机刷卡在公交及其他消费中的应用；远程支付是指通过远程发送支付指令，获得支付认证，进而实现货币支付和资金转移的过程，如电话银行、手机远程支付等。实际上，移动支付融合互联网、终端设备、金融机构、应用供应商，从而实现货币支付和资金转移。当前，微信、支付宝等已推出自己的移动支付系统，随着智能移动终端的应用普及，移动支付将成为主流付款方式。

3. 电话支付。电话支付是通过建立用户电话与银行账号的联系，利用短信指令与过程认证，完成货币支付与资金转移。电话支付操作简单，用户只须按照信息提示完成业务交互即可。

4. 销售点终端支付。主要指利用销售终端（Point of sale）系统进行刷卡支付。通常有固定 POS 机和无线 POS 机两种类型。

5. 自动柜员机支付。在银行自动柜员机上完成货币支付和资金转移。

旅游消费的异地性、旅游活动对信息的高度需求，使得人们在旅游活动开始前，通过网络搜索信息，进而做出购买决策，例如，人们通过网络支付购买机票、火车票、旅游景区门票等。同时，随着智慧旅游的发展建设，智能终端设备在旅游业和旅游活动中的应用将得到扩展和强化，在旅游活动中，通过手机、平板电脑等即可实现轻松购买。因此，网络支付和移动支付将成为旅游消费中的主流支付方式。

第九章　大数据时代智慧旅游的创新发展

第一节　大数据概述

一、数据的产生

（一）从数据库时代到大数据时代

在数据库时代，企业的信息数据被充分地采集、整合与标准化，企业信息化的过程就是对数据的数字化和标准化建设，于是，企业产生了较多的数据库，如企业资源管理（ERP）、客户关系管理（CRM）、管理信息系统（MIS）等。在这一阶段，企业在财务、人力、客户、产品等方面获得了较多的结构化数据和标准化数据，这些数据涉及企业经营管理的诸多方面，能够实现一站式服务和互联互通，从而极大地提升了企业的信息化建设水平和运作效率。然而，互联网、移动互联网、移动通信技术等的深入发展，产生了较多的半结构化数据和非结构化数据，对这些数据进行采集和应用的需求，直接推动了大数据技术的发展。大数据技术发展应用的主要方面就是为了解决半结构化和非结构化数据的管理和应用问题。

（二）移动互联网和社交网络的快速发展助推大数据的发展应用

移动互联网的泛在化，智能手机、平板电脑、App 等的广泛应用产生了较多的数据，这些数据能够为组织或企业的发展提供非常有价值的信息。例如，将人们的消费习惯、消费方式、消费内容等方面的信息，通过大数据技术进行采集、分析和应用，能够为企业产品开发、市场营销、目标定位等提供科学依据，从而提高企业的运作效率，保障企业的快速发展。大数据技术所能创造的商机和价值将成为主推大数据技术发展的重要力量。

2009 年"大数据"开始在互联网领域及信息技术行业被广泛应用。美国互联网数据中心指出，互联网上的数据每年增长 50%，两年就会翻一番，而目前世界上 90%以上的数据被创造出来是近两年来的事情。2011 年，美国麦肯锡全球研究院《大数据：下一个创新、竞争和生产力的前沿》指出，数据是新时期的基础生活资料与市场要素，重要程度不亚于物质资产和人力资本，大数据将成为企业提高生产力和竞争力的主要方式与关键要素。2012年，奥巴马政府将大数据战略提升为国家战略，投资 2 亿美元，推动大数据相关产业发展。高速发展的信息社会里，数据将成为与土地、资本、人力同等重要的关键生产要素，大数据时代悄然来临。

二、大数据的概念

大数据时代的预言家维克托·迈尔·舍恩伯格等在其经典著作[①]《大数据时代：生活、工作与思维的大变革》中指出：大数据是人们在大规模数据的基础上可以做到的事情，而这些事情在小规模数据的基础上是无法完成的；大数据是人们获得新的认知、创造新的价值的源泉；大数据还是改变市场、组织机构，以及政府与公民关系的方法。其指出大数据与小数据的区别，明确大数据的功能和价值。舍恩伯格等提出了大数据的三大法则：

1. 不是随机样本，而是全体数据。即样本=总体。

---

① 见参考文献［133］，第 029 页，第 046～061 页，第 068～094 页.

2. 不是精确性，而是混杂性。大数据的简单算法比小数据的复杂算法更有效。

3. 不是因果关系，而是相关关系。预测的关键是"是什么"，不是"为什么"。

专业研究机构高德纳咨询公司（Gartner）认为，大数据需要新处理模式才能具有更强的决策力、洞察发现力和流程优化能力。它强调数据是需要全新处理模式的信息资产，通过数据处理，才能具有更强的决策力和洞察力。

专业研究机构麦肯锡在其报告中指出，大数据是指其大小超出了典型数据库软件的采集、储存、管理和分析等能力的数据集合。这说明了大数据的体量特征。

奥莱利媒体公司（O'Reilly Media）对大数据做出如下界定：数据的数据量和性能大到足以成为设计和实施数据管理及分析系统的决定因素，该定义指出了数据管理的必要性。

尽管专家学者和研究机构对大数据的概念没有统一的界定，但是，在对大数据的阐述上，主要围绕以下方面展开：

1. 明确大数据的体量特征，将大数据与小数据区别开来；

2. 对大数据的处理和应用需要新方法、新思维，传统的对小数据的处理方法难以满足海量的大数据处理和应用的现实；

3. 强调大数据的功能和价值，通过大数据，可以获得新的认知、新的价值，对大数据的应用能够改变市场、组织机构，助力企业、组织和社会发展；

4. 大数据不仅指海量的数据集，而且指海量数据的采集、存储、传输、运用等系统的方法和实践。

三、大数据的特征

一般来讲，大数据及海量、高增长率和多样化的信息资产以及对海量数据的利用意味着能以完全不同的方式解决问题。可以用 5V 来概括大数据的特点。

（一）大容量（Volume）

大容量是大数据区分于传统数据最显著的特征，传统的数据处理没有处理足量的数据，并不能发现很多数据潜在的价值；大数据时代随着数据量和数据处理能力的提升，使从大量数据中挖掘出更多的数据价值变为可能。互联网的发展、移动互联网的广泛应用、社交网络的兴起、自媒体的产生，使得人们能够通过电脑、手机、微博、微信、空间等各种平台、渠道、终端实现信息的获取和传播，在此过程，将产生大量的数据。这些数据通常能够到达 TB（1TB=1024GB，以下依次类推）、PB、EB、ZB、YB、BB、NB、DB 甚至更大的级别。

（二）多样化（Variety）

多样化主要说的是大数据的结构属性，数据结构包括结构化、半结构化、准结构化和非结构化。结构化数据是指通过一定的组织安排、程序设计和规定算法收集到的数据，这类数据具有明确的层次结构和逻辑关系，能够与其他数据直接进行交换、计算，并且这类数据具有一定的操作规范，数据的收集、处理和应用较为简单。半结构化数据具有一定的结构性，但没有严格的模型、程式和关系，其数据结构变化很大，不能通过简单的模型对数据进行直接应用。非结构化数据是与结构化数据相对而言的，这类数据突破关系数据库中数据结构和限制因素，在处理连续数据方面有着结构化数据无可比拟的优势。大数据主要面向半结构化数据和非结构化数据。按照数据载体的不同，大数据可以分为图片、文字、数字、声音、视频、符号等；按照产生对象的不同，可以分为个人、企业、组织、政府等；按照产生场所的不同，可以分为生活数据、消费数据、工作数据等。

（三）快速率（Velocity）

从数据产生的角度来看，数据产生的速度非常快，很可能刚建立起来的数据模型在下一刻就改变了。从数据处理的角度来看，在保证服务和质量的前提下，大数据应用必须要讲究时效性。因为很多数据的价值随着时间在不断地减少。

（四）价值性（Value）

大数据的价值性可以从以下两方面进行理解：数据质量低，数据的价值密度低。各种不同类型的数据，都有特定的来源，例如，人们在网上消费中对商品信息的浏览，人们在运用手机查看新闻时所处的时间段，这些看似单体分散的数据，实际是对人们生活、消费、工作等的真实描述，而行为、信息、数据的产生自然有其内在联系，也就因此内含了其中的逻辑。从谷歌预测冬季流感的传播中可以看到，人们在网上对流感的搜索记录看上去并无价值，但当大量的搜索记录数据汇集在一起，并通过挖掘进行应用，便实现了搜索记录的价值。数据是行为的表现，将这些数据集中起来，并以特定的方法进行组织、推理、测算，便可发现其中的规律，对这些规律进行充分的开发和应用，即可实现数据的价值。

（五）模糊性（Vague）

采集手段的多样化、传感器本身监测精度与范围的局限性、监测信息变化的非线性和随机性、自然环境的强干扰性等，使采集到的数据具有模糊性。在大数据处理过程中模糊性也会带来巨大的影响。因此，数据的挖掘和清洗、算法的模型和因子选择、机器训练等就变得很关键。

四、大数据中的应用技术

大数据的开发应用，涉及较多的技术和方法，这里对当前大数据发展应用的几种典型应用技术进行简单的阐述。

（一）Hadoop 大数据平台

这是当前大数据平台中应用率最高的技术。Hadoop 技术架构是采用并行机制，通过开发分布式程序，充分利用集群力量进行高速存储和运算的。Hadoop 框架的核心设计包括 HDFS 和 MapReduce 这两个部分，其中 HDFS 为海量数据提供存储，MapReduce 则为海量数据提供计算。

（二）NoSQL 数据库

NoSQL 数据库为非关系型的数据库，可以处理巨量的数据。它主要包括键值存储数据库、列存储数据库、文档型数据库和图形数据库四种类型。其中键值存储数据库主要用于处理大量数据的高访问负载，列存储数据库主要用于分布式的文件系统，文档型数据库侧重 Web 应用，图形数据库专注于构建关系图谱，主要用于社交网络和推荐系统。

（三）内存技术

内存技术可以提供更快的数据分析和挖掘服务。内存技术的发展需要将计算机中的数据存储在随机存取存储器中，而不是计算机的硬盘中。内存技术在大数据中的发展和应用，可以实现用简洁方式处理结构化与非结构化数据，加速数据的读取和处理，提高大容量数据的处理效率。

实际上，大数据中的应用技术，主要集中于数据的感知、采集、存储、传递、分析、处理等方面。当前，云计算技术、分布式处理技术等已经能够为大数据的发展应用提供一定的技术支撑，但随着大数据的普及应用，其在巨量存储、准确分析、高效处理等方面，仍然需要技术更新和创新应用。

五、大数据的处理流程

（一）数据采集

利用多种数据库接收来自客户端的各种数据。在数据采集的过程中，前端的信息采集较为重要，数据库系统较多，因此信息采集的过程应注重全面性；如果信息的采集存在错误、遗漏或不全面，将会影响数据的分析和使用。代表产品有 MySQL、Oracle、HBase、Redis 和 MongoDB 等。

（二）存储

对采集到的数据进行存储。大数据技术采集到的数据通常是大容量的，这就对数据的存储提出了较高的要求，海量数据的存储系统应当具备一定的拓展能力，可以通过增加磁盘或模块等来增加容量。由于数据的采集可能是不间断的，存储的过程也应当保持连续性，这就对数据存储的吞吐能力提出了较高的要求。

（三）分析

基于一定的组织、程序、架构、规则和算法，将通过前端采集到的海量数据导入大型的分布式数据库，利用分布式技术对存储于其中的大量数据进行分类和整理，从而满足各方分析和挖掘需求。其主要特点是，在分析之前立足分布式数据库系统，建立相应的组织、程序、架构、规则和算法，保障数据分析的有序进行和分析结论的准确性，这就对数据分析体系的逻辑结构提出较高要求，数据分析的内在逻辑应当准确合理。代表产品：InfoBright、Hadoop（Pig 和 Hive）、SAP HANA 和 Oracle Exadata。主要分为两种分析类型，一是离线分析，二是实时分析。

（四）挖掘

基于已经采集的大量数据，通过简单的操作即可生成分析模型，例如在客户分析、用户画像、精准营销等方面的应用，从而为提高商业决策的科学性提供依据。但由于程序和算法复杂，涉及的数据量和计算量通常较大，模型的建立需要科学准确，同时，产生的相关关系或者因果关系可能并不完全正确，需要进行判断和验证。代表产品：MapReduce。

（五）信息应用

经过数据分析和数据挖掘后得到有价值的信息，对信息进行应用。用户可通过电脑、手机、平板电脑（iPad）等终端查看数据分析结果，进而实现信息应用。

六、大数据的功能价值

（一）增进社会服务

长期以来，社会各行各业在发展建设中产生了大量的数据，但是，在技术和应用条件有限的情况下，这些数据资产在无形中流失。大数据时代的来临，为数据采集、数据存储和数据挖掘提供了技术支撑，于是，政府、城市、行业等产生的大量数据可以得到广泛应用。政府在数据采集、技术应用、经济支撑等方面具有天然优势，通过大数据技术，可以对大量的公共数据，甚至个人用户数据进行应用，从而在安全、教育、卫生、医疗、环保等方面提供充分的社会服务，保障社会的健康发展。

（二）创造经济价值

大数据的迅速发展，本身能够在硬件、软件等方面为计算机行业、信息行业等创造大量的商业机会。更重要的是，大数据的应用，将为各行各业带来变革和创新。企业通过数据挖掘，分析市场环境的变化、摸清顾客行为的特征、确立经济效益的来源、找寻组织变革的力量，在保障经济收益的同时，实现企业的长期稳定发展。创业者则能够基于大数据预测行业趋势、把握发展方向、精准市场细分、实施蓝海战略，从而获得创业和发展机会。

（三）方便公众生活

大数据在公共服务中的应用，将在安全、教育、卫生、医疗等方面为公众生活提供便捷的服务。实际上，现在已经得到成熟应用的天气预报，即是对大数据的应用。随着大数据技术的纵深发展，灾害预警的精确度、远程医疗的便捷性等将真正走进社会大众的日常生活，为人们带来安全、舒适和便捷。同时，企业对大数据的应用，能够实现精准营销和准确推送等，从而使消费者省时、省力、省钱，为经济生活带来便捷和实惠。大数据在公共服务和经济生活中的双重应用，将真正为普通大众带来智能、时尚和便捷的生活体验。

第二节　大数据在旅游业中的应用

一、大数据在旅游业发展中的作用

（一）增加旅游经济价值的路径选择

当前，旅游电子商务发展风生水起，各种旅游创业公司不断涌现，在线旅游服务商呈现出产品精细化、服务专业化、竞争白热化的特征，这既为传统旅游企业带来压力，又为新兴旅游企业创造机遇。为了在激烈的市场竞争中夺得一席之地，并强化业务领域，大数据的应用成为可靠路径和现实选择。基于大数据，旅游企业能够对企业发展、行业趋势、市场变化、消费者特征等进行分析和预测，从而为企业发展战略、旅游市场营销、未来市场选择等提供科学依据，进而提供商业机会，缩减运营成本，创造经济价值。

（二）优化旅游行业管理的得力工具

随着大众旅游的发展，客满为患、交通拥堵、资源破坏、不文明旅游等问题不仅为旅游业发展带来了负面效应，同时也影响了大众旅游消费体验。然而，大数据为解决上述问题提供了应对之策。以敦煌莫高窟的文物保护为例，室内环境可能对壁画产生影响，大数据的应用，对室内客流量、温度、湿度、照明、氧气浓度、二氧化碳浓度、壁画质态等进行实时监测，探寻其中的内在联系，从而为文物保护提供依据。同样，大数据在安全预警、交通疏导、环境监测、资源保护、公共服务等方面有着广泛的应用前景。大数据在旅游业中的广泛应用，将真正有助于提高旅游管理水平。

（三）提升旅游消费体验的技术支撑

这主要体现在两个方面：一是旅游企业通过应用大数据，为旅游消费者提供个性化服务。以制定出游决策为例，为了开展一次旅游活动，人们可能提前一个月、甚至半年寻找攻略、制定计划、预订酒店等，这常常费时又费力，而大数据的应用，将能根据大量旅游者的消费数据，对旅游消费者进行精准营销和信息推送，从而免去消费者进行旅游决策时的选择困难；在酒店、景区、餐饮等消费中，旅游企业也能基于大数据改善消费环境。二是旅游行政管理部门运用大数据，在交通疏导、客流控制、安全预警等方面提供公共服务，为旅游者提供安全、舒适、便捷、智能的消费体验。政府和企业的共同发力，将提升旅游消费体验的整体水平。

2015 年，国家旅游局在《关于促进智慧旅游发展的指导意见》中强调旅游大数据的功能作用，明确要求推进数据开放共享：加快改变旅游信息数据逐级上报的传统模式，推动旅游部门和企业间的数据实时共享；各级旅游部门要开放有关旅游行业发展数据，建立开放平台，定期发布相关数据，并接受游客、企业和有关方面对于旅游服务质量的信息反馈；鼓励互联网企业、OTA 企业与政府部门之间采取数据互换的方式进行数据共享；鼓励旅游企业、航空公司、相关企业的数据实现实时共享，鼓励景区将视频监控数据与国家智慧旅游公共服务平台实现共享。大数据在旅游业中发展应用的时代已然来临。

二、旅游业中大数据的类型

海量旅游数据每时每刻都在产生。旅游消费者网上使用的浏览器有意或者无意记载着个人信息数据；智能手机、平板电脑、智能手表等设备在运用中产生数据；旅游企业里的路由器、空调、饮水机也在产生大量数据；旅游中的商户无线网络（WiFi）、银行自助取款机（ATM）同样产生数据；旅游者的微博、微信、空间等数据众多。所有的这些数据体量巨大，类型繁多。为了有针对性地对数据进行筛选、搜集和应用，数据分类成为现实必要。

1. 按照数据产生的主体不同，可以分为个人数据、企业数据和公共数据。个人数据是消费者和旅游者在旅游消费和旅游活动中产生的各类数据，如消费者网上浏览旅游产品信息的记录、旅游者在旅游活动中对产品的评价等；企业数据是旅游企业在运营发展中产生的各类数据，如企业的能耗情况、员工行为、产品特征、财务信息等；公共数据是旅游业发展中产生的应当向社会大众公开的各类数据，如旅游人次、旅游经济收入等。

2. 按照数据产生的渠道不同，可以分为个人电脑（PC）终端、手机终端数据及其他感知和应用终端数据。PC 终端数据是人们使用 PC 终端时产生的数据，手机终端数据则是人们使用手机终端时产生的数据，此外，也有其他终端产生的数据，如景区智能监控系统的视频记录数据。当前，智能手机和平板电脑等的广泛应用，已经在手机、应用软件（App）等方面产生了大量的旅游商业机会，因此，按照产生渠道采集数据，符合数据运用逻辑。

3. 按照数据应用的目标不同，可以对数据进行细分，如提高组织运作效率、助力旅游市场营销、优化企业发展环境等，基于不同的需要，采集与之相关的数据。基于数据应用的目标开展数据采集，既能避免海量数据的干扰，又能为数据采集缩减成本，还能实现数据的专项应用。

此外，也可按照数据的格式、载体、产生空间等进行分类，但归根结底，都是为数据应用而服务。因此，按照数据应用的目标不同，分门别类有针对性地进行数据采集、数据分析和数据挖掘，进而实现数据价值，是大数据时代实现数据采集和数据应用的理性选择。当然，对于有条件、有能力的主体而言，进行大样本、大容量的数据采集，进而实现数据存储、按需筛选和实时应用，也是较为可行的。

随着大数据的进一步发展，获得数据的方式将主要有两种：一是用户自主采集，二是数据购买。对于用户自主采集而言，需要全面的数据来提高分析和预测的准确度，因而，数据采集需要更多便捷、廉价、自动的数据生产和数据采集工具。

总之，旅游大数据的来源既可以是线上的，也可以是线下的。除了传统统计数据外，还有互联网公司（电子商务）数据、通信运营商数据、银行保险服务商、智慧旅游数据等。

三、大数据在旅游业中的功能价值

（一）助力旅游市场营销

旅游企业和旅游目的地等对消费者和旅游者大数据进行分析，能够探索和发现旅游消费和旅游活动规律，把握旅游消费者的心理和行为特征，进而提供有针对性的产品和服务，满足旅游者个性化需求。例如，根据消费者在网上浏览的旅游信息的特征，如旅游产品的价格、类型、所在区域等，分析旅游者的消费水平、旅游类型、意向旅游目的地等，进而推送产品和服务信息，实现精准营销。

（二）推动旅游创新创业

旅游业中的大数据主要来源于网站访客行为记录、移动设备应用记录、物联网终端感知系统、人工采集数据信息、旅游消费者主动反馈等方面，可以对这些数据进行分析，来寻找旅游消费者的诉求和兴趣点，并通过商业创新满足旅游者诉求。对旅游业中大数据的分析和挖掘越透彻，就越能找到更多的商业机会。旅游创新创业公司的大量出现，将推动旅游服务和旅游体验的变革升级。

（三）加快旅游企业变革

信息社会的高速发展，对组织和企业的变革能力提出要求，为了适应迅速变化的社会环境、消费方式和大众生活，旅游企业也应当不断发展变革，对大数据的应用，则能帮助旅游企业找寻变革发展的方向。旅游企业中的大数据涵盖员工行为、资源消费、顾客关系等各个方面，所有的这些数据的变化，都是对员工、消费者、产品、服务、效率的反映，通过对运作效率、员工忠诚度、顾客满意度、产品受欢迎度等进行实时监测，可以为旅游企业的变革方向和目标选择提供科学依据。

（四）强化旅游行业管理

长期以来，客满为患、交通拥堵、资源破坏等问题困扰旅游业发展，也影响了旅游体验和旅游舒适度。旅游企业和旅游目的地既希望获得经济效益，又不愿因为保障服务质量和体验水平而将旅游者拒之门外，更多情况下，即使服务质量和旅游体验降低，旅游企业和旅游目的地也要持续接待大量旅游者。但这也对旅游企业和旅游目的地产生不良影响。然而，大数据的应用，既能保障游客数量，又能提升体验环境。通过客流调节、交通疏导、生态监测、视频监控等，实现旅游企业和旅游目的地的可视化、智能化、便捷化管理。因而，无论是对公共服务，还是旅游企业，大数据的应用将强化旅游管理。

（五）提升旅游服务质量

旅游者是旅游业的核心，没有旅游者也就无所谓旅游业。无论是旅游企业的市场营销和组织变革，还是旅游目的地的行业管理和公共服务，最终都是通过提升服务质量，使旅游者满意，进而获得经济效益。因此，大数据在旅游业的发展应用，尽管表现为旅游企业和公共服务两个主体，但直接受惠者即是旅游者，提升旅游服务质量是大数据在旅游业发展应用的必然选择。

（六）促进智慧旅游发展

智慧旅游的发展建设，包括两个层面的含义：一是智慧工具的综合应用，二是通过智慧工具产生"智慧"。大数据则不仅是智慧的工具，而且是智慧的来源。在智慧旅游的发展建设中，应用软件（App）、无线 WiFi 网络、物联网终端、智能门禁、智慧客房、旅游门户网站等包涵大量的数据端口，并对旅游消费和旅游活动等数据予以记录和存储。通过大数据，可对这些巨量的非结构化、半结构化和结构化数据进行分析和挖掘，获得有价值的信息，从而为智慧服务、智慧管理、智慧商务、智慧营销等提供科学依据。因此，大数据是智慧旅游的重要部分，大数据的应用将促进智慧旅游的发展，并真正实现旅游业的"智慧"。

四、大数据在旅游业中的实践和应用

尽管大数据的发展和应用才刚刚开始，但旅游业对大数据的探索和实践已经逐步展开，这里介绍几个旅游业中大数据的探索和实践的场景。

1. 山东省旅游局注重数据采集和数据应用。通过开展旅行社团队跟踪监测、景区人数监测，并与公安部门合作获取住宿联网数据，与百度合作获取网民搜索数据，进而实现数据应用。例如，通过百度数据反映山东旅游的客源市场、产品关注度，进而实现精准营销和产品开发；通过景区人数监测，为客流引导提供决策依据，进而提升旅游体验。

2. 蚂蜂窝运用大数据的经典案例。蚂蜂窝覆盖全球 200 多个国家和地区，内含 5000 万位旅行者，60 万家国际酒店，1600 万条真实点评，2.67 亿次攻略下载（资料来源于蚂蜂窝网站）。巨量数据为大数据应用提供了基础，其运用过程如下：蚂蜂窝的用户在旅游之后，将心得、体会、见闻发布到蚂蜂窝网上；蚂蜂窝的旅游攻略引擎会根据预先设置好的程序和规则进行自动化的语义分析和数据抓取，提取酒店、餐厅、购物等旅游关键数据，并进行分类存储；工作人员对已经自动提取归类的数据进行分析、编辑和加工，生成旅游攻略和调查报告；旅游攻略和调查报告既能

为其他用户进行旅游决策提供参考，又能为旅游服务商进行市场营销和产品研发提供依据，由此实现大数据的功能价值。

大数据在旅游业中的功能和应用，已经引起产业界、学术界和政府部门的重视。

2012年9月，首都旅游产业运行监测调度中心建成启用，该中心以监测全市旅游资源、产业运行状态和应急指挥为目标，集数据整合、产业监测、视频监控、应急调度、视频会议等多项功能于一体。

2014年9月，《百度旅游大数据白皮书》发布，基于流量数据对城市旅游搜索、景区旅游搜索等进行分析。

2014年12月，由国家旅游局信息中心组织开发的全国旅游基础数据库建设项目通过初步验收，该项目是面向旅游行业的大数据应用基础平台，平台建成运营后将由国家旅游局信息中心和各地方旅游局共建、共营、共享、共管，成为旅游行业大数据应用的支撑。

对当前大数据在旅游业中的发展应用进行总结，我们发现其呈现出以下几个特点：

1. 就数据量而言。主要是对少量数据的应用，如网民的景区搜索记录、旅游产品浏览记录等，大量的精细的数据并没有得到应用，甚至没有被收集。

2. 就数据类型而言。主要是对结构化和半结构化数据的应用，对非结构化数据的采集和应用仍然处于起步阶段。大数据的重要特征即是对非结构化数据的采集、分析、挖掘和应用，因此，在结构化数据足够丰富全面的情况下，旅游业更应当挖掘非结构化数据的价值。

3. 就数据应用方式而言。主要有两个，一是对旅游者消费行为和旅游活动等基本数据进行分析，助力旅游市场营销；二是基于用户生成内容，实现旅游社区网站的发展运营。

4. 就数据分析、挖掘和应用水平而言。仍然处于较低水平，在系统自动化、模型严谨性、分析准确性等方面，有较大的提升空间。例如，基于少量数据，经过粗略评估，生成用户画像，其可能本身在数据和模型等方面就存在诸多问题。

大数据在旅游业的发展应用已经启动，随着大数据技术的发展成熟，其在旅游业中的功能和价值也必将被充分地实现。

五、大数据在旅游业发展应用中应当注意的现实问题

（一）整合数据资源

旅游企业和旅游组织中，不同类型的数据通常分散于相应的部门和单位中，数据的采集也由相应的部门和单位进行，但是各部门、各单位所收集到的数据通常只供自身使用，并没有进行充分的整合、联通、共享和应用，由此使得数据价值不能得到充分发挥。在大数据时代，旅游企业应当对组织内的各种数据进行全面应用，旅游行政管理部门应当对旅游、交通、公安、卫生、教育、通信等公共数据进行充分整合，从而为旅游业发展服务。

（二）注重数据质量

在数据收集的过程中，收集到的数据可能存在各种各样的问题，如数据错误、数据遗漏等，由此为数据使用带来不便，甚至降低数据使用的质量和效率。因此，需要对数据进行治理。数据治理力求对混乱的数据进行分类和整理，将数据进行重新编排，使之能够直接被应用。此外，由于各种因素的存在，旅游者、旅游企业或旅游组织等出于某种目的，也可能出现乱造数据、伪造数据等情况，因此，大数据的应用对数据真实性提出要求。

（三）保护数据资产

许多旅游企业不了解大数据，也不明确大数据的意义和用途，因而对大数据的需求不明晰。在认识有限的情况下，旅游企业或旅游组织在发展运营过程中，不注重数据的收集和存储，由此导

致许多有价值的数据流失。例如，旅游企业在经过一段时间后，将收集到的数据删除，或是只保留一些重要的汇总性数据，而非整体的数据样本，由此导致数据残缺不全，不利于长期使用。

（四）强调数据管理

对旅游数据的管理，应当推行标准化，主要从两个方面展开：一是格式标准，对数据的基本特征进行分析、总结，对不同类型的数据设定相应的规则。例如，对单词、编码、用语、长度等进行设置，从而有针对性地提取数据，在保证采集到的数据全面丰富的基础上，实现对数据的编辑、整合。二是技术标准。在数据采集、传递、处理的过程中，通常涉及复杂的系统和程序，通过标准化设计和管理，实现数据的便捷交换和运用。数据管理的标准化将提高数据使用效率。

（五）保障数据安全

旅游者、旅游企业和旅游组织的各方面数据，可能存在一定的保密要求，因此，对于大数据在旅游业的发展应用，应当遵循相应的法律、伦理和道德，注重个人隐私的保护，切不可打着服务旅游者的幌子而违背伦理和道德。此外，黑客攻击、密码泄露、系统漏洞、资料被盗等情况的出现也警示着旅游业对大数据的应用应当以保障数据安全为前提。

（六）增强系统信度

在对数据分析之前，通常预设一定的逻辑、程序、算法等，通过复杂的程式对数据进行运算，从而得出结论。但在实践中，计算机不可能将人的行为、思想、观念等描述的一清二楚，系统得出的结论可能并不具有明显的逻辑关系甚至是不正确的，这就需要通过模型修正、逻辑推演等增强大数据的可靠性。

（七）提高运营效率

大数据的发展应用通常包括大量的基础设施和复杂的运算体系，这常常会降低系统的运作效率，为了实现大数据系统的灵活运用，必须对系统架构进行精心设计。

（八）重视人的作用

数据的采集、分析和挖掘主要通过技术和设备来实现，这就使得人们往往过分依赖技术设备，而忽视人的作用。然而，技术和设备的运营与维护需要人的知识和劳动，大数据中工作人员的知识、能力、态度和行为，直接影响系统得出的结论。因而，只有实现技术、设备和人员的同步高效运作，才能充分发挥大数据的功能价值。

第三节　"互联网＋"旅游

一、"互联网＋"的背景及内涵

（一）"互联网＋"的产生

在 2015 年 3 月 5 日十二届全国人大三次会议上，李克强总理在政府工作报告中首次提出"互联网＋"行动计划。政府工作报告对于"互联网＋"的解释是，推动移动互联网、云计算、大数据、物联网等与现代制造业结合，促进电子商务、工业互联网和互联网金融健康发展，引导互联网企业拓展国际市场。在 3 月 15 日的记者会上，李克强总理又将"互联网＋"比作风口，带动中国经济的腾飞。而实际上，提出这样的经济发展之道在中国现阶段并不是空穴来风，而是中国经济与信息化发展到一定阶段所提出的适合中国国情的产业融合发展之路。

1. 新一代信息技术应用日益成熟。自 2008 年国际商用机器公司（IBM）提出"智慧地球"概念以来，物联网技术、云计算技术、移动宽带以及大数据等新一代信息技术先后快速进入信息化建设领域。在新一代信息技术的作用下，信息化建设架构、业务系统建设方式、基础设施建设等都发生了重大变化。新一代信息技术极大地拓展了信息化作用范围与形式。

2. 电子商务成为信息化主导力量。近年来，电子商务取代电子政务，成为信息化主要驱动力量，中国成为世界第一电子商务大国。电子商务为经济发展提供了"大三样"：电商平台，现代物流，第三方支付。这三样工具为"大众创业、万众创新"提供了基础工具。

3. 中国经济进入新常态。中国已进入增长速度换档期、结构调整阵痛期、前期刺激政策消化期的"三期叠加"的特殊经济发展时期，产业结构转型升级已经到了紧要关头，劳动密集型发展思路已经面临严峻挑战。东部沿海地区出现企业倒闭潮，部分企业迁往东南亚。发达国家再工业化以及第三次工业革命对我国产业发展与出口构成严峻挑战，部分行业企业回流。

4. 信息化的创新发展成为破解之道。德国的工业 4.0 高科技战略计划以及美国通用电气公司（GE）推出的"工业互联网"互联网战略，均将云计算、物联网、大数据等技术植入到工业企业当中，推动产业变革，对我国的产业尤其是生产制造产业带来了巨大的挑战。随着"中国制造 2025"规划的发布，信息化与工业化将进一步加深融合，并带动相关产业联动，加速"中国制造"向"中国智造"的转变，同时亦推动信息化与二、三产业的融合与变革。

（二）互联网思维

1. 互联网思维的提出

自 1994 年 4 月 20 日中国实现与国际互联网的全功能连接，互联网在中国的发展已经有了 20 年的历程，互联网深刻改变着中国人的生活，并成为国民经济发展的重要驱动力。根据新华网对互联网时代大事记的记载，可以将互联网的发展划分为三个重要阶段：①1994～2002 年为 Web 1.0，门户时代。典型特点是信息展示，基本上是一个单向的活动。代表产品有新浪、搜狐、网易等门户网站。②2002～2009 年为 Web 2.0，搜索/社交时代。典型特点是"用户生成内容"（UGC），实现了人与人之间双向的互动。方兴东创造了博客中国，开启了用户生成内容的时代，典型产品如新浪微博等。③2010 年至今为 Web 3.0，大互联时代。典型特点是多对多交互，不仅包括人与人，还包括人机交互以及多个终端的交互。从由智能手机为代表的移动互联网开始，在真正的物联网时代将盛行。一开始仅仅是大互联时代的初期，真正的 Web 3.0 时代一定是基于物联网、大数据和云计算的智能生活时代，实现了"每个个体、时刻联网、各取所需、实时互动"的状态。

　　2011 年百度董事长兼首席执行官（CEO）李彦宏在题为"中国互联网创业的三个新机会"的演讲中即提到"互联网的思维"："早晨我跟优卡网的 CEO 聊天，他把很多时尚杂志的内容集成到网站上，我就问他，为什么这些时尚杂志不自己做一个网站呢？让你们去做呢？更主要的是他们没有互联网的思维，这不是一个个案，这是在任何传统领域都存在的一个现象或者一个规律。"之后在 2012 年小米公司创始人雷军写过一篇文章，叫做"用互联网思想武装自己"，其中提出"互联网思想"。此后雷军在每一场公开演讲中，都会使用这个词，而小米也是凭借这种思维模式，在短短的 4 年时间里就声名鹊起，成为国内最有影响力的手机厂商和移动互联网厂商。到了 2013 年，很多知名的媒体和自媒体人如罗振宇、金错刀就开始频繁地提到"互联网思维"。最后"互联网思维"这个词经过央视背书，开始被互联网之外的传统行业人士所接受，变成了一个大众名词。

　　在新闻报道中，央视以小米手机和海尔空调为例说明了互联网给制造业带来的新变化。在那档节目中，它简单展示了小米手机如何根据用户的需求来设计手机，比如，小米研发部门根据老人使用智能手机的市场需求，研制出了专门为老年人设计的老人模式功能。小米每天都通过微博、微信、论坛等平台收集用户意见，而小米的 MIUI 开发部门则会根据用户的需求，以每周一个频次的速度更新，每次更新都会发布几个甚至十几个功能。新闻联播同时报道的还有海尔，海尔的案例也同时佐证了互联网思维在渗透并改造制造业。海尔的空调研发就是得益于海尔用互联网思维来整合的全球研发资源平台。在该平台上，海尔只需要将研发需求发布出来，就会有很多科研资源找上门来，使得整个项目的研发时间缩短了一半以上。

可以说，这两家企业的两个案例分别从不同角度同时在宣告着互联网思维的胜利，也诠释了互联网思维作为一种和传统思维截然不同的方法论，在生产中起到的重大作用。跟传统思维不同，互联网思维更注重响应速度、资源整合、用户体验以及需求的收集和分析等；结合现代科技的飞速发展，可以说是极大地颠覆和提高了企业的生产效率和产品满意度。

2. 互联网思维的内涵

互联网时代正在蓬勃发展，其衍生出来的互联网思维正浩浩荡荡地改变着人们的思维模式、企业的运作模式，甚至是整个社会的分工和生活方式。它是思维工具，更是生产工具。互联网思维是在（移动）互联网、大数据、云计算等科技不断发展的背景下，对市场、对用户、对产品、对企业价值链乃至对整个商业生态进行重新审视的思考方式，并由此扩展到对整个社会生产生活方式的重新思考。互联网使每一个参与的用户联络在了一起，形成一个由无数点组成的巨形网络，由此可以产生无数种可能性。互联网思维到底是什么，目前众说纷纭，表 9-1 给出了当前具有代表性的观点。另外，赵大伟撰写的《互联网思维"独孤九剑"》，系统阐述了互联网思维的内涵，用 9 大思维全方位地解读了（移动）互联网给传统产业带来的变革，亦为业内所普遍认可。（见表 9-2）

表 9-1　关于互联网思维的主要观点

代表人物/机构	主要观点
易观国际	"互联网＋"可总结为 4 个阶段。 第一阶段：前"互联网＋"阶段。一个是 IT＋企业，也就是企业的信息化发展；另一个是互联网企业。在前"互联网"阶段，企业信息化和纯互联网行业的发展都是相对独立的，并没有发生化学反应。 第二阶段："互联网＋企业"阶段。包括内部和外部两个方面，一是企业内部七大价值链的再造。即"线上＋线下"的全销售渠道；以粉丝经营为典型特点的整合营销；产品研发部门打造的极致产品和服务；以商业模式创新为终极目标的战略部门；资本运作加速企业互联网化；IT 系统保障技术层面的实现；组织变革植入互联网基因和文化。企业外部主要为卖货（网络渠道起销量）、聚粉（极致产品聚粉丝）、建平台（创新生态建平台）。 第三阶段："互联网＋产业"阶段。既包括消费品批发分销，更是各领域工业品、生产资料的互联网化，其本质是对整个产业上下游的互联网化改造。 第四阶段："互联网＋智慧"阶段。无论是企业的信息化还是企业内部的价值链，还是产业所有的企业之间的信息、数据，包括各种信息元素，全部数字化、物联网化，通过云计算、大数据去帮助产业优化每一个企业、每一个人的商业决策。
汪玉凯 中国行政体制改革研究会副会长、国家行政学院电子政务专家委员会副主任	"互联网＋"是"互联网 2.0＋创新 2.0"的新经济创新模式。新的信息技术催生了新的互联网、云计算、大数据、移动互联网，这四个新技术在传统性技术的基础上加以运用，给互联网本身插上了翅膀。

代表人物/机构	主要观点
周鸿祎 奇虎 360 董事长	1. 用户至上：在互联网经济中，只要用你的产品或服务，那就是上帝！很多东西不仅不要钱，还把质量做得特别好，甚至倒贴钱欢迎人们去用。 2. 体验为王：只有把一个东西做到极致，超出预期才叫体验。 3. 免费的商业模式：硬件也正在步入免费的时代。硬件以成本价出售，零利润，然后依靠增值服务去赚钱。电视、盒子、手表等互联网硬件虽然不挣钱，却可以通过广告、电子商务、增值服务等方式来挣钱。 4. 颠覆式创新/微创新：从细微之处着手，通过聚焦战略，以持续的创新，改变市场格局，为客户创造全新价值。
雷军 小米科技创始人、董事长兼首席执行官	1. 专注：少就是多，大道至简。只做一个手机。 2. 极致：做到自己能力的极限。小米创业之初就做了全球首款双核 1.5G 的高端 WCDMA 智能手机。 3. 口碑：超越用户预期，米粉口口相传。 4. 快：天下武功，唯快不破，MIUI 坚持每周迭代。

表 9-2 互联网思维的 9 大思维与 20 法则模式

思维	思想	法则
用户思维	对产业价值链的理解：各个环节都要"以用户为中心"考虑问题	法则 1：得"草根"者得天下 法则 2：兜售参与感 法则 3：用户体验至上
简约思维	对产品规划、设计的理解：在产品规划和品牌定位上，力求专注、简单；在产品设计上，力求简洁、简约	法则 4：专注，少即是多 法则 5：简约即是美

思维	思想	法则
极致思维	对产品/服务、用户体验的理解：把产品和服务做到极致，把用户体验做到极致，超越用户预期。互联网时代的竞争，只有第一，没有第二，只有做到极致，才能够真正赢得消费者，赢得人心	法则6：打造让用户尖叫的产品 法则7：服务即营销
迭代思维	对创新流程的理解，允许有所不足，不断试错，在持续迭代中完善产品	法则8：小处着眼，微创新 法则9：精益创业，快速迭代
流量思维	对经营模式的理解：互联网产品，免费往往成了获取流量的首要策略，互联网产品大多不向用户直接收费，而是用免费策略极力争取用户、锁定用户	法则10：免费是为了更好地收费 法则11：坚持到质变的"临界点"
社会化思维	对关系链、传播链的理解： 基于平等的双向 基于关系的链式传播 基于信任的口碑营销 基于社群的品牌共建 群策群力，研发众包 链接客户，优化服务 聚沙成塔，众筹融资 广罗人才，精准匹配	法则12：社会化媒体，重塑企业和用户沟通关系 法则13：社会化网络，重塑组织管理和商业运作模式
大数据思维	对企业资产、竞争力的理解：未来有价值的公司，一定是数据驱动的公司 精准化营销：你的用户不是一类人，而是每个人 精细化运营：大数据带来管理变革 大数据服务：从个性到人性化	法则14：小企业也有大数据 法则15：你的用户不是一类人，而是每个人

思维	思想	法则
平台思维	对商业模式、组织形态的理解：互联网的平台思维就是开放、共享、共赢。 平台模式的精髓，在于打造一个多主体共赢互利的生态圈；最高阶的平台之争，一定是生态圈之间的竞争。 组织设计：从"金字塔"走向"扁平化" 管理方式：让每个人成为自己的首席执行官（Chief Executive Officer，CEO） 决策体系：让一线成为引擎 利益机制：肯定人的价值 企业文化：创新驱动的人本主义	法则 16：打造多方共赢的生态圈 法则 17：善用现有平台 法则 18：让企业成为员工的平台
跨界思维	对产业边界、产业链的理解：用户数据是跨界制胜的重要资产，用户体验是跨界制胜的关键；自我颠覆、自我变革是企业持续领先的根本动因	法则 19：携"用户"以令诸侯 法则 20：用互联网思维，大胆颠覆式创新

通过以上观点，可以总结出"互联网＋"实际上是一种产业变革的思维，全社会各产业以互联网为基础平台，通过运用新一代的信息技术，全面提高生产力与生产效率，加强产业融合与全民创新。这种思维模式无疑加速了产业优化的进程，以及资本融合的趋势，使得企业不得不考虑在这一背景下的变革与发展，否则将使得无法及时转型的企业面临倒闭的风险；同时一些新兴的产业形态在新的互联网环境下脱颖而出，构建新一代的产业链及生态圈，并推动社会生产力的发展。由于现代互联网技术应用已

经进入全方位、多层次、多元化、多模式、广渗透的新阶段，它已经从信息技术转为生产方式、从互动平台转为服务模式、从生产工具转为关键基础设施。因此，"互联网＋"，加的是创新驱动发展方式，加的是实体经济新的创新力和新的生产力，加的是现代商业模式创新，加的是生产流程再造和价值链重组。对正在寻求经济增长新动力的中国来说，"互联网＋"，加的还是全面深化改革开放的战略思维，加的是经济发展方式转变、促进国民经济提质增效升级的具体实现路径，加的是各类创业人才竞相迸发的创新生态。

二、"互联网＋"旅游的内涵

对"互联网＋"旅游的理解，应同时考虑互联网思维的特点，以及旅游产业发展的规律以及阶段发展的特征，方能正确阐释"互联网＋"旅游的真正内涵。旅游已经从少数人的奢侈品发展为大众化的消费，成为人民群众日常生活的重要内容。国内旅游从1984 年约 2 亿人次到 2014 年的 36 亿人次，增长了 17 倍。国民人均出游从 1984 年的 0.2 次到 2014 年的 2.6 次，增长了 12 倍。中国的旅游消费能力快速增长，已成为世界最大的国内旅游市场。但同时，我们也应清醒地认识到，旅游在改革开放三十多年来是以粗放式开发与发展为主的，从当前旅游发展的规模与成效来看，我国亦只能算是旅游大国，离世界旅游强国还有一定的距离，将"互联网＋"的思维融入到旅游产业发展当中，必将推动旅游产业的集成创新应用与集约化发展，促进旅游产业的转型升级。可以从以下几个方面来理解"互联网＋"旅游的内涵：

1. 经济新常态下旅游引擎化。旅游的引擎作用主要体现在大众度假、移动生活、旅游城镇化、休闲农业与乡村度假等几个方面。我国大众旅游的发展已经不再是单一的观光旅游，而是集观光、休闲、度假为一体的旅游形态，旅游业正在成为我国经济发展新常态下的新增长点。在新常态下，旅游业是稳增长的重要引擎，是调结构的重要突破口。在当前我国"一带一路"、京津冀协同发展的战略下，旅游亦将发挥重要的作用。

2. 旅游 O2O 的全面升级，构建旅游服务的 4.0 版本。旅游O2O 的发展无疑是契合新一代游客的大方向，它大大丰富了在线旅游的内涵，使其早已不再仅仅是线上订酒店、订票，线下享受服务这一简单的模式了。用户享受的不再是割裂开来的线上或者线下的服务，而是 1+1>2 的服务效应，在更多元的服务场景中，拥有线上线下碰撞而产生的新服务。机票、酒店、门票等标准化产品的服务较为单一且彼此割裂，在互联网没有充分发展的时期，这些服务体系缺陷并未充分显现出来，但"互联网＋"的发展将改变这一局面。自由行趋势所带来的一个明显结果就是游客需求的不断细分，大量主题游受到欢迎就是例证。但同时我们应当注意，自由行并非不要求服务，而是要求更个性化、更完善的服务，传统线上旅游（OTA）平台的产品售卖以及其服务缺失将很难满足游客千人千面的需求，同时用户需求不断细分也是行业不断深化发展的重要标志，客观上也对现有的旅游产品提出了更高的要求。线上与线下的融合、产品与服务的融合将更加明显地体现在"互联网＋"的时代。

3. 跨界融合的泛旅游化。旅游将进一步突破传统产业的限制，同地产、金融、养老、文化、农业、乡村、工业、高科技、教育等多个领域融合，打破旅游发展初级阶段的产业功能分割、服务单一、单打独拼的小农经济模式，形成一种新的经济社会组织方式和现代产业集群。

4. 旅游产业集聚，互联网旅游生态圈的形成。旅游业本身即是一个综合性的产业，一个典型的旅游产品即是包含多项旅游要素的集合，游客要完成一次旅行，亦需要多种资源与信息的整合。这也决定了旅游服务商的高度集成性，而"互联网＋"亦为旅游产业的集聚化发展奠定了基础和条件，更加加速各种资源与要素的整合，为游客提供全平台的服务，形成新的互联网旅游生态圈。在我国在线旅游的渗透率还远远不及发达国家的背景下，这种发展的前景将更加可观。

三、"互联网＋"与智慧旅游

从"互联网＋"的思维以及智慧旅游的定义与内涵来看，两者在其实现基础、手段、目标等方面有着天然的一致性。

首先，两者均以（移动）互联网、云计算、物联网、大数据等新兴的信息通信技术为基础，将技术应用于产业的变革，迫使产业转型升级，使得传统的产业形态在新兴技术的推动下优胜劣汰，并由此产生新的业态形式。智慧旅游即是旅游信息化的高级阶段，通过运用新一代的信息技术，使得企业开展内部与外部的价值链再造，从而激发企业的创新能力。

其次，从实现手段上来说，两者都更加强调用户体验、便利用户的重要性，更强调用户至上的人本原则。互联网思维强调用户驱动企业，用户需求与体验至上。而旅游本身即是一个体验型经济形态，即使在线上预订产品后，还需要在线下进行实地的体验才能完成整个消费过程。这种特点更强调了要重视用户体验，以方便用户的旅游行程为宗旨，向用户提供各类服务。

最后，从目标上来说，两者的最终目标都是促进产业的转型升级。"互联网＋"即是通过对传统产业植入创新理念与技术手段，来促使企业进行业务流程重组与再造，加强跨界融合。智慧旅游亦是以提升旅游服务、改善旅游体验、创新旅游管理、优化旅游资源利用为目标，推动企业的管理变革，从而促进传统旅游业向现代旅游业转型升级。

另一方面，由于二者提出的背景不同，"互联网＋"的思维同智慧旅游的内涵还有着细微的差别。

首先，"互联网＋"的思维是在整个国家经济发展特殊阶段所提出的战略思想，是一项国家策略。"互联网＋"是在中国经济发展"三期叠加"的背景下提出的，在这一背景下，它的提出有着一定的时代意义与政治意义，同时也是一项经济发展的重要战略。

其次，"互联网＋"更强调信息化与工业化的融合，其次才是信息化与农业、服务业等的融合，是与"中国制造2025"高度契合的战略。

最后，"互联网＋"更强调的是产业层面的变革，这种变革更多地来自于企业内部与自身，政府更多的是在政策、资金以及法律层面的支持。智慧旅游在此基础上，更强调服务型政府职能的转变，更注重政府公共服务的提供，使得游客的旅行更加便利化、舒适化、安全化。由于信息化在旅游产业中的渗透率不高，且旅游产业的中小企业较多，因此也使得信息化对于旅游企业的变革进程没有其他产业明显。

但是，可以预见，"互联网＋"的思维必定会渗透到旅游产业的各个环节，且加速旅游企业在这一思维模式下的变革升级；而智慧旅游的逐步推进，亦为旅游产业的发展奠定和培育了良好的土壤与环境，旅游者将进一步享受这一变革所带来的丰硕成果。

四、"互联网＋"背景下的旅游产业发展思路

在"互联网＋"背景下，旅游产业的发展亦将迎来新的契机，以互联网的思维来审视旅游产业的发展，无论是旅游管理部门还是旅游企业自身，都需要借鉴新的思维模式来创新管理的理念与产业发展的战略。

（一）旅游管理部门的"互联网＋"思维

1. 旅游管理部门应转变传统提供公共服务的手段，借助于互联网这个大平台，采用众包的方式来解决和权衡各方的利益。

2. 旅游规划与开发应借鉴开放、融合发展的思维，去掉行政

区划的概念，以区域经济与社会效益最大化为原则建设旅游与休闲设施体系。

3. 应为旅游新业态的开发提供政策支持。一方面，对于"互联网＋"下的旅游新业态的培育与形成提供一定的政策支持；另一方面，应通过制定标准、规范甚至法律等来解决新业态在运营过程中出现的新问题，来保障新的经济形态能保持健康有序的发展。

（二）旅游企业的"互联网＋"思维

1. 以需求为导向的产品生产方式，以用户体验为核心的服务体系。旅游企业应转变以资源为中心的产销格局为以消费者需求为中心的全新格局。服务始终是旅游企业的核心竞争力，服务将更加精细化、标准化、人性化。面对新的生态环境下用户的需求特点，灵活定制旅游产品，全面完善旅游服务体系，注重细节和用户体验。

2. 注重打造旅游精品，树立品牌意识。借鉴互联网简约思维，学会做减法，找到焦点战略，并将焦点战略做到极致。

3. 运用迭代思维，快速响应客户需求。借鉴"微创新"和"敏捷开发"的思路，以旅游者为中心，通过迭代、循序渐进的方式开发新产品，在旅游者原有喜好的基础上对产品进行创新、改进和优化，并加快更新上线速度。

4. 打造协同增效、融合创新的价值共同体。不同利益方应重新审视各自的利益争夺，找到共同的利益点，转向合作共赢，打造互联网旅游生态圈。作为中小企业更要学会善用资源，搭载旅游资源的整合平台，实现合作共赢。

5. 注重企业核心竞争力的打造，优化并延长企业价值链。一方面，应注重企业业务流程的再造与重组，通过新一代信息技术的应用，实现企业高效运转。另一方面，应研究企业新的利润增长点，通过优化与延长价值链来获得新的创新发展机遇，提升企业的创新能力。

6. 善用社会化思维，并通过大数据全面做好企业的智慧管理与整合营销。利用 Web 2.0 的应用与工具，采用大数据的手段，全面采集并分析游客的行为与偏好，为准确采集用户需求、精准市场定位、优化营销策略、制定长期发展战略等提供科学的依据。

第四节　大数据时代智慧旅游创新发展之道

一、未来旅游世界形态

现今世界，世界是"屏"的。各式各样的电子显示屏已经悄然走进普通大众生活，电子显示屏随处可见。在家里，人们用到电视屏幕、电脑屏幕、手机屏幕等；在企业，工作中用到电脑屏幕，企业自身设立顾客欢迎屏、形象展示屏、信息咨询屏等；在城市，各种公共阅读屏、信息公示屏、智能播放屏、交通查询屏、银行 ATM 显示屏、广告屏等遍布大街小巷；此外，在公交、地铁、学校、银行等，各种电子显示屏已经无处不在，这显然是一个"屏"的世界。各种电子显示屏由不同的主体设立和提供，以其特定的方式，传递信息和服务，方便现代生活。旅游业也同样存在各种"屏"。在景区，游客触摸屏、液晶（LED）信息发布屏、虚拟旅游显示屏、智能监控显示屏等为旅游者提供服务；在酒店，自助入住系统、客房多媒体系统等遍布着"屏"的应用；在旅游目的地，智能触摸屏、信息公示屏、广告营销屏等方便旅游活动，同时旅游者还可以使用自带的智能手机（屏）、平板电脑（屏）等。电子显示屏已经成为旅游活动和旅游服务中的重要载体和渠道，并且，随着旅游业的深入发展，电子显示屏的功能和应用将得到进一步拓展和深化。这主要表现在：

（一）数据端口无处不在

这主要表现在两个方面：一是以工具设备为端口，如身份证、银联卡、电脑、手机、触摸屏等，其在应用过程中将会自动生成大量数据。二是以数据用户为端口，如旅游电子商务平台的店铺。以消费者在网上浏览旅游信息为例，从打开电脑开始，消费者使用电脑的时间、时长被电脑系统记录；在连接网络的过程中，数据被路由器记录；进入浏览页面，数据被浏览器记录；通过搜索引擎查找旅游信息，数据被搜索引擎记录；进入旅游电子商务平台（如去哪儿网），数据被（去哪儿网）记录；查看旅游产品，数据被店家记录；进行网上支付，数据被支付平台记录。这一看似简单的过程，实则有 7 个甚至更多的用户数据被记录，可见数据端口之密集。此外，旅游业发展中物联网的各种感知终端也将进行大量的数据记录。当前，数据采集应用较广的端口、工具或形式主要有三个，即电脑、手机和视频监控。随着大数据的普及应用，数据端口将会遍布旅游业，数据采集的能力也会得到强化。

（二）旅游"可视化"

在"小数据"时代，由于技术水平的限制，旅游中的许多数据流失，由此出现数据断点等现象，即根据已有数据，难以对旅游过程进行描述。然而，在大数据时代，数据记录是巨量的、客观的、连续的，通过各种设备、端口和技术，旅游消费和旅游活动能够实现"可视化"。自消费者在网上查询旅游信息，进行网上预订和支付，再到景区开展旅游活动，最后通过社交媒体等分享旅游体验，这整个过程都将在分散的不同的平台、渠道、设备上留下记录，对这些记录进行数据整合与用户画像，即可清楚完整地描述旅游过程。也许有人会认为，只要不运用手机、电脑等网络设备，旅游者信息就不会被记录。殊不知，在旅游者乘车、购票、刷卡、刷身份证、进入旅游景区等过程中，无数的信息载体、视频终端、监控体系、物联网感知系统等将在无形中记录旅游者信息，由此使得旅游者"无处躲避"，因此，旅游消费和旅游活动将不可避免地被"可视化"。

（三）穿戴式智能设备广泛应用

当前，智能手机和平板电脑已经得到广泛应用，但这还不够，"穿戴式智能设备"是智能手机和平板电脑的延续和升级。穿戴式智能设备是对日常穿戴品进行智能化设计，而开发出的可穿戴的智能设备，如智能眼镜、智能手环、智能首饰等。谷歌、苹果、微软、索尼、奥林巴斯、摩托罗拉等科技公司已经在穿戴式智能设备领域展开探索和研发，并且取得了一定的成果，例如，可利用语音指令集拍摄照片、摄制视频、网上互动等于一体的"Project Glass"；支持通话、语音回短信、连接汽车、地图导航、播放音乐、测量心跳、计步等数十种功能的"Apple Watch"。这些设备在通信、娱乐、健康、学习等方面有着重要的功能和价值。旅游消费和旅游活动中对游程的记录、对健康的追求、对愉悦的分享和对时尚的体验，使得旅游业为穿戴式智能设备提供了天然的使用空间。穿戴式智能设备的应用，将极大地提升旅游体验。与此同时，穿戴式智能设备通过与网络联接，助力生成大数据，又能促进旅游业的发展。

二、智慧旅游创新发展之道

（一）构建智慧体系，注重端口建设

就内涵而言，智慧旅游包括两层含义，一是设施设备的智能化和便捷性，能够高效地提供服务，二是设施设备的运营使用能够产生智慧；前者说明智慧旅游的使用特性，后者强调智慧旅游的功能价值。当前，智慧旅游的发展建设，主要围绕设施设备的智能化展开，如智能门禁、智能监控、客房智能系统等，通过便捷化的操作凸显智慧。但是，基于智慧旅游系统生成"智慧"并没有得到有效体现，这主要受制于数据、技术等的局限。为了充分发掘智慧旅游之"智慧"，各旅游企业和旅游组织需要获得旅游消费、旅游活动、旅游商务等各方面的数据。因此，智慧旅游的发展建设，应当构建全面的智慧体系，在旅游活动场所、旅游消费平台、旅游社交渠道等方面，强化端口建设，采集巨量数据，运用大数据技术，为智慧旅游发展建设提供"智慧"支撑。

（二）串接终端设备，实现数据联通

智慧旅游的发展建设过程中已经投入了较多的设备设施，如液晶（LED）显示屏、公共信息查询终端、虚拟旅游设施、酒店自助入住系统、客房多媒体系统、智能点菜终端等，但是，这些终端设备在数据采集、数据共享、功能集成、设备通联等方面并未实现充分智能。在企业或组织内部，数据未能充分共享共用；在企业、组织与旅游者之间，各自的终端设备未能串接联通。这不仅降低了智慧化水平，而且不利于数据的采集。以景区虚拟旅游系统为例，通常情况下，旅游者只能在特定的景点，运用虚拟旅游设备获得相关信息。但实际上，贯穿旅游活动的始终，旅游者都可能基于该系统搜索文化、消费等信息，在此过程中即产生大量浏览、查询、评价等数据。而在虚拟旅游系统未与旅游者智能手机、平板电脑连接的情况下，这些数据自然就流失了，更无从应用。只有对旅游者、旅游企业和公共服务中的终端设备进行有效串接，并实现数据联通，才能最大限度地方便数据采集，实现数据应用。

（三）基于数据应用，获得充分智慧

长期以来，旅游业发展对大数据视而不见、采而不用、联而不通，由此使得数据的功能价值未能得到充分发挥。然而，智慧旅游的发展建设、数据端口的广泛分布、终端设备的便捷联通，将为智慧旅游体系提供巨量的数据。旅游企业和旅游组织，基于自身发展需要，可选择相应的已采集到的数据，通过导入逻辑、建立模型、规定算法，对巨量数据进行分析和挖掘，从而获得有价值的信息。由于大数据是全体数据，不是随机样本；是混杂数据，不是单一数据。因而，旅游者、旅游企业和旅游组织的行为轨迹就完全蕴含于巨量数据之中。旅游企业和旅游组织只要对数据进行充分挖掘，就能找寻其中规律，满足目标需要，为实现智慧服务、智慧管理、智慧运营、智慧商务、智慧营销等提供支撑。值得注意的是，大数据得到的结论通常是相关关系，不是因果关系，即解决了是什么而不是为什么的问题，这就使得大数据在智慧旅游的发展应用中，必须与人的智力劳动联立，从而获得充分"智慧"。

（四）立足现有数据，挖掘潜在价值

旅游业是一个注重体验性、分享性和终端应用性的行业，为大数据的生成和采集提供了天然沃土。尽管旅游业中大数据的采集、存储和挖掘仍需深入发展，但现有部分数据已经具备大数据雏形，可以应用大数据方法对这些数据进行挖掘和应用。当前可用的旅游业大数据主要集中于以下场所和平台：一是谷歌、百度等搜索引擎，掌握着巨量旅游搜索信息；二是携程旅行网、艺龙旅行网、去哪儿网等旅游电子商务网站，掌握着大量旅游者、旅游信息浏览、旅游产品购买、旅游消费行为、支付方式等方面的数据；三是蚂蜂窝、面包旅行等旅游社区网站和平台，集聚大量的用户，产生巨量的旅游点评、旅游分享等数据；四是旅游目的地、旅游景区等对自媒体应用产生的数据，如旅游景区微博中粉丝、博文、评论等大量数据。上述数据已经涵盖了非常丰富的产品、服务、消费、体验等数据，对这些数据进行充分的整合、分析和挖掘，即能获得有价值的信息。因此，智慧旅游体系在采集大数据的过程中，更应当立足现有数据，挖掘数据的潜在价值。

（五）面向旅游行业，服务社会发展

旅游活动的较强流动性，使得智慧旅游的发展建设不仅局限于旅游企业，更要集中于旅游目的地。旅游目的地在安全、交通、信息、导航、网络等方面提供的公共服务，通常具有普适性，即社会大众能够普遍享受。因此，旅游目的地范围内无处不在的数据端口、智能设备、视频监控等，在采集旅游数据的同时，也能获得其他方面的数据。基于大数据技术，智慧旅游体系对旅游目的地范围内的巨量数据进行采集、分析和挖掘，获得对旅游发展和经济社会有用的信息，同时通过对这些信息进行充分应用，又能更好地服务旅游业和社会发展。大数据时代，智慧旅游目的地服务社会主要有两种方式：一是基于智慧旅游数据端口，为社会发展提供海量数据；二是基于智慧旅游设施设备，为社会大众提供公共服务。实际上，智慧旅游目的地的发展建设，既能服务社会大众，又能优化旅游形象。因此，大数据在旅游业的发展应用，应当在面向旅游行业的基础上，服务经济社会发展。

附录一　大数据处理中的数学原理和方法

大数据处理的数据不少是来源于新闻报道，游客微博、微信的言论，以及对酒店、景区的评论和投诉等。这就需要进行新闻分类、网页排序、语音和语义分析，提取关键词，建立模型与规则，自动识别游客的需求或问题，甚至对于游客进行行为逻辑分析，通过处理海量的结构性和非结构性数据发现潜在的问题，从而提取有研究价值的数据。大数据技术不是一味地追求掌握庞大的数据信息，而在于对这些含有意义的数据进行"专业化"处理，在数据获取的方法（多源性和混杂性）、数据处理的方法（可视化、清洗除噪和挖掘算法）等多方面进行数学处理和模型建构、机器训练和参数测定等。①

一、信息熵、条件熵和相对熵

现代信息论的奠基人克劳德·艾尔伍德·香农（Claude Elwood Shannon）在《贝尔系统技术杂志》第 27 卷上发表了《通信的数学理论》（"*A Mathematical Theory of Communication*"）。他在论文中指出："信息是用来消除随机不定性的东西。"19 世纪美国著名物理化学家吉布斯（Josiah Willard Gibbs）创立了向量分析并将其引入数学物理中，使事件的不确定性和偶然性研究找到了一个全新的角度，从而使人类在科学把握信息的意义上迈出了第一步。他认为"熵"（Entropy）是一个关于物理系统信息不足的

---

①本部分内容主要参考吴军著的《数学之美》（人民邮电出版社，2012 年）一书。

量度。1948 年，香农提出了"信息熵"（Information Entropy）的概念，解决了对信息的量化度量问题。信息熵这个词是从热力学中借用过来的。热力学中的热熵是表示分子状态混乱程度的物理量。香农用信息熵的概念来描述信源的不确定度，第一次用数学语言阐明了概率与信息冗余度的关系。信息（熵）定义为离散随机事件的出现概率。对于一个任意的随机变量 X，它的熵定义：

$$H(x) = -\sum_{x \in X} P(x) \log P(x) \tag{1}$$

注：公式中的 log 是以 2 为底，下同。

一般来说，各种信息之间是互相影响的，有些"相关的"信息能够消除不确定性，也就是"条件熵"（Conditional Entropy）的概念。假设 X 和 Y 是两个随机变量，X 是我们需要求解的，如果我们已经知道了 X 的熵（公式 1），再假设我们还知道 Y 和 X 一起出现的概率，在数学上称为联合概率分布（Joint Probability），以及在 Y 取不同值的前提下 X 的概率分布，在数学上称为条件概率分布（Conditional Probability），见公式 2：

$$H(X|Y) = -\sum_{x \in X, \ y \in Y} P(x,y) \log P(x|y) \tag{2}$$

公式 2 说明，多了一个 Y 信息后，关于 X 的不确定性下降了。在统计语言模型中，如果把 Y 看成是 X 的前一个词的话，那么在数学上证明了二元模型的不确定性小于一元模型，即 H（X|Y）≤ H（X），同样也可以定义有两个条件的条件熵（公式 3）：

$$H(X|Y,Z) = -\sum_{x \in X, y \in Y, z \in Z} P(x,y,z) \log P(x|y,z) \tag{3}$$

同理可以证明，三元模型优于二元模型，即 H（X|Y,Z）≤ H

（X|Y）。由此看出，信息的作用在于消除不确定性，自然语言处理的大量问题就是寻找相关信息。

此外，除条件熵，还有两个重要概念就是"互信息"（Mutual Information）和"相对熵"（Relative Entropy）。互信息的概念是由香农提出的，用于衡量两个随机事件之间的"相关性"程度。假设有两个随机事件 X 和 Y，它们的互信息定义如下（公式4）：

$$I(x;y) = \sum_{x \in X, y \in Y} P(x,y) \log \frac{P(x,y)}{P(x)P(y)}$$

（4）

事实上，就是两个随机事件之间的相对熵，也就是随机事件 X 的不确定性或者说熵 H(X)，以及在知道随机事件 Y 条件下的不确定性或者说条件熵 H($X|Y$) 之间的差，即（公式5）：

$$I(X,Y)=H(X)-H(X|Y)$$

（5）

由此看出，所谓两个事件相关性的度量，就是在了解其中一个 Y 的前提下，对消除另一个 X 不确定性所提供的信息量。互信息是一个取值在 0 到 min（H(X)，H（Y））之间的函数，当 X 和 Y 完全相关时，它的取值是 1；当两者完全无关时，它的取值是 0。

在自然语言处理中，只要有足够的语料，就不难估计出互信息公式中的 P(X,Y)、P(X) 和 P(Y) 三个概率，进而算出互信息。因此，互信息被广泛用于度量一些语言现象的相关性。

信息论中另一个重要的概念是"相对熵"，在有些文献中称为"交叉熵"（Kullback-Leibler Divergence），这一概念是以它的提出者库尔贝克和莱伯勒的名字命名的。相对熵也用来衡量相关性，但与变量的互信息不同，它是用来衡量两个取值为正数的函数相似性，它的定义如下（公式6）：

$$KL(f(x) \parallel g(x)) = \sum_{x \in X} f(x) \log \frac{f(x)}{g(x)}$$

（6）

相对熵的公式说明有以下三方面。

（1）对于两个完全相同的函数，它们的相对熵等于零。

（2）相对熵越大，两个函数差异越大；反之，相对熵越小，两个函数差异越小。

（3）对于概率分布或者概率密度函数，如果取值均大于零，相对熵可以度量两个随机分布的差异。

在自然语言处理中相对熵概念的应用很广泛，例如用来衡量两个常用词（在语法和语义上）在不同文本中的概率分布，看它是否同义；或者根据两篇文章中不同词的分布，看看它们的内容是否相近等等。利用相对熵可以得到信息检索中一个重要的概念：词频—逆文本频率指数（TF-IDF）。

总之，信息熵能直接用于衡量统计语言模型的好坏。由于有上下文的前提条件，所以高阶的统计语言模型，可以用条件熵；如果考虑到从训练语料和真实应用的文本中得到的概率有偏差时，就需要引入相对熵的概念。

二、最大熵原理和最大熵模型

关于信息处理中，还有一个降低风险的理论，在数学上称为"最大熵原理"。这是指在对一个随机事件的概率分布进行预测时，我们对未知的情况不要做任何主观假设。在这种情况下，概率分布最均匀，预测的风险最小，这时的概率分布的信息熵最大，所以，以这个原理构建的模型也称作"最大熵模型"。如果 w_3 是要预测的词，w_1 和 w_2 是它前两个字，也就是其上下文的一个大致估计，s 表示主题，那么，最大熵模型为（公式7）：

$$P(w_3|w_3,w_2,s) = \frac{1}{z(w_3|w_3,w_2,s)} e^{\lambda_1(w_1,w_2,w_3)+\lambda_2(s,w_3)}$$

（7）

公式7中，Z 是归一化因子，这样可以保证概率总和等于1。

其中，λ 和 Z 需要通过观测数据训练得出。

最大熵模型在形式上看起来很简单，但计算量非常大，假设我们搜索的排序需要考虑 N 种特征，$(x_1, x_2, ..., x_n)$，需要排序的网页是 d，对应的最大熵模型是（公式 8）：

$$P(d|x_1, x_2, ..., x_n) = \frac{1}{Z(x_1, x_2, ..., x_n)} e^{\lambda_1(x_1, d) + \lambda_2(x_2, d) + \cdots + \lambda_n(x_n, d)} \tag{8}$$

其中归一化因子（公式 9）：

$$Z(x_1, x_2, ..., x_n) = \sum_d e^{\lambda_1(x_1, d) + \lambda_2(x_2, d) + \cdots + \lambda_n(x_n, d)} \tag{9}$$

这个模型有很多参数λ需要通过模型训练来获得。最原始的最大熵模型的训练方法称为通用迭代算法（GIS，Generalized Iterative Scaling），一般包括下列三个步骤。

（1）假定第零次迭代的初始模型为等概率均匀分布。

（2）用第 N 次迭代的模型来估算每种信息特征在训练数据中的分布。如果超过了实际值，就把相应是模型参数减小；反之则将其加大。

（3）重复步骤 2 直到收敛。

三、通信模型应用

雅各布森（Roman Jakobson）认为，通信是由发送者（信息源）、信道、接受者、信息、上下文和编码等六个要素组成的。很多自然语言处理都与通信类似。以从汉语到英语的翻译为例，说话者讲的是汉语，但是信道传播编码的方式是英语，如果利用计算机，根据接收到的英语信息去推测说话者的汉语原意，就是机器翻译；如果要根据带有拼写错误的语句推测说话者想表达的正确意思，那就是自动纠错。这样，几乎所有的自然语言处理问题都可以看成是通信的解码问题。

在通信中，从接收端的观测信号 O_1，O_2，O_3，…来推测信号源发送的信息 S_1，S_2，S_3，…也就是在已知的情况下，求得令条件概率 $P（S_1,S_2,S_3,\cdots|\ O_1,O_2,O_3,\cdots）$达到最大值的那个信息串 $S_1,S_2,S_3,\cdots$，即（公式 10）

$$S_1,\ S_2,\ S_3,\ \cdots = \underset{all\ s_1,s_2,s_3,\cdots}{Arg\ Max}\ P(S_1,S_2,S_3,\cdots|\ O_1,O_2,O_3,\cdots) \quad （10）$$

其中 Arg 是参数 Argument 的缩写，表示能获得最大值的那个信息串。计算这个概率存在一定的难度，不过可以通过间接地计算得出。利用贝叶斯（Bayes）公式等价地转换成（公式 11）：

$$S_1,S_2,S_3,\cdots = \frac{P(O_1,O_2,O_3,\cdots|S_1,S_2,S_3,\cdots)\cdot P(S_1,S_2,S_3,\cdots)}{P(O_1,O_2,O_3,\cdots)} \quad （11）$$

事实上，公式 11 中，在 $O_1,O_2,O_3,\cdots$ 既定的情形下，$P(O_1,O_2,O_3,\cdots)$ 就是一个可以忽略的常数。因此，公式 11 简化成（公式 12）：

$$P（O_1,O_2,O_3,\cdots|S_1,S_2,S_3,\cdots）\cdot P（S_1,S_2,S_3,\cdots） \quad （12）$$

公式（12）可以用隐含马尔可夫模型（Hidden Markov Model）来估计。

隐含马尔可夫模型是指：任一时刻 t 的状态 St 是不可见的。所以观测者没法通过观测到一个状态序列 S_1，S_2，S_3，…ST 来推测转移概率参数。隐含马尔可夫模型在每个时刻 t 会输出一个符号 Q_t，而且 Q_t 与 S_t 相关，且仅与 S_t 相关。这个被称为独立输出假设。隐含马尔可夫模型中，隐含的状态 S_1，S_2，S_3，…是一个典型的马尔可夫链（Markov Chain）。基于马尔可夫和独立输出假设，我们可以计算出某个特定的状态序列 S_1，S_2，S_3，…产生出输出符号 $O_1,O_2,O_3,\cdots$的概率。计算模型为（公式 13）：

$$P\left(s_1, s_2, s_3, \ldots, o_1, o_2, o_3, \ldots\right) = \prod_t P(s_t|s_{t-1}) \cdot P(o_t|s_t) \qquad (13)$$

公式 13 与公式 12 非常类似，

$P(O_1, O_2, O_3, \ldots | S_1, S_2, S_3, \ldots)$ 根据应用的不同而有不同的名称，在语音识别中被称为"声学模型"（Acoustic Model），在机器翻译中是"翻译模型"（Translation Model），而在拼写校正中是"纠错模型"（Correction Model）。

四、语音、语言处理和中文分词

计算机处理自然语言的方法是为自然语言的语境（上下文前后的相关特性）建立数学模型，这就是统计语言模型（Statistical Language Model），这是今天所有自然语言处理的基础，并广泛应用于机器翻译、语音识别、印刷体或手写体识别、拼写纠错、汉字输入和文献查询等方面。计算机判定一个句子的句法是否合理，可以它出现的概率来衡量。概率越大越合理，反之亦然。按照马尔可夫假设，任意一个词 w_i 出现的概率只同它前面的词 w_{i-1} 有关。于是可得到公式 14：

$P(S)=P(w_1) \cdot P(w_2|w_1) \cdot P(w_3|w_2) \cdots P(w_i|w_{i-1}) \cdots P(w_n|w_{n-1})$ (14)

公式 14 对应的统计语言模型是二元模型（Bigram Model），接着就是如何估计条件概率（$P(w_i|w_{i-1})$），根据定义（公式 15）：

$$P(w_i|w_{i-1}) = P(w_{i-1}, w_i) / P(w_{i-1}) \qquad (15)$$

而估计联合概率 $P(w_{i-1}, w_i)$ 和边缘概率 $P(w_{i-1})$，可以通过大量机读文本，也就是专业人士所说的语料库（Corpus），只要数一数 w_{i-1}, w_i 这对词在统计的文本中前后相邻出现的次数# (w_{i-1}, w_i)，以及 w_{i-1} 本身在同样的文本中出现的次数# (w_{i-1})，然后用两个数分别除以语料库的大小#，即可以得到这些词或二元组的相对频度。根据大数定律，只要统计量足够大，相对频度就等于概率（公式16）：

$$P(w_i|w_{i-1}) \approx \#（w_{i-1}, w_i）/ \#（w_{i-1}）\qquad (16)$$

公式（10-16）是解决复杂的语音识别、机器翻译等问题最为简洁、有效的数学模型。

利用统计语言模型可以进行自然语言处理，而这些语言模型建立在词的基础上，是表达语义的最小单位。中文的词之间没有明确的分界符，因此，首先需要对句子进行分词，才能做进一步的自然语言处理。同样可以利用前面提到的统计语言模型计算出每种分词后句子出现的概率，并找出其中概率最大的，就能够找到最好的分词方法。这里可以用几个数学公式简单概括如下：假设一个句子 S 可以有几种分词方法，为简化起见，假定有以下三种：

A_1, A_2, A_3, …A_x; B_1, B_2, B_3, …B_y; C_1, C_2, C_3, …C_z

其中，A_1, A_2…B_1, B_2…C_1, C_2…等都是汉语的词，上述各种分词结果可能产生不同的词串，x、y、z 三个不同的下标分别表示句子在不同的分词情形下，词的数目。这样的话，最好的一种分词方式应该保证分完词后这个句子出现的概率最大。也就是说，如果 A_1, A_2, A_3, …A_x 是最好的分法的话，那么其概率应该满足（公式17）：

$$P（A_1, A_2, A_3, …A_x）> P（B_1, B_2, B_3, …B_y）\qquad (17)$$

且：$P（A_1, A_2, A_3, …A_x）> P（C_1, C_2, C_3, …C_z）$

因此，只要利用前面提及的统计语言模型计算出每种分词后句子出现的概率，并找出其中概率最大的，就能够找到最好的分词方法。但如果要穷尽所有可能的分词方法并计算出每种可能性下句子的概率，其计算工作量是相当大的。因此，可以将此视作一个动态规划（Dynamic Programming）问题，并利用维特比算法（Viterbi Algorithm）快速地找到最佳分词。利用动态规划，可以解决任何一个图中的最短路径问题。而维特比算法是针对一个特殊的图——篱笆网络的有向图（Lattice）的最短路径提出的，凡是使用隐含马尔可夫模型描述的问题都可以用它来解码，包括分词、拼音转汉字、语音识别、机器翻译、数字通信等。隐含马尔可夫模型最初应用于通信领域，继而推广到语音和语言处理中。此外，这一模型也是机器学习的主要工具之一，与其他所有机器学习模型一样，也需要一个训练算法，如鲍姆—韦尔奇算法（Baum-Welch Algorithm）和使用时的解码算法，如维特比算法。

在隐含马尔可夫模型中，以 x_1，x_2，$\cdots x_n$ 表示观测值序列，以 y_1，y_2，$\cdots$，y_n 表示隐含的状态序列，那么 x_i 只取决于产生它们的状态 y_i，和前后的状态 y_{i-1}，y_{i+1} 都无关。但在很多应用里，观测值 x_i 可能和前后的状态都有关，如果把 y_{i-1}，y，y_{i+1} 都考虑进来的话，就是条件随机场模型，这是隐含马尔可夫模型的一个扩展，与贝叶斯网络不同的是，条件随机场是无向图，而贝叶斯网络是有向图。

在大部分应用中，条件随机场的节点分为状态节点集合 Y 和观测变量节点集合 X，整个条件随机场的数学模型就是这两个集合的联合概率分布模型 P(X,Y)，可得公式 18：

$$P(X,Y) = P（x_1, x_2, \cdots, x_n, y_1, y_2, \cdots, y_m）\quad （18）$$

由于公式（18）中变量太多，很难获得足够多的数据来用大数定理直接估计，因此只能通过它的一些边缘分布（Marginal Distribution），例如 $P（x_1）$，$P（y_2）$，$P（x_1, y_3）$ 等来找出一个符合所有这些条件的概率分布函数。这样的函数可能不止一个。根据最大熵原理，可以找到一个符合所有边缘分布，同时使得熵达到最大的模型（公式 19）：

$$P(x_1, x_2, \ldots, x_n, y_1, y_2, \ldots, y_m) = \frac{e^{f_1 + f_2 + \cdots f_k}}{Z}\quad （19）$$

五、新闻分类和文本自动分类

新闻（或者广义地讲任何文本）的分类，无非是把相似的新闻归在同一类中，人工的分类方法是先阅读新闻，然后根据主题对新闻进行分类。但计算机根本不懂新闻，只是做快速运算，为了让计算机能够"算"新闻（代替人工的读新闻），就要求计算机专业人员把文字组成的新闻变成可以计算的一组数字，然后再设计一个算法来算出任意两篇新闻的相似性。对于一篇新闻中的所有实词，计算出它们的单文本词汇词频—逆文本频率指数（TF-IDF），把这些值按照对应的实词在词汇表的位置依次排列，就得到一个向量，如果单词表中的某个词在新闻中没有出现，对应值为零，如果词汇表有 N 个词（可以汉语词典为参考），那么这篇新闻就有 N 个数，也就组成一个 N 维的向量。每一篇新闻都可以对应这样一个特征向量，向量中每一个维度的大小代表每个词对这篇新闻主题的贡献。这样计算机就可以通过运算来判断各新闻之间的形似度了。如果两篇新闻属于同一类，它们的特征向量在某几个维度的值都比较大，而在其他维度的值都比较小。反之，如果两篇新闻不属于同一类，由于用词不同，它们的特征向量中，值较大的维度应该没有什么交集。当然我们还需要一种定量地衡量两个特征向量之间相似性的方法。向量是多维空间中从原点出发的有向线段。不同的新闻由于文本长度不同，它们的特征量各个维度的数值也不同。因此，单纯比较各个维度的大小并没有太大意义。但是向量的方向却有很大意义。如果两个向量的方向一致，就说明相应的新闻用词的比例基本一致。因此，可以通过计算两个向量之间的夹角来判断对应的新闻主题接近程度。两个向量的夹角可以利用三角函数中的余弦定理来求得。假设新闻 X 和新闻 Y 对应的向量分别是（公式 20）：

$$x_1, \ x_2, \ \cdots\cdots, \ x_n; \ y_1, \ y_2, \ \cdots\cdots, \ y_n$$

那么它们的夹角的余弦等于：

$$\cos\theta = \frac{x_1y_1 + x_2y_2 + \cdots + x_ny_n}{\sqrt{x_1{}^2 + x_2{}^2 + \cdots + x_n{}^2} \cdot \sqrt{y_1{}^2 + y_2{}^2 + \cdots + y_n{}^2}} \quad （20）$$

由于向量中的每一个变量都是正数，因此余弦的取值在0和1之间，也就是说夹角 θ 在0度到90度之间。当两条新闻向量夹角的余弦等于1时，这两个向量的夹角为零，两条新闻完全相同；当夹角的余弦接近1时，两条新闻相似，从而可以归为一类；夹角的余弦越小，夹角越大，两条新闻相关性越小。当两个向量正交时（90度），夹角的余弦为零，说明两篇新闻根本没有相同的主题词，两者之间毫不相关。这一方法也可以用于旅游新闻和舆情的分类、在线游客满意度（游客投诉）调查分类等，也可以用于游客分类、景区分类、旅游产品分类等。

在进行文本自动分类中，还有一种是自收敛分类法。这种方法既不需要事先设定好类别，也不需要对文本两两比较进行合并聚类。而是随机地挑出一些类的中心（Centroids），然后来优化这些中心，使它们和真实的聚类中心尽可能一致。例如，假设有 N 篇文本，对应 N 个向量 v_1, v_2, $\cdots v_n$，希望将其分到 K 类的中心是 c_1, c_2, $\cdots$, c_k。无论是这些向量，还是中心都可以看成是空间中的点。当然 K 可以是一个固定的数值，也可以是未知数。分类的步骤如下：

（1）随机挑选 K 个点，作为起始的中心 $c_1(0)$, $c_2(0)$, $\cdots c_k(0)$

（2）计算所有点到这些聚类中心的距离，将这些点归到最近的一类中。

（3）重新计算每一类的中心。假设某一类中的 v，每个点有多个维度，即：

$$V_1 = V_{11}, \ V_{12}, \ \cdots, \ V_{1d}$$
$$V_2 = V_{21}, \ V_{22}, \ \cdots, \ V_{2d}$$
$$\cdots\cdots$$

$$V_m = V_{m1}, \ V_{m2}, \ \cdots, \ V_{md}$$

最简单的办法是用这些类的中心 $w = w_1, \ w_2, \ \cdots, \ w_m$ 作为其中心，其中第 i 维的值计算如下（公式 21）：

$$W_i = \frac{v_{1i} + v_{2i} + \cdots + v_{mi}}{m} \tag{21}$$

新的聚类中心和原先的相比会有一个位移。

（4）重复上述过程，直到每次新的中心和旧的中心之间偏移非常非常小，也即过程收敛。

这种方法称为期望最大化算法（Expectation Maximization Algorithm），简称 EM 法。当一个距离函数足够好时，就能保证同一类相对距离较近，而不同类的相对距离较远。也就是相近的点都被聚集到了一类中，这样同一类中各个点到中心的平均距离 d 较近，而不同类中心之间的平均距离 D 较远。而迭代过程是经过每一次迭代，都使 d 变小，而使 D 变大，也就是：d（i+1）< d（i），同时，D（i+1）> D（i）。

六、网络爬虫和图论

网络爬虫（Web Crawlers）就是通过网页的超链接（Hyperlinks），用图的遍历算法，自动地访问到每一个网页并把它们保存起来的程序。在互联网上每个网页都有一个统一资源定位符（URL），URL 是互联网上得到的资源位置和访问方法的一种简洁的表示，是互联网上标准资源的地址，互联网上的每个文件都有一个唯一的 URL。为了避免重复，在网络爬虫中，还同时使用一个称之为"哈希表"（Hash Table）的列表来标记已下载的网页。网络爬虫的数学基础是图论，一般来说，图的遍历算法有两种：广度优先搜索（Breadth-First Search，BFS）和深度优先搜索（Depth-First Search，DFS）。两种方法的选用，需要根据爬虫的分布式结构以及网络通信的握手成本（下载服务器和网站服务器建立通信联系的过程所花费的时间）。网络爬虫对网页遍历的次序不是简单的 BFS 或 DFS，而是有一个先对复杂的下载优先级排序的方法，管理这个优先级排序的子系统称为调度系统（Scheduler）。一般来说，网络爬虫在工程上主要考虑三个问题：

（1）选择用 BFS，还是 DFS？

（2）页面分析和 URL 的提取

（3）记录下载过的网页，哈希表的任务调度

图论不仅应用于网络爬虫，还可以广泛应用于旅游交通和游客人流的调度控制和动态管理上，这属于运筹学研究的重要内容。

七、网页和查询的相关性

在网页查询中，一般采用关键词查询。网页的文字有长短。文字长的网页包含的关键词要多些，但文字长的网页未必比文字短的网页相关性更高。因此，需要对关键词出现的次数进行归一化，也就是用关键词的次数除以网页的总字数，这个商称为"关键词的频率"或"单文本词频"（Term Frequency，TF）。因此，度量网页和查询的相关性，有一个简单的方法，就是直接使用各个关键词在网页中出现的总词频。具体地说，如果一个查询包含 N 个关键词 w_1，w_2，…，w_N，它们在一个特定网页中的词频分别是：TF_1，TF_2，…TF_N。那么，这个查询和该网页的相关性（相似度）就是（公式 22）：

$$TF_1 + TF_2 + \ldots + TF_N \tag{22}$$

但是，在查询的关键词中，有些词对于确定网页的主题几乎没有什么用处，而这些词在网页中往往又是词频很高，如"的""得""地""和""中"等几十个，这类词被称为"停止词"（Stop Word），所以这些词在查询中应予以剔除。此外，在一组关键词中对于主题的贡献是不一样的。如短语"A 级景区服务质量评定"，

可以分成三个关键词：A 级景区、服务质量、评定，其中评定和服务质量是一个通用性比较强的词，而 A 级景区是一个专业性比较强的词，所以，在相关性排名中后者比前两者重要。由此，需要对汉语中的每个词进行赋权，权重的设定必须满足下列两个条件：

（1）一个词预测主题的能力越强，权重越大，反之亦然。

在网页上看到"A 级景区"这个词，或多或少能了解到网页的主题。而看到"评定"一词，则对主题基本上还是一无所知。因此，"A 级景区"的权重应该比"评定"大。

（2）停止词的权重为零。

总之，如果一个关键词只在很少的网页中出现，通过它就容易锁定搜索目标，它的权重也就应该大。反之，如果一个词在大量网页中出现，看到它仍然不太清楚要寻找的内容，它的权重就应该小。假设一个关键词 w 在 D_w 个网页出现过，那么 D_w 越大，w 的权重越小，反之亦然。在信息检索中，使用最多的权重是"逆文本频率指数"(Inverse Document Frequency, IDF)，计算公式为：$\log\left(\frac{D}{Dw}\right)$，其中 D 是全部网页数。例如，假设中文网页数是 D=10 亿，停止词"的"在所有网页中都出现过，即 D_w=10 亿，那么它的"逆文本频率指数"IDF= $\log$（1）=0，引进 IDF 概念后，公式的相关性计算由简单求和变成加权求和，即（公式 23）：

$$TF_1 \cdot IDF_1 + TF_2 \cdot IDF_2 + \ldots + TF_N \cdot IDF \qquad (23)$$

TF- IDF（Term Frequency/ Inverse Document Frequency）的概念被公认为是信息检索领域内的最重要的发明。在搜索、文献分类和其他相关领域有着广泛的应用。

八、网页排名

对于一个特定的查询，搜索结果的排名取决于网页的质量信息（Quality）和相关性信息（Relevance）。关于相关性信息在上面网页查询中已经述及，这里主要介绍衡量网页质量的方法。在搜索技术中，一般都是利用指向某个网页的链接以及链接上的文本（即锚文本，Anchor Text），并将链接数量作为搜索排序的一个因子。谷歌（Google）的创始人拉里·佩奇（Larry Page）和谢尔盖·布林（Sergey Brin）发明了网页排名（PageRank）算法，他们将网页排名理解为各网页对某项查询主题的民主表决式排名。在互联网上，如果一个网页被很多其他网页所链接，说明它受到普遍的承认和信任，那么它的排名就高，但又考虑到需要对来自不同网页的链接区别对待，因为网页排名高的那些网页的链接更可靠，于是要给这些链接以较大的权重。但在计算搜索结果的网页排名过程中需要用到网页本身的排名，这成了一个埃舍尔（M. C. Escher）式的"怪圈"。布林将这个问题变成了一个二维矩阵相乘的问题，并用迭代法来破解这个"怪圈"。他们先假定所有网页的排名都是相同的，并且，根据这个初始值，算出各个网页第一次迭代排名，然后再根据第一次迭代排名算出第二次的排名。佩奇和布林还从理论上证明了不论初始值如何选取，这种算法都保证了网络排名的估计值能收敛到排名的真实值，且不受任何人为干预的影响。

PageRank 的计算方法是构造一个二维矩阵，假设向量（公式24）：

$$B = (b_1, \ b_2, \ \ldots, \ b_n)^T \tag{24}$$

为第一、第二、…第 N 个网页的网页排名。矩阵

$$A = \begin{bmatrix} a_{11} & \cdots & a_{1n} & \cdots & a_{1M} \\ \cdots & & & & \\ a_{m1} & & a_{mn} & & a_{mM} \\ \cdots & & & & \\ a_{M1} & & a_{Mn} & & a_{MM} \end{bmatrix}$$

为网页之间链接的数目，其中 a_{mn} 代表了第 m 个网页指向第 n 个

网页的链接数。A 是已知的，B 是未知的，是需要计算得出的。

假设 B_i 是第 i 次迭代的结果，那么（公式 25）：

$$B_i = A \cdot B_{i-1} \tag{25}$$

初始假设：所有网页的排名都是 $1/N$，即：

$$B_0 = \left(\frac{1}{N}, \ \frac{1}{N}, \ ... \frac{1}{N} \right) 。$$

通过公式 25 的矩阵计算，可以得到 B_1，B_2……。B_i 最终会收敛，即 B_i 无限趋近于 B，$B = B + A$。因此，当经过几次（一般来讲，10 次左右）迭代后 B_i 和 B_{i-1} 之间的差异非常小，接近于零时，停止迭代运算，算法结束。

由于网页之间链接的数量相比互联网的规模非常稀疏，因此计算网页的排名也需要对于零概率或小概率事件进行平滑处理。网页排名是一维向量的，对它的平滑处理只能利用一个小的常数 a。这样，公式 25 就变成公式 26：

$$B_i = \left[\frac{a}{N} \cdot I + (1 - a) A \right] \cdot B_{i-1} \tag{26}$$

其中 N 是互联网网页的数量，a 是一个（数值较小的）常数，I 是单位矩阵。网页排名的计算主要是矩阵相乘，这种计算很容易分解成许多小任务，在多台计算机上并行。

九、搜索广告

网络搜索广告与传统的在线展示广告（Display Ads）的盈利模式不同，其中最大的不同之处在于，搜索可以预测用户可能会点击哪些广告从而来决定在搜索结果中插入哪些广告，实现广告的精准投放。在线广告的效益，一般是以单位搜索量，如每千次搜索量带来的收入（RPM）以及点击率（CTR）这两项指标来衡量。由此可见，预测用户可能的点击候选广告，或者说点击率预估成为一项关键技术。一般来说，点击率预估的最好方法就是根据以前的经验值来预测。例如对于特定的查询，广告 A 展示了 1000 次，被点击了 18 次，广告 B 展示了 1200 次，被点击了 30 次，那么它们的点击率分别为 1.8%和 2.5%，如果两个广告出价相同，优先展示广告 B 似乎更优些。但实际上，问题远没有这么简单。首先，这种方法不适用新推出的广告，因为它们没有被点击的历史数据可供参考；其次，即使是旧的广告，在绝大多数情形下，一个查询对应的特定广告点击数较少，统计数据严重不足，往往点击数之间差异很小，这就好比用小样本抽样来推断整体，信度和效度都存在问题；再次，广告点击量显然与其摆放的位置有关，放在第一条的广告点击率显然比第二条点击率要高得多，因此，在做点击率预估时，必须消除这个噪音；最后，必须指出的是，影响点击率的因素还有很多，这些都需要在做某个特定广告点击率预估时，根据具体情况酌情考虑。

　　如何将众多因素用一个统一的数学模型来描述看起来不是一件很容易的事情，目前，一般都采用应用逻辑回归模型。该模型是将一个事件出现的概率适应到一条逻辑曲线（Logistic Curve）上。该曲线是一条 S 形曲线，其特点是开始变化快，逐渐变慢，最后饱和。逻辑曲线的公式是（公式 27）：

$$f(Z) = \frac{e^z}{e^z+1} = \frac{1}{1+e^{-z}} \tag{27}$$

　　逻辑回归函数的定义域的范围是从 $-\infty$ 到 $+\infty$，而值域是在 0~1 之间，而对应于 [0,1] 之间的函数可以是一个概率函数，这样逻辑回归函数就可以和一个概率分别联系起来，而自变量 z 的定义域在 $(-\infty, +\infty)$ 的好处是可以把各种信号组合起来，不论多大或者多小的数值，最后依然能够得到一个概率分布。因此，我们可以将逻辑回归函数应用到点击率预估中。假设有 k 个影响点击率的变量 x_1, x_2, $\cdots x_k$，可用线性模型来构建（公式 28）：

$$z = \beta_0 + \beta_1 X_1 + \beta_2 X_2 + \cdots + \beta_k X_k \tag{28}$$

公式 28 中，每一个 x_i 被称为变量，代表了影响预测的各种信息，例如广告的位置、广告和搜索词的相关性、广告展示的时段；对应的 β_i 被称为自回归参数，表示相应变量的重要性；β_0 是一个特殊的参数，与任何变量无关，可以保证在没有任何信息时，有一个稳定的概率分布。

求解公式 28 的一个关键点是如何确定各项参数 β。如果需要训练的参数数量不多的话，这个逻辑回归函数其实是一个一层的人工神经网络，但是，对于搜索广告的点击率预估这样的问题，需要训练的参数有上百万个，因此需要更有效的训练方法。逻辑回归模型与很多指数模型（例如最大熵模型）非常类似，所以它们的训练方法也雷同，可以采用通用迭代算法（GIS）和改进的迭代算法（IIS）。

附录二 《关于促进智慧旅游发展的指导意见》

各省、自治区、直辖市，新疆生产建设兵团旅游委（局）：

　　智慧旅游是运用新一代信息网络技术和装备，充分准确及时感知和使用各类旅游信息，从而实现旅游服务、旅游管理、旅游营销、旅游体验的智能化，促进旅游业态向综合性和融合型转型提升，是游客市场需求与现代信息技术驱动旅游业创新发展的新动力和新趋势，是全面提升旅游业发展水平、促进旅游业转型升级、提高旅游满意度的重要抓手，对于把旅游业建设成为人民群众更加满意的现代化服务业，具有十分重要的意义。为引导和推动我国智慧旅游持续健康发展，现提出如下意见：

一、总体要求

　　（一）指导思想。深入贯彻实施《中华人民共和国旅游法》和《国务院关于促进旅游业改革发展的若干意见》（国发〔2014〕31号），以满足旅游者现代信息需求为基础，以提高旅游便利化水平和产业运行效率为目标，以实现旅游服务、管理、营销、体验智能化为主要途径，加强顶层设计，完善技术标准，整合信息资源，建立健全市场化发展机制，鼓励引导模式业态创新，有序推进智慧旅游持续健康发展，不断提升我国旅游信息化发展水平。

　　（二）基本原则。坚持政府引导与市场主体相结合。政府着力加强规划指导和政策引导，推进智慧旅游公共服务体系建设；企业在政府规划、政策和行业标准引导下，以市场需求为导向，开发适应游客需求的产品和服务。防止政府大包大揽和不必要的行政干预。

坚持统筹协调与上下联动相结合。着眼于中国旅游业发展的整体和长远需要，着力加强信息互联互通，有效规避信息孤岛化、碎片化。在确保信息资源可共享的基础上，各地可结合实际需求，先行先试，创新智慧旅游服务管理手段。

坚持问题导向与循序渐进相结合。要突出为民、便民、惠民的基本导向，防止重建设、轻实效，使游客充分享受智慧旅游发展的成果。要充分认识智慧旅游建设的系统性和复杂性，通过成熟的技术手段，从最迫切最紧要问题入手，做深做透，循序渐进。

（三）发展目标。到 2016 年，建设一批智慧旅游景区、智慧旅游企业和智慧旅游城市，建成国家智慧旅游公共服务网络和平台（12301.cn）。到 2020 年，我国智慧旅游服务能力明显提升，智慧管理能力持续增强，大数据挖掘和智慧营销能力明显提高，移动电子商务、旅游大数据系统分析、人工智能技术等在旅游业应用更加广泛，培育若干实力雄厚的以智慧旅游为主营业务的企业，形成系统化的智慧旅游价值链网络。

二、主要任务

（四）夯实智慧旅游发展信息化基础。加快旅游集散地、机场、车站、景区、宾馆饭店、乡村旅游扶贫村等重点涉旅场所的无线上网环境建设，提升旅游城市公共信息服务能力。

（五）建立完善旅游信息基础数据平台。规范数据采集及交换方式，逐步实现统一规则采集旅游信息，统一标准存储旅游信息，统一技术规范交换旅游信息，实现旅游信息数据向各级旅游部门、旅游企业、电子商务平台开放，保证旅游信息数据的准确性、及时性和开放性。

（六）建立游客信息服务体系。充分发挥国家智慧旅游公共服务平台和 12301 旅游咨询服务热线的作用，建设统一受理、分级处理的旅游投诉平台。建立健全信息查询、旅游投诉和旅游救援等方面信息化服务体系。大力开发运用基于移动通信终端的旅游应用软件，提供无缝化、即时化、精确化、互动化的旅游信息服务。积极培育集合旅游相关服务产品的电子商务平台，切实提高服务效率和用户体验。积极鼓励多元化投资渠道参与投融资，参与旅游公共信息服务平台建设。

（七）建立智慧旅游管理体系。建立健全国家、省、市旅游应急指挥平台，提升旅游应急服务水平。完善在线行政审批系统、产业统计分析系统、旅游安全监管系统、旅游投诉管理系统，建立使用规范、协调顺畅、公开透明、运行高效的旅游行政管理机制。

（八）构建智慧旅游营销体系。依据旅游大数据挖掘，建立智慧旅游营销系统，拓展新的旅游营销方式，开展针对性强的旅游营销。逐步建立广播、电视、短信、多媒体等传统渠道和移动互联网、微博、微信等新媒体渠道相结合的全媒体信息传播机制。结合乡村旅游特点，大力发展智慧乡村游，鼓励有条件的地区建设乡村旅游公共营销平台。

（九）推动智慧旅游产业发展。建立智慧旅游示范项目数据库，鼓励旅游企业利用终端数据进行创业，支持智慧城市解决方案提供商以及云计算、物联网、移动互联网应用项目进入旅游业，鼓励有条件的地区建立智慧旅游产业园区。

（十）加强示范标准建设。支持国家智慧旅游试点城市、智慧景区和智慧企业建设，鼓励标准统一、网络互连、数据共享的发展模式。鼓励有条件的地方及企业先行编制相关标准并择优加以推广应用。逐步将智慧旅游景区、饭店等企业建设水平纳入各类评级评星的评定标准。

（十一）加快创新融合发展。各地旅游部门要加强与通信运营商、电子商务机构、专业服务商、高校和科研机构开展合作，引导相关部门和企业通过技术输出、资金投入、服务外包、资源共享等方式参与智慧旅游建设。探索建立政产学研金相结合的智慧旅游产业化推进模式。

（十二）建立景区门票预约制度。鼓励博物馆、科技馆、旅游景区运用智慧旅游手段，建立门票预约制度、景区拥挤程度预测机制和旅游舒适度的评价机制，建立游客实时评价的旅游景区动态评价机制。

（十三）推进数据开放共享。加快改变旅游信息数据逐级上报的传统模式，推动旅游部门和企业间的数据实时共享。各级旅游部门要开放有关旅游行业发展数据，建立开放平台，定期发布相关数据，并接受游客、企业和有关方面对于旅游服务质量的信息反馈。鼓励互联网企业、OTA 企业与政府部门之间采取数据互换的方式进行数据共享。鼓励旅游企业、航空公司、相关企业的数据实现实时共享，鼓励景区将视频监控数据与国家智慧旅游公共服务平台实现共享。

三、保障措施

（十四）加强组织领导。各级旅游部门要加强领导，积极稳步推进智慧旅游建设。国家旅游局智慧旅游工作领导小组负责智慧旅游建设的总体指导和监督实施，指导有关技术标准规范制订。各地应结合实际建立智慧旅游建设推进小组，统筹协调本地区智慧旅游基础建设、标准制定、技术应用和推广。鼓励有条件的地方建立智慧旅游协同创新中心、产业孵化中心、公共服务运营中心、人才服务中心。

（十五）加强规划指导。各地要根据实际需要加快制定本地区智慧旅游发展规划、年度计划和工作方案，统筹部署，循序渐进。智慧旅游发展规划要与智慧城市建设规划相结合，利用智慧城市建设发展提供的通信、交通、安全保障、信息交换等基础环境，提高相关工作的协同性。

（十六）强化队伍建设。建立智慧旅游人才培养体系，鼓励民营资本投入智慧旅游职业教育领域，为我国智慧旅游发展提供人才保障。积极开展智慧旅游专业培训，鼓励开展多样化的智慧旅游交流活动。

（十七）加大资金投入。各地旅游部门要加大对智慧旅游的投入力度，保障公益性智慧旅游服务项目建设，支持重点项目建设。积极拓宽融资渠道，鼓励各类投资主体多方面投入智慧旅游发展。

（十八）加强综合评估。各地旅游部门应建立智慧旅游工作目标责任制，将智慧旅游建设工作纳入旅游部门年度考评目标。积极引入第三方评价机制，对智慧旅游项目和成果进行投入、产出、综合效益、推广价值等方面的综合评价，在综合评估基础上不断加以提升改进。

国家旅游局

2015 年 1 月 10 日

主要参考文献

[1]张凌云，黎巎，刘敏. 智慧旅游的基本概念与理论体系. 旅游学刊，2012，27（5）：66-72.

[2]钱大群. 智慧地球赢在中国，IBM 商业价值研究院. ［2010-01-12］. http://www.ibm.com/smarter planet /cn/zh/overview/ideas/index.html?re=sph.

[3]IBM：智慧城市在中国. ［2007-12-04］. http://www.ibm.com/smarterp lanet/cn/zh/sustainable-cities/ideas/index.html.

[4]邬贺铨，刘健，戴荣利等. 信息化与城市建设和管理. 信息化建设，2010，6：12-13.

[5]李德仁，龚健雅，邵振峰. 从数字地球到智慧地球. 武汉大学学报（信息科学版），2010，35（2）：127-132.

[6]王宏星. 移动互联网技术在旅游业中的应用研究. 浙江大学学位论文，2004：27-29.

[7]乔玮. 手机旅游信息服务初探. 旅游科学，2006，20（3）：67-71.

[8]鹿晓龙. 智慧旅游搞不好就纸上谈兵. 中国旅游报，2011-07-01.

[9]李梦."智慧旅游"与旅游信息化的内涵、发展及互动关系. 2012 中国旅游科学年会论文集.

[10]丁风芹. 我国智慧旅游及其发展对策研究. 城市经济，2012，1：32-34.

[11]迟紫镜. 抓住机遇推动智慧旅游进入新时代. 中国旅游

报，2011-09-30.

[12]叶铁伟. 智慧旅游：旅游业的第二次革命（上）. 中国旅游报，2011-05-25.

[13]叶铁伟. 智慧旅游：旅游业的第二次革命（下）. 中国旅游报，2011-06-01.

[14]王兴斌. "智慧"旅游，还是"智能"旅游？中国旅游报，2012-04-20.

[15]聂学东. 对数字旅游、虚拟旅游及智慧旅游的辨析研究，经济论坛，2013，2：107-110.

[16]李云鹏. 基于旅游信息服务视角的智慧旅游. 中国旅游报，2013-01-09.

[17]颜敏. 智慧旅游及其发展——以江苏省南京市为例. 中国经贸导刊，2012，7：75-77.

[18]王咏红. "智慧旅游"的核心是游客为本. 中国旅游报，2011-09-09.

[19]朱珠，张欣. 浅谈智慧旅游感知体系和管理平台的构建. 江苏大学学报（社会科学版），2011，13（6）：97-100.

[20]2012首届智慧旅游产业高峰论坛. http://event.zhchina.org/201201/.

[21]盛海斌. 旅游智业时代的智慧旅游发展内涵. 中国旅游报，2012-03-28.

[22]张凌云，黎巎，刘敏. 理论与实践：智慧旅游建设的十个问题. 中国旅游报，2012-03-30.

[23]乔向杰. 智慧旅游视野下的公共管理与服务. 中国旅游报，2012-03-30.

[24]乔向杰. 基于大数据的旅游公共管理与服务创新模式研究. 北京两界联席会议高峰论坛文集，2014.

[25]唐洪广. 智慧旅游与信息化. 中国旅游报，2012-04-20.

[26]刘鹏．云计算．北京：电子工业出版社，2010．

[27]姚国章．智慧旅游的建设框架探析．南京邮电大学学报（社会科学版）．2012，14（2）：13-17．

[28]黄超，李云鹏．"十二五"期间"智慧城市"背景下的"智慧旅游"体系研究．2011《旅游学刊》中国旅游研究年会会议论文集，北京，2011：55-67．

[29]邓贤峰，张晓海．南京市"智慧旅游"总体架构研究．旅游论坛，2012，59：72-76．

[30]黄先开，张凌云．智慧引领旅游业转型．光明日报，2012-05-31．

[31]金卫东．智慧旅游与旅游公共服务体系建设．旅游学刊，2012，27（2）：5-6．

[32]马勇，陈慧英．智慧旅游发展的四大核心价值．中国旅游报，2012-04-06．

[33]黄羊山．"智慧旅游"的作用与前景（上）．中国旅游报，2011-02-16．

[34]黄羊山．"智慧旅游"的作用与前景（下）．中国旅游报，2011-02-18．

[35]刘军林，范云峰．智慧旅游的构成、价值与发展趋势．重庆社会科学，2011，10：121-124．

[36]刘俊梅，田晓霞等．基于"智慧旅游"的新疆旅游产业转型升级策略研究．市场论坛，2012，11：93-95．

[37]马勇，刘军林．智慧旅游应用前景巨大．中国旅游报，2011-08-24．

[38]张国丽．智慧旅游背景下旅游公共信息服务的建设——以浙江为例．经营管理，2012，3：41-44．

[39]秦良娟．旅游云时代的旅游公共信息服务．旅游学刊，2012，27（2）：9-11．

[40]吴学安."智慧旅游"让旅游进入"触摸时代".人民日报·海外版，2011-06-09.

[41]谢坚.智慧旅游建设浅析.信息系统工程，2012，6：96-98.

[42]刘加凤.常州智慧旅游公共服务平台建设研究.中南林业科技大学学报（社会科学版），2012，65：22-24.

[43]石培华.整合资源，推动智慧旅游实现实质性突破.中国旅游报，2012-11-07.

[44]高天明.热旅游、冷思考：智慧旅游之我见.旅游学刊，2012，27（9）：3-4.

[45]吉慧.山东智慧旅游研究.物联网技术，2012，12：73-76.

[46]金江军.智慧旅游发展对策研究.中国信息界，2012，11：22-23.

[47]张凌云.智慧旅游：个性化定制和智能化公共服务时代的来临.旅游学刊，2012，27（2）：3-4.

[48]刘利宁.智慧旅游评价指标体系研究，科技管理研究，2013，6：67-71.

[49]上海旅游网公司智慧旅游研究中心.智慧旅游的角色分工、建设模式和运营模式.中国旅游报，2013-04-08.

[50]张凌云.智慧旅游发展需要大智慧.中国旅游报，2014-01-10.

[51]刘维凯.创新选择智慧旅游城市的服务主体.中国旅游报，2013-03-27.

[52]刘维凯.成功建设智慧旅游城市的关键因素分析.中国旅游报，2013-02-20.

[53]葛军莲，顾小钧等.基于利益相关者理论的智慧景区建设探析.生产力研究，2012，5：183-185.

[54]郭伟，贾云龙等.我国智慧景区发展研究.中国集体经济，2012，25：132-133.

[55]杨德政. 打造智慧景区　构建"以人为本"管理体系. 中国旅游报，2012-12-10.

[56]李焕焕. "智慧景区"建设模式初探. 中国旅游报，2011-05-23.

[57]章小平，邓贵平. "智慧景区"建设浅探. 中国旅游报，2010-01-18.

[58]邓贵平，邵振峰. 基于视频巡航的九寨沟智慧景区管理与服务. 计算机工程与设计，2011，11：3920-3924.

[59]常少辉，李公立. 基于物联网的智慧颐和园信息基础设施方案. 中国园林，2011，9：22-25.

[60]武博. 基于智慧旅游思想的海南热带旅游农产品物流管理一体化模式研究. 热带农业工程，2013，1：19-23.

[61]任瀚. 智慧旅游定位论析. 生态经济，2013，4：142-145.

[62]付业勤，郑向敏. 我国智慧旅游的发展现状及对策研究. 开发研究，2013，4：62-65.

[63]谷威艳. 大连市智慧旅游发展战略研究. 大连理工大学学位论文，2013.

[64]李睿仙，乔晓梅，刘军. 发展唐山智慧旅游的策略研究. 工业技术与职业教育，2013，4：44-47.

[65]廖维俊. 基于物联网架构下的"智慧旅游"探究. 生态经济，2013. 7：98-101，104.

[66]金江军. 智慧旅游及其关键技术和体系框架研究. 2012第十六届全国区域旅游开发学术研讨会论文集，2012：1-5.

[67]陈丽军，王庆，汪季石. 我国智慧旅游发展的成功经验和存在的问题探讨. 生态经济（学术版），2013，2：296-299.

[68]沈杨，张红梅，何越. 我国智慧旅游建设的现状与思考. 甘肃农业，2013，3：20-23.

[69]王睿峰. 智慧旅游解决方案. 物联网技术，2013，10：

76-78，81.

[70]黄晓波．智慧旅游服务社会的路径选择研究——以南京市为例．2013中国旅游科学年会论文集．

[71]吉嬗．常熟市智慧旅游发展模式研究．南京师范大学学位论文，2013.

[72]姚志国，鹿晓龙．智慧旅游——旅游信息化大趋势．旅游教育出版社，2013.

[73]蒋丽芹，包沁昕．基于物联网技术的我国智慧旅游产业发展研究．鸡西大学学报，2013，1：60-62.

[74]刘发军，赵明丽．智慧旅游标准体系建设研究．信息技术与标准化，2013，8：49-52.

[75]凌守兴．智慧旅游应用中的信息生态系统构建．求索，2013，11：38-40.

[76]姚国章，陈菲，周晓平，周冰倩．智慧旅游的评价体系研究．中国商贸，2013，20：110-111.

[77]刘利宁．智慧旅游因子分析评价与对策研究．太原理工大学，2013.

[78]李臻，朱进．智慧酒店——酒店产品升级换代的必然趋势．镇江高专学报，2013，1：31-34.

[79]江增光．智慧旅游背景下江苏省旅行社业发展的策略研究．无锡商业职业技术学院学报，2013，6：14-17.

[80]杨香花，刘力．智慧旅游背景下市级区域旅行社信息化现状研究——以广东省佛山市为例．特区经济，2013，7：100-105.

[81]李云．智慧旅游时代传统旅行社经营模式的转型．对外经贸，2013，9：78-80.

[82]鹿晓龙．信息时代的中国旅游产业变化．旅游学刊，2012，27（8）：7-8.

[83]周娟，金鹏．宁波智慧城市背景下的智慧旅游建设策

略. 经营与管理，2013，11：132-134.

[84]葛成唯. 基于智慧旅游的目的地旅游管理体系研究. 中国西部科技，2013，1：73-74.

[85]管倩. 智慧旅游提升旅游体验途径研究. 北京林业大学学位论文，2013.

[86]黄羊山，刘文娜，李修福. 智慧旅游——面向游客的应用. 东南大学出版社，2013.

[87]陈兴，史先琳. 基于 LBS 的旅游位置服务思考. 技术与市场，2013，4：214-215，219.

[88]敬铅，孔新兵. 基于北斗和物联网技术的智慧旅游应用系统设计. 移动通信，2013，15：15-18.

[89]陈涛，李佼. 基于大数据的旅游服务供应链管理研究. 电子政务，2013，12：32-40.

[90]党华宇，杨有，余平. 基于改进 Harris 和 RANSAC 算法的全景图生成技术研究. 重庆文理学院学报（社会科学版），2013. 5：101-107.

[91]赵凤霞. 基于数据挖掘的旅游智能推荐系统的研究和设计. 科技创新与应用，2013，32：55-56.

[92]刘春莲. 井冈山旅游业发展中物联网技术的应用. 江西科技师范大学学报，2013，2：67-70.

[93]姚国章，赵婷. 利用云计算技术推进智慧旅游发展研究. 电子政务，2013，4：79-86.

[94]张凌云，乔向杰. 大数据时代红色旅游发展的思考. 中国旅游报，2013-07-26（11）

[95]乔玮. 手机旅游信息服务初探. 旅游科学，2006，20（3）：67-71.

[96]马卫，李俊楼. 移动互联网时代旅游业发展趋势分析与思考. 电子商务，2013，5：22-23，33.

[97]吴晓梅."智慧旅游":实现旅游产业可持续发展.中国旅游报,2011-12-28.

[98]曹光思.面向智慧旅游的在线旅游服务优化升级.浙江师范大学学位论文,2013.

[99]李丁,贾志洋,汪际和,陈旭.智慧旅游管理与智能推荐技术.中国管理信息化,2013,7:80-81.

[100]李琰,曾连荪.自主智慧旅游关键技术的研究.电子设计工程,2013,13:37-39.

[101]张伟,燕孝飞,杨振,单承刚,董西尚,李旭宏.基于物联网的智慧古城建设探究.枣庄学院学报,2013,2:8-13.

[102]冯浩.智慧旅游服务卡——"江苏旅游一卡通"的研究与实现.南京邮电大学学位论文,2013.

[103]李锦."智慧旅游"新兴产业对高职院校旅游专业人才培养的影响.天津职业院校联合学报,2013,9:16-18.

[104]刘淑平.发扬"苏州精神"培育智慧旅游人才.苏州教育学院学报,2013,6:106-107.

[105]徐波林,李东和,钱亚林,刘燕桃.智慧旅游:一种新的旅游发展趋势——基于现有研究成果的综述.资源开发与市场,2013,7:781-784.

[106]高振发,刘加凤.智慧旅游研究综述.金华职业技术学院学报,2013,5:31-33.

[107]高振发,刘加凤.智慧城市背景下智慧旅游基本内涵的诠释.宁波职业技术学院学报,2013,5:70-73.

[108]萧文斌,梁皑莹,陈南江.智慧旅游:助推科技馆事业可持续发展.广东科技,2013,13:65-69.

[109]顾婷婷,蔡蓉蓉,潘鸿雷.智慧旅游背景下南京市酒店业人力资本开发研究.商业经济,2013(22):64-66.

[110]陈胜容.智慧旅游体系下的旅游环线资源整合研究——

以京东旅游环线为例．唐山师范学院学报，2013，2：142-144．

[111]李幸．智慧旅游时代下重大节事活动公共服务体系的游客满意度研究．西安外国语大学学位论文，2013．

[112]李云鹏，涂卫东，蒋骏等．智慧旅游规划与行业实践．旅游教育出版社，2014：9-18．

[113]刘军林，陈小连．智能旅游灾害预警与灾害救助平台的构建与应用研究．经济地理，2011，31（10）：1745-1749．

[114]陈刚，童隆俊等．智慧旅游南京之探索．南京师范大学出版社，2012：97-103．

[115]陈静．高科技手段可以让酒店变得充满智慧．中国旅游报，2011-01-07．

[116]党安荣，张丹明，陈杨．智慧景区的内涵与总体框架研究．中国园林，2011，9：15-21．

[117]天津市旅游局信息中心．天津智慧旅游一期实现十大成果，惠及千万游客．［2013-01-24］．http://www.cnta.gov.cn/html/2013-1/2013-1-24-15-46-89074.html．

[118]李珂．武夷山建成智慧旅游城市框架．福建日报，2013-11-05．

[119]吕讯．国家智慧旅游服务中心落户镇江．中国旅游报，2011-06-24．

[120]安徽省旅游信息中心．蚌埠：发展智慧旅游，打造旅游目的地．［2014-01-19］．http://www.cnta.gov.cn/html/2014-1/2014-1-19-11-28-71622.html．

[121]山东省旅游信息中心．山东："智慧旅游"助游客玩转泰安．［2014-12-07］．http://www.cnta.gov.cn/html/2014-12/2014-12-7-10-32-32093.html．

[122]河北省旅游信息中心．秦皇岛智慧旅游体系16个子系统正式上线．［2014-07-30］．http://www.cnta.gov.cn/html/2014-7/2014-7-

30-13-9-31124.html.

[123]杜文才. 旅游电子商务. 清华大学出版社，2006.

[124]王真慧. 旅游信息系统管理. 浙江大学出版社，2007.

[125]吴吉义，平玲娣，潘雪增等. 云计算：从概念到平台. 电信科学，2009，12：23-30.

[126]陈康，郑纬民. 云计算：系统实例与研究现状. 软件学报，2009，（20）5：1337-1348.

[127]吴卫华. "云计算"环境下电子商务发展模式研究. 情报杂志，2011，30（5）：147-151.

[128]赵钧. 构建基于云计算的物联网运营平台. 电信科学，2010，6：48-52.

[129]张妮，徐文尚，王文文. 人工智能技术发展及应用研究综述. 煤矿机械，2009，2：4-7.

[130]曾晓梅. 国外人工智能技术在天气预报中的应用综述. 气象科技，1999，1：4-11.

[131]北京市旅游委."首都旅游产业运行监测调度中心项目"被评为"2014年度中国智慧城市十大解决方案". ［2014-07-31］. http://www.cnta.gov.cn/html/2014-7/2014-7-31-9-6-59240.html，

[132]国家旅游局信息中心. 全国旅游基础数据库建设项目通过初步验收. ［2014-12-25］. http://www.cnta.gov.cn/html/2014-12/2014-12-25-%7B@hur%7D-13-78320.html.

[133]维克托·迈尔·舍恩伯格，肯尼思·库克耶著. 盛杨燕，周涛译. 大数据时代——生活、工作与思维的大变革. 浙江人民出版社，2013.

[134]大数据战略重点实验室. DT时代. 中信出版社，2015.

[135]涂子沛. 大数据. 广西师范大学出版社，2013.

[136]吴军. 数学之美. 人民邮电出版社，2013.

后 记

我开始涉足旅游信息化领域可追溯到 20 世纪 90 年代初，当时在中国国际旅行社总社任总经理办公室信息处主任，负责旅行社企业的信息化工作。1999 年我又在深圳与南开大学的校友一起创业，投资了一家旅游网络公司，当了一年多的首席执行官（CEO）。不久，遇上了互联网泡沫破灭的寒潮，我也从商海上岸回到了暌违多年的校园。2002 年，我赴英国萨里大学（University of Surrey）做高级访问学者，与时任该校电子旅游中心主任的布哈里斯博士合作研究旅游电子商务。2004 年，我与他的首位中国弟子合作翻译了他的《旅游电子商务》（eTourism）一书，这是国内关于旅游电子商务最早的译著。回国后，我也一直关注国内旅游电子商务的发展，连续几年在《中国旅游年鉴》上撰写中国旅游互联网发展年度综述文章。2011 年，国家旅游局提出全国建设智慧旅游的战略部署后，我应邀成为首批参与国家旅游局智慧旅游研究的专家，并在北京联合大学旅游发展研究院内设立旅游信息化研究所，使其成为本院规模最大的一个研究所。成立初期，我们对于智慧旅游的基础理论做了一些探索性研究，也取得了一些成绩。如发表在《旅游学刊》（2012 年第 5 期）上的《智慧旅游的基本概念与理论体系》一文，在中国知网上同类主题论文中下载量和引文率都高居榜首，并获得了国家旅游局年度优秀旅游学术成果论文一等奖。但终因种种原因，这个研究团队不久在本院就名存实亡，只剩下副所长一人，即本书的第二作者乔向杰副教授坚守至今，继续从事智慧旅游、旅游信息化基础理论研究和旅游数据库开发的工作。此外，本书第三作者黄晓波是我在北京第二外国语学院旅游发展研究院（现已撤并）任院长期间指导的硕士研究生，近来他又考上了我在西南财经大学工商管理学院招收的旅游管理方向的博士研究生，再续师生缘，也成为我们编外的研究团队成员。本书得以顺利出版要感谢我的母校南开大学出版社资深旅游编辑孙淑兰女士，几十年来她一直致力于旅游学科教材和专著的出版和推广，目前活跃在旅游学术界的专家学者几乎都经她手出版过著作。现她虽然已退休，但还一直心系旅游出版事业。当得知我们在智慧旅游研究方面起步较早时，几番来电约稿沟通，态度诚恳。她将工作视为事业的执着、热情、敏锐和责任感，溢于言表，令人感动。此外，王丁助理和编辑焦若旸、万富荣为本书的编辑和出版也付出了辛勤的劳动，他们仔细认真的审校给我留下了深刻的印象，在此一并表示感谢！

最后，我要特别感谢我的老友，中国科学院地理科学与资源研究所所长葛全胜研究员拨冗为本书作序。他是为数不多的跨界关心和支持旅游学科发展，也是曾经主持过国家级大区域旅游规划课题的学者。葛所长的主要研究方向和学术成就是全球灾害性气候，但他对于我国宗教旅游资源和景观的研究心得和在书法艺术上的造诣给我留下了深刻的印象。在他指导的众多博士生中，就有一些是以研究旅游作为博士论文选题的。也正是由于他对旅游研究的情有独钟，自我在南开大学攻读旅游地理研究生始，30年来，我们一直保持着不间断的学术交流，保持着君子之交，可谓是契若金兰。

目前我国经济社会正处于急剧的转型之中，随着改革的全面深入、制度创新和信息技术的日新月异，以及旅游消费的逐步升级，"互联网+"、大数据和智能互联网与旅游业的融合发展方兴

未艾，前景不可限量。但限于我们的专业知识和学术水平，对于
智慧旅游的理解可能存在偏颇和不妥之处，敬请专家学者和读者
朋友批评指正，为繁荣和推动我国旅游学科发展共同努力。

张凌云　谨识
2016 年 8 月于北京定福庄